ALBERT · MALET

LE · MOYEN-AGE

ET·LE·COMMENCEMENT

DES·TEMPS·MODERNES

CLASSE·DE·CINQUIÈME

HACHETTE & CIE

AF298840

3f00

LIBRAIRIE HACHETTE & Cie, PARIS

ALBERT MALET

PROFESSEUR D'HISTOIRE AU LYCÉE LOUIS-LE-GRAND

Cours complet d'Histoire

RÉDIGÉ CONFORMÉMENT AUX PROGRAMMES OFFICIELS DU 31 MAI 1902

PREMIER CYCLE

L'ANTIQUITÉ (collaboration de M. C. MAQUET, prof. au lycée Condorcet). Cl. Sixième A et B. 1 vol., cartonné.............. 3 fr. »

On vend séparément : L'ORIENT, LA GRÈCE, ROME, chaque vol. 1 fr. 25

LE MOYEN AGE ET LE COMMENCEMENT DES TEMPS MODERNES (395-1498). Classe de 5e A et B. 1 vol. cartonné... 3 fr. 50

LES TEMPS MODERNES (1498-1789). 4e A et B. 3 fr. 50	L'ÉPOQUE CONTEMPORAINE (1789-1889). 3e A et B... 4 fr.

DEUXIÈME CYCLE

HISTOIRE MODERNE (1498-1715). Classe de 2e. 1 vol....... 4 fr.

DIX-HUITIÈME SIÈCLE, RÉVOLUTION ET EMPIRE (1715-1815). Classe de Première. 1 vol................... 4 fr.	DIX-NEUVIÈME SIÈCLE (1815-1900). Classes de Philosophie et de Mathématiques. 1 vol.................... » »

Lectures Historiques

A L'USAGE DE L'ENSEIGNEMENT SECONDAIRE

Six volumes in-16, illustrés de nombreuses gravures. Cartonnage toile

G. MASPERO	CH.-V. LANGLOIS
HISTOIRE ANCIENNE (*Au temps de Ramsès et d'Assourbanipal*), 1 volume...... 5 fr.	HISTOIRE DU MOYEN AGE (395-1270), nouvelle édition entièrement refondue. 1 vol. 5 fr.
PAUL GUIRAUD	MARIÉJOL
HISTOIRE GRECQUE (*Vie privée et publique des Grecs*). 1 vol..................... 5 fr.	HISTOIRE du MOYEN AGE et des TEMPS MODERNES (1270-1610). 1 vol............. 5 fr.
PAUL GUIRAUD	LACOUR-GAYET
HISTOIRE ROMAINE (*Vie privée et publique des Romains*). 1 vol................. 5 fr.	HISTOIRE DES TEMPS MODERNES (1610-1789), nouvelle édition revue. 1 vol...... 5 fr.

Corbeil. Imp. Crété.   Hist. et Géogr. 6-1912-55000.

A

LIBRAIRIE HACHETTE & Cⁱᵉ, PARIS

ERNEST LAVISSE

DE L'ACADÉMIE FRANÇAISE, PROFESSEUR A L'UNIVERSITÉ DE PARIS

AVEC LA COLLABORATION DE

MM. BAYET, BLOCH, CARRÉ, COVILLE, KLEINCLAUSZ, LANGLOIS,
LEMONNIER, LUCHAIRE, MARIÉJOL, PETIT-DUTAILLIS, PFISTER,
RÉBELLIAU, SAGNAC, VIDAL DE LA BLACHE

HISTOIRE DE FRANCE

DEPUIS LES ORIGINES JUSQU'A LA RÉVOLUTION

18 volumes de 400 pages petit in-4°
brochés, 135 fr. ; reliés, 205 fr.
Chaque volume, broché, 7 fr. 50 ; relié, 11 fr. 50

TABLE GÉNÉRALE DES MATIÈRES

LE MOYEN AGE

ET

LE COMMENCEMENT DES TEMPS MODERNES

À LA MÊME LIBRAIRIE

Cours complet d'Histoire, rédigé conformément aux programmes officiels du 31 mai 1902, par M. Albert MALET. Sept volumes in-16, avec gravures et cartes, cartonnés.

    L'Antiquité, avec la collaboration de M. Charles MAQUET, professeur au lycée Condorcet. Classe de Sixième A et B . . . . .   3 fr.
      L'Orient, 1 vol., 1 fr. 25 — *La Grèce*, 1 vol., 1 fr. 25 — *Rome*, 1 vol., 1 fr. 25
    Le Moyen Age et le commencement des Temps modernes (395-1498). Classe de Cinquième A et B . . . .   3 fr.
    Les Temps modernes (1498-1789). Classe de Quatrième A et B.   3 fr. 50
    L'Époque contemporaine (1789-1889). Classe de Troisième A et B.   4 fr.
    Histoire moderne (1498-1715). Classe de Seconde . . . .   4 fr.
    Dix-huitième siècle, Révolution et Empire (1715-1815). Cl. de 1re.   4 fr.
    Dix-neuvième siècle (1815-1900). Classes de Phil. et de Math.   .   .

Cours d'Histoire à l'usage de l'enseignement des jeunes filles par M. Albert MALET. Trois vol. in-16 avec grav. et cartes, cartonnés.

    1re année. *Histoire de France et notions sommaires d'Histoire générale* depuis les origines jusqu'en 1610. . . . . 3 fr. 50
    2e année. *Histoire de France et notions sommaires d'Histoire générale* depuis 1610 jusqu'en 1789. . . . . 3 fr. 50
    3e année. *Histoire de France et notions sommaires d'Histoire générale* de 1789 à 1875. . . . .   4 fr.

Nouveau cours de Géographie par MM. SCHRADER et GALLOUÉDEC. Sept volumes in-16, avec des cartes en noir et en couleurs, cartonnés.

    Géographie générale, Amérique, Australasie. Classe de Sixième.   3 fr.
      Atlas correspondant, 22 cartes, 2 fr. 50
    Géographie de l'Asie, de l'Insulinde et de l'Afrique. Classe de Cinquième. . . . .   3 fr.
      Atlas correspondant, 22 cartes, 2 fr. 50
    Géographie de l'Europe. Classe de Quatrième. . . . .   3 fr.
      Atlas correspondant, 18 cartes, 2 fr. 50
    Géographie élémentaire de la France et de ses colonies. Classe de Troisième . . . .   3 fr.
      Atlas correspondant, 18 cartes, 2 fr. 50
    Géographie générale. Classe de Seconde. . . . . 3 fr. 50
      Atlas correspondant, 20 cartes, 2 fr. 50
    Géographie de la France. Classe de Première. . . . . 3 fr. 50
      Atlas correspondant, 41 cartes, 3 fr. 50
    Les Principales Puissances du Monde. Classes de Philosophie et de Mathématiques . . . .   4 fr.

Atlas classique de Géographie ancienne et moderne contenant 351 cartes et cartons en couleurs, avec 75 notices, par MM. SCHRADER et GALLOUÉDEC. Un vol. in-4°, cart. toile . .   8 fr.

    On vend séparément

    Géographie historique, contenant, en 20 pages, 76 cartes et cartons en couleurs, 17 notices et de nombreuses figures. In-4°, cart. .   3 fr.
    Géographie moderne, contenant, en 76 pages, 275 cartes et cartons en couleurs, 58 notices et de nombreuses fig. In-4°, cart.   6 fr. 50
    Classes de 6e, 5e, 4e, 3e, 2e. Chaque volume in-4°, cart. . . . . 2 fr. 50
    Classe de Première (41 cartes). Un vol. in-4°, cart. . . . . 3 fr. 50

73023. — Imprimerie LAHURE, rue de Fleurus, 9, à Paris — 5-1913.

COURS COMPLET D'HISTOIRE
A L'USAGE DE L'ENSEIGNEMENT SECONDAIRE

Albert MALET
Professeur agrégé d'histoire au Lycée Louis-le-Grand.

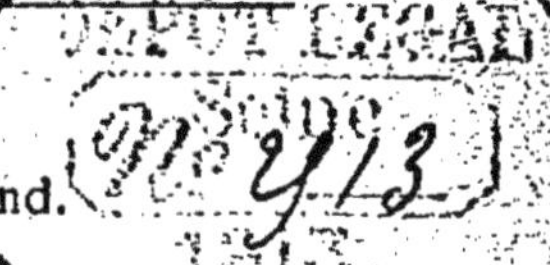

LE MOYEN AGE

ET

LE COMMENCEMENT

DES TEMPS MODERNES

Rédigé conformément aux programmes du 31 Mai 1902.

OUVRAGE ORNÉ DE 156 GRAVURES ET DE 19 CARTES

CLASSE DE CINQUIÈME A et B

SEPTIÈME ÉDITION REVUE
(CENTIÈME MILLE)

PARIS

LIBRAIRIE HACHETTE ET Cie

79, BOULEVARD SAINT-GERMAIN, 79

1913

EXTRAIT DES PROGRAMMES OFFICIELS

ARRÊTÉS LE 31 MAI 1902

POUR L'ENSEIGNEMENT SECONDAIRE

(Classe de Cinquième A et B.)

LE MOYEN AGE ET LE COMMENCEMENT DES TEMPS MODERNES.

I

Gaule ancienne. Principaux peuples. La religion et les mœurs.

Gaule romaine. Villes, monuments, routes. Le Christianisme en Gaule. Les évêques.

Les invasions barbares. Mœurs des Germains. Les invasions en Gaule : les Huns.

Les Francs. Clovis. Formation du royaume franc. Démembrement de ce royaume. Mœurs de l'époque mérovingienne.

Les Arabes. Mahomet. Le monde musulman.

L'Empire franc. Charlemagne; l'Empire; la vie de l'Empereur; la cour; l'armée; les écoles.

Décomposition de l'Empire franc. Le démembrement de l'Empire en royaumes. Les invasions : les Normands. Démembrement du royaume de France en grands fiefs.

La France. Avènement des Capétiens. Extension du domaine et du pouvoir royal de 987 à 1328. Philippe Auguste; saint Louis; Philippe le Bel.

L'Angleterre. La conquête normande. La Grande Charte. Le Parlement.

L'Allemagne. Otton le Grand. Frédéric Ier Barberousse. L'anarchie en Allemagne.

II

L'Église au Moyen Age. La papauté. Grégoire VII. Innocent III. Boniface VIII. Rôle de l'Église dans la société : l'excommunication et l'interdit, les pénitences, les pèlerinages. -- Les hérétiques, l'Inquisition, les Ordres mendiants.

Les Croisades. Première, troisième et quatrième croisades.

La société au Moyen Age. Les paysans, les chevaliers, le château, l'hommage. Les villes, la bourgeoisie; les métiers; les communes. Commerce, foires.

La civilisation occidentale. Les monuments romans et gothiques. L'habitation. Le costume. L'armement. Les inventions des xive et xve siècles.

III

Les Valois et la guerre de Cent Ans. Crécy, Calais, Poitiers. Du Guesclin; les grandes compagnies. Jeanne d'Arc.

La France aux XIVe et XVe siècles. Les États généraux; les aides et les tailles; les compagnies d'ordonnances. La Maison de Bourgogne.

L'Europe à la fin du XVe siècle. L'Angleterre. L'Allemagne : la Hanse. L'Italie : Florence, Venise. -- L'Europe orientale : les Magyars; les peuples slaves; les Turcs; la prise de Constantinople.

AVERTISSEMENT

L'accueil fait au volume de l'*Antiquité* ne pouvait qu'encourager à traiter, d'après la même méthode, l'histoire du *Moyen Age*.

Je ne me suis donc pas borné à la simple narration des grands événements. J'ai tenu à les expliquer, à en montrer les causes principales et les conséquences les plus importantes, à tâcher d'en faire sentir et comprendre le mécanisme et l'enchaînement. J'ai même essayé d'indiquer, de façon sommaire, les grandes idées qui peuvent se dégager des faits.

Cela n'est certainement pas au-dessus de l'intelligence des enfants de Cinquième et, pour peu qu'on prenne la peine de parler une langue à leur portée, ils sont à coup sûr en état de comprendre et de suivre même avec intérêt. Il serait étrange, en effet, qu'à l'âge des perpétuels « *pourquoi* », la curiosité enfantine s'endormît soudain en face des matières d'enseignement, et que l'histoire en particulier n'eût de chance de l'éveiller, si ce n'est réduite à un très long *Conte de ma Mère l'Oie*. Tout le monde est d'accord pour proclamer que l'un des principaux objets des études secondaires, si ce n'est le principal, est de former des intelligences, de développer les facultés, de créer des habitudes d'esprit, réflexion, raisonnement, etc. L'histoire, autant qu'aucune autre discipline, peut et doit servir à cet objet.

Le programme a été suivi pas à pas et c'est le libellé même de chacun de ses paragraphes que l'on retrouvera en tête de chacun des chapitres.

Comme dans le volume précédent, il n'a été donné de récit détaillé d'un événement que lorsque cet événement peut être pris comme type : telle la bataille de Bouvines, celle de Crécy, tel le siège du Château Gaillard ; ou bien lorsqu'il présente par ses conséquences une importance exceptionnelle : ainsi l'attentat d'Anagni, la bataille d'Hastings.

Les anecdotes, même traditionnelles, ont été écartées toutes les fois qu'elles n'étaient que des amusettes. Elles ont été au contraire incorporées dans le récit lorsqu'elles étaient caractéristiques d'un homme ou d'un temps, qu'elles les illustraient pour ainsi dire.

L'illustration proprement dite a été établie de telle sorte qu'elle constitue à côté du texte une petite histoire de la civilisation par l'image. Il en est résulté une répartition moins régulière des gravures, les documents manquant presque totalement pour certains chapitres, celui des invasions barbares, par exemple. En revanche les gravures ont toutes leur raison d'être. Les légendes qui les accompagnent ont permis de donner nombre de renseignements qui ne pouvaient trouver place dans le texte, mais qu'un homme instruit doit cependant connaître. Enfin j'ai cherché à multiplier les rapprochements, les termes de comparaison entre le passé et le présent, entre les diverses civilisations, tout particulièrement en ce qui concerne les monuments.

Les cartes, dessinées spécialement pour ce volume, sont volontairement sommaires : leur nomenclature est réduite aux noms cités dans le texte. C'est qu'elles ont pour unique objet de permettre aux enfants de situer rapidement les faits et, dans certains cas, par la différence des grisés, de leur faire *toucher des yeux* la formation et les transformations d'un pays, du leur en particulier. Ici encore, le souci des comparaisons a fait donner, dans chaque carte où la France se trouve représentée, le tracé des frontières actuelles à côté des frontières anciennes.

Dans ce volume, pas plus que dans le précédent, il n'y a de résumés. J'ai déjà indiqué les raisons qui me les ont fait systématiquement supprimer. Les résumés, pour être utiles, doivent être l'œuvre personnelle du professeur pour qui le livre doit être simplement un auxiliaire, ou de l'élève pour qui l'obligation de les rédiger sera la façon la plus profitable de repasser la leçon.

L'idéal serait que le résumé fût fait en collaboration par le professeur et par les élèves, non point à la fin de la leçon, mais à la classe suivante, après l'interrogation. Celle-ci devrait être dirigée de telle sorte que les événements primordiaux et les idées qui s'y rattachent soient dégagés par les élèves eux-mêmes. Événements et idées seraient notés au fur et à mesure de la découverte. Le résumé se ferait ainsi insensiblement, chacun y mettrait et y trouverait un peu de soi : il serait vivant, au lieu de n'être qu'un texte mort, aussi modérément attrayant à apprendre par cœur que jadis une page de racines grecques.

A défaut de ce résumé idéal difficile à réaliser avec les classes d'une heure, il importe que les enfants aient un très bon sommaire; et celui-là ne peut être donné que par le professeur. C'est lui qui adapte la leçon à l'intelligence d'élèves connus de lui seul : lui seul peut adapter le résumé à la leçon.

Je tiens à remercier ceux de mes collègues qui ont pris la peine de m'adresser leurs observations au sujet de l'histoire de l'*Antiquité*. Je leur serais très reconnaissant s'ils voulaient bien en user de même à propos de ce volume-ci.

LE MOYEN AGE

ET LE

COMMENCEMENT DES TEMPS MODERNES

CHAPITRE I

LA GAULE ANCIENNE

PEUPLES — RELIGION — MŒURS

LES LIMITES DE LA GAULE — La Gaule était le pays limité à l'est par le Rhin et les Alpes; au sud par la Méditerranée et les Pyrénées; à l'ouest par l'Atlantique et la Manche; au nord par la mer du Nord. C'est là ce que l'on a appelé plus tard les *limites naturelles de la France*. Les rois de France ont longtemps rêvé d'étendre le royaume jusqu'à ces limites et, selon le mot d'un grand ministre, le cardinal de Richelieu, de « mettre la France partout où fut l'ancienne Gaule ». Ce fut l'idée directrice de leur politique extérieure et qui inspira beaucoup de leurs guerres. Le rêve fut, il y a un siècle, réalisé pour vingt ans par les généraux de la Révolution.

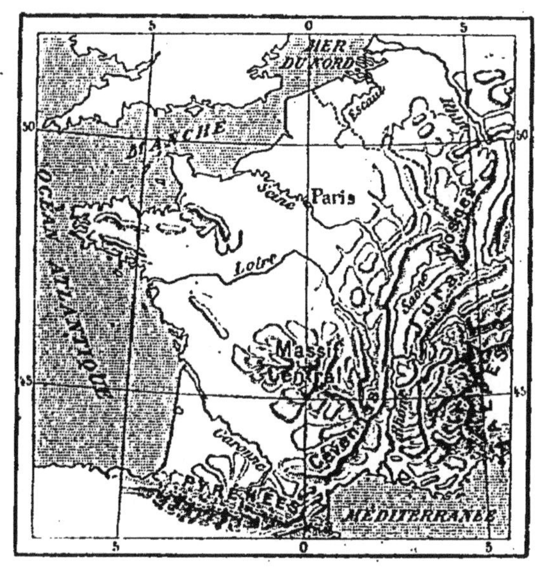

PLAINES ET MONTAGNES DE LA GAULE.
La Gaule, montueuse dans sa partie orientale, formée d'une large plaine à l'ouest, était limitée par le Rhin, les Alpes et les Pyrénées.

La Gaule correspondait à la France actuelle, la Belgique, une partie des Pays Bas, la Prusse rhénane, le Luxembourg et la moitié de la Suisse.

ASPECT DU PAYS Les mêmes montagnes qui s'élèvent aujourd'hui sur notre sol se dressaient au centre et à l'est de la Gaule. C'étaient d'abord le Massif Central et les Cévennes. Puis, au delà de la vallée de la Saône et du profond couloir où roulent les eaux du Rhône, c'étaient les massifs des Alpes et les chaînes du Jura. Vers l'ouest, en avant des montagnes, le long de l'Océan et depuis les rives du Rhin jusqu'au pied des Pyrénées, se développait en demi-cercle une large plaine. Elle n'était pas uniformément plate. On y rencontrait des groupes de collines dont l'Escaut, la Seine, la Loire, la Garonne drainaient les pentes modérées et nettes.

De majestueuses forêts, où dominaient le chêne et le hêtre, couvraient la plaine et les montagnes. Les forêts qui entourent aujourd'hui Paris, comme celles qui couronnent l'Argonne ou s'accrochent aux Cévennes, ne sont que des vestiges de l'antique forêt gauloise. Elle était coupée de clairières particulièrement nombreuses et vastes au sud de la Loire. La forêt cessait encore au voisinage des rivières et des fleuves dont l'homme ne savait pas alors régler le cours. Aussi de vastes marais bordaient-ils leurs rives, et des régions entières, comme la Sologne ou les Dombes, étaient couvertes de mares et d'étangs. Avec une végétation moins luxuriante, des essences autres et moins variées, des fleuves moins démesurés, un climat tempéré, la Gaule, dix siècles avant notre ère, devait ressembler à certaines régions forestières du Soudan actuel.

Des animaux aujourd'hui disparus ou presque inconnus dans nos régions se rencontraient alors communément en Gaule. On y trouvait le mammouth, énorme éléphant aux défenses recourbées, l'ours, l'aurochs, sorte de taureau sauvage analogue au bison et doué d'une force prodigieuse; le renne et l'élan, réfugiés maintenant dans les parties les plus septentrionales de l'Europe. Le castor bâtissait ses barrages dans les étangs de la Bièvre, là où s'élève un quartier de Paris. Nos animaux domestiques étaient tous connus; les porcs, de très forte taille, se trouvaient en grand nombre dans les forêts de chênes.

LES HABITANTS PRÉHISTORIQUES Les premiers hommes qui vécurent en Gaule habitèrent les cavernes des montagnes, d'où le nom de *troglodytes* sous lequel on les désigne aujourd'hui. Ils vivaient du produit de leur chasse. L'on a retrouvé leurs traces dans plusieurs départements, entre autres dans la Somme et la Dordogne : ce sont des crânes, des armes, surtout des haches faites d'éclats de silex, une pierre dure qui se casse en arêtes vives et tranchantes; des pointes de lances et de flèches taillées dans des os; des fragments de colliers formés de dents enfilées et pareils à ceux des sauvages d'Afrique ou d'Océanie. On a même retrouvé des dessins et des sculptures qui représentent avec une surprenante exactitude des rennes, des aurochs, des chevaux.

Les habitants des cavernes furent peu à peu remplacés par des hommes qui surent cultiver la terre et lui faire produire le blé, qui polissaient les pierres de leurs armes et qui, plus tard, utilisèrent les métaux : cuivre, bronze et fer.

Certains d'entre eux, pour échapper aux surprises des hommes

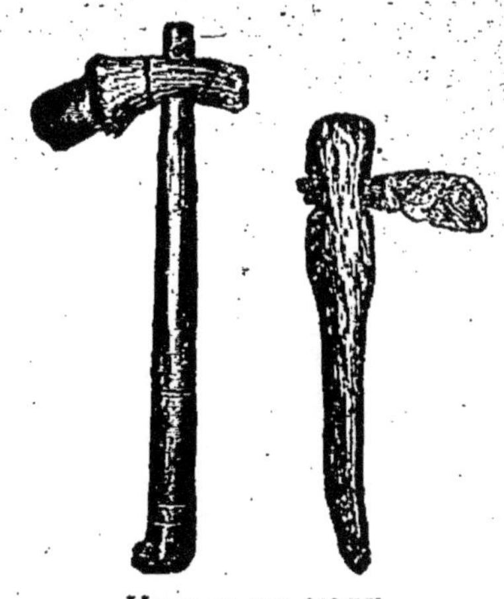

HACHES EN SILEX.

A gauche une hache préhistorique (modèle du Musée d'Artillerie), à droite une hache actuelle des sauvages de la Nouvelle-Guinée. Elles sont faites l'une et l'autre d'une pierre tranchante fixée dans un manche de bois.

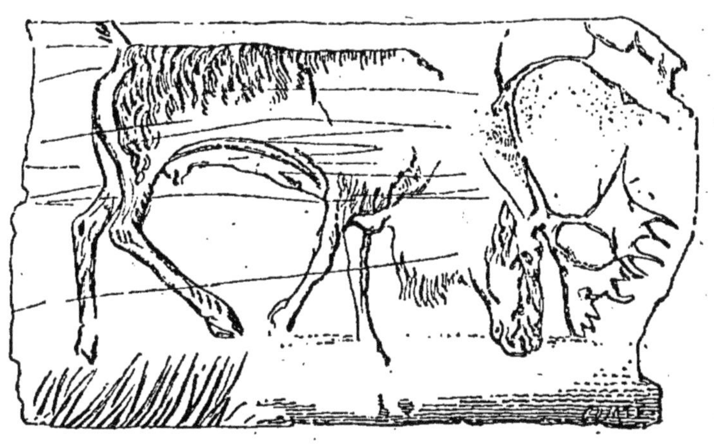

RENNE GRAVÉ SUR UN OS. — Trouvé à Thaïngen (Suisse).

Les hommes de la période préhistorique qui habitaient les cavernes, il y a trois ou quatre mille ans, savaient graver des dessins et même peindre des fresques sur les parois des rochers.

Ce renne, aux larges bois palmés, et qui baisse la tête pour manger, est dessiné avec une rare exactitude et beaucoup d'art. Le renne vivait alors dans nos pays; il ne se trouve plus aujourd'hui que dans l'Europe septentrionale.

ou des fauves, établirent leurs habitations, simples huttes couvertes de roseaux, sur des plates-formes faites de troncs d'arbres et dressées au milieu des lacs ou des étangs : ils créèrent ainsi les *cités lacustres*. Ce sont les mêmes hommes qui édifièrent les monuments connus sous le nom de *menhirs* et de *dolmens* et que longtemps on a pris à tort pour des monuments gaulois.

On ne sait quelle était la signification des *menhirs* ou *pierres levées*, aiguilles de rochers souvent énormes — certains mesuraient jusqu'à 20 mètres — dressés comme des obélisques non dégrossis.

Ils sont en certains endroits disposés en longs alignements. Les plus célèbres sont en Bretagne, *à Carnac* : sur plus de trois kilomètres on compte près de deux mille menhirs disposés en sept rangées. Non loin de là, à Erdeven, on en trouve plus d'un millier.

Les *dolmens* ou *tables de pierre* étaient des tombeaux. Souvent les dolmens se succédaient à intervalles très rapprochés, se touchaient presque et formaient des sortes de couloirs ou *allées couvertes*, que recouvraient jadis d'énormes monticules de terre ou *tumuli*.

Menhir
à Erdeven près de Plouharnel (Morbihan).
Photographie Neurdein.

Les menhirs ou pierres levées sont comme de grossiers obélisques; on ignore leur signification. Ils furent dressés bien avant l'apparition des Gaulois. On en trouve un grand nombre en Bretagne.

Le menhir qui est ici représenté a plus de cinq mètres de haut.

DOLMEN
ou Table des marchands à Locmariaquer (Morbihan).
Photographie Hamonic.

*Les Dolmens, formés d'une pierre posée à plat sur deux pierres debout,
servaient de tombeaux. Ils sont de la même époque que les menhirs.*

ALLÉE COUVERTE.
Dolmen de Korconno près de Plouharnel (Morbihan).

*L'Allée couverte est un ancien tombeau formé de dolmens qui se suivent;
elle était recouverte d'un monticule de terre ou tumulus, et formait au centre
un caveau, une chambre funéraire, comme dans les pyramides en Égypte.*

LES POPULATIONS HISTORIQUES IBÈRES ET LIGURES

Les habitants des cavernes et des cités lacustres n'ont pas de nom propre en histoire. Les premiers habitants de la Gaule dont le nom nous soit connu furent les *Ibères* et les *Ligures*.

Les Ibères, qui peuplèrent l'Espagne, occupèrent le pays entre la Méditerranée et le golfe de Gascogne, c'est-à-dire la région de la Garonne et l'ancien Languedoc. Les Romains les appelèrent les *Aquitains*. Les Basques du département des Basses-Pyrénées passent pour être leurs descendants.

TYPE BASQUE. — Phot. Lévy.

Les Basques de nos Basses-Pyrénées passent pour descendre des Ibères. Ils sont généralement de taille moyenne, bruns, alertes avec une physionomie vive, fine et hardie.

Les Ligures paraissent avoir occupé dans la suite la Gaule, ainsi qu'une grande partie de l'Espagne et de l'Italie. Plus tard, ils furent refoulés dans la vallée du Rhône. Ils se maintinrent longtemps sur la rive gauche du fleuve, puis dans les montagnes voisines de la Méditerranée. On les trouvait encore au premier siècle avant notre ère dans les massifs de la Provence et autour du golfe de Gênes.

Ibères et Ligures étaient de petite taille, bruns, vigoureux, énergiques et audacieux. Les uns et les autres reculèrent devant les *Celtes*.

LES CELTES LES GAULOIS

Les Celtes — c'est le nom qu'ils se donnaient eux-mêmes — étaient également appelés *Galates* par les Grecs. Les Romains les appelaient *Galli*, d'où nous avons fait *Gaulois*. Aujourd'hui certains auteurs pensent qu'il faut distinguer Celtes et Gaulois et qu'ils appartenaient à deux races différentes. Ils fondent leur opinion sur ce fait que la description du type gaulois donnée par les anciens ne correspond en rien au type actuel des populations de la Bretagne et de l'Auvergne, qui passent pour représenter le mieux la race celtique.

Les anciens disent que les Gaulois avaient la tête allongée, qu'ils étaient grands, blonds, avec les yeux bleus et la peau très blanche; ils ressemblaient aux Germains. Les Celtes auraient eu la tête ronde, ils auraient été de taille moyenne et de formes trapues, châtains, avec les yeux bruns et le teint généralement coloré. Ils ressemblaient aux Slaves et l'on a même proposé de les appeler *Celto-Slaves*.

Voici ce qui paraît certain dans l'histoire des Celtes.

Ils habitèrent d'abord les montagnes de l'Europe centrale. Puis, du IXe au IIIe siècle avant notre ère, ils occupèrent successivement les îles Britanniques, la Gaule, l'Espagne, moins les côtes de la Méditerranée, la vallée du Pô et le Nord de l'Italie, une partie de l'Allemagne, la Bohême, l'Autriche, le pays com-

CARTE DES PAYS OCCUPÉS PAR LES CELTES.

pris entre le Danube et l'Adriatique, c'est-à-dire une partie de la Hongrie, la Croatie et la Dalmatie; la Serbie du Nord, la Bulgarie, une partie de la Roumanie. L'Empire celtique s'étendait du détroit de Gibraltar à la mer Noire, dans le temps qu'Alexandre entreprenait la conquête de l'Asie (334 av. J.-C.). Quelques-unes de leurs expéditions furent particulièrement célèbres : en 390, ils avaient pris Rome; en 278, ils pillèrent Delphes; peu après ils franchirent le Bosphore et créèrent en Asie Mineure l'état indépendant de *Galatie*.

Ce fut probablement au VIe siècle avant Jésus-Christ que les Celtes s'établirent entre l'Atlantique, le Rhin et les Pyrénées. C'est là et dans le Nord de l'Italie, sur les rives du Pô, qu'ils créèrent leurs établissements les plus solides et les plus durables. Aussi leur nom passa-t-il aux territoires occupés. Notre

France était par excellence leur pays, la *Celtique* ou la *Gaule*, et le Nord de l'Italie fut appelé par les Romains la *Gaule cisalpine*.

LES BELGES — Les Celtes ne réussirent pas à refouler complètement les Ibères qui se maintinrent au sud de la Garonne. Eux-mêmes, dans le cours du ii° siècle furent repoussés au sud de la Marne et de la Seine par un peuple proche parent des Germains, les *Belges*.

PHÉNICIENS ET GRECS — Bien avant l'arrivée des Celtes, les Phéniciens et les Grecs avaient pris pied sur les côtes méditerranéennes de la Gaule. Les marins de Tyr et de Sidon avaient créé des comptoirs dans les anses bien abritées des Pyrénées orientales et des Alpes de Provence, au Cap Creux, à Port-Vendres (port de Vénus), dans la rade de Villefranche, à Monaco. Ils faisaient là surtout le commerce des métaux, et sans doute l'étain des îles Cassitérides, aujourd'hui les Sorlingues, leur arrivait en grande partie par la Gaule.

Quand vint la décadence des Phéniciens, les Grecs prirent leur place. Vers l'an 600 avant Jésus-Christ, une bande de Phocéens, venue d'Asie Mineure, fonda, dans le pays des Ligures, non loin du delta du Rhône, *Massilia*, Marseille. Marseille devint dans la suite une grande république marchande, et quand les Romains eurent détruit Carthage, elle jalonna de ses comptoirs la côte de la Méditerranée, depuis Nice (*Nikè*, port de la Victoire) jusqu'à Malaga en Espagne.

L'influence exercée par les Phéniciens et les Grecs fut peu profonde, et il ne semble pas que les habitants de la Gaule leur aient emprunté autre chose que l'alphabet grec, l'écriture, et l'usage de la monnaie. C'est de Rome, non point de la Grèce, que la Gaule devait tenir sa civilisation.

DIVISIONS POLITIQUES — La Gaule, comme la Grèce, ne formait pas *un État*; il n'y eut pas plus d'*unité gauloise*, qu'il n'y eut d'unité grecque. César, au milieu du i^{er} siècle avant Jésus-Christ, distinguait en Gaule trois groupes de peuple :

1° Les Aquitains au sud de la Garonne.

2° Les Celtes ou Gaulois, entre la Garonne, la Seine, la Marne, le Rhin, les Alpes et l'Océan.

3° Les Belges, au nord de la Seine et de la Marne.

Chacun de ces peuples se subdivisait en un certain nombre d'États indépendants. L'on en comptait neuf en Aquitaine, trente-six chez les Celtes, quinze chez les Belges, soit au total soixante. Certains peuples étaient particulièrement puissants; on citait dans la Celtique, les *Arvernes*, qui occupaient l'Auvergne actuelle, et les *Eduens*, établis dans la région du Morvan. Dans la Belgique le peuple le plus important était le peuple des *Trévires* (Trèves), cantonné sur les bords de la Moselle.

CAUSES DES DIVISIONS — Le morcellement de la Gaule tenait à des causes multiples.

D'abord les forces des divers peuples étaient à peu près égales : aucun n'était capable de soumettre même ses voisins immédiats, et le pays était immense. La Gaule était en effet de trente à quarante fois plus grande qu'elle ne paraît aujourd'hui, puisque l'on mettait pour la traverser de trente à quarante fois plus de temps : les voies de communication étaient rares, et tout moyen de transport rapide faisait défaut. Les routes n'étaient que de simples pistes, des sentiers escaladant la montagne ou perdus dans l'épaisseur de la forêt, des remblais de fagots et de troncs d'arbres à travers les marais.

D'autre part, en Gaule forêts et marais isolaient les peuples aussi sûrement que les montagnes en Grèce. Aujourd'hui même, dans l'Amérique du Sud, les forêts de l'Amazone forment un obstacle infranchissable, alors qu'un chemin de fer y traverse la Cordillère des Andes, l'une des plus hautes chaînes du globe.

Enfin, au dire de César, dont l'affirmation est certainement exacte pour les Aquitains et les Celtes, les peuples qui étaient de races différentes, n'avaient ni la même langue, ni les mêmes institutions.

INSTITUTIONS POLITIQUES — On trouvait en Gaule des formes de gouvernements très variées : royauté, républiques aristocratiques, fédérations. La royauté toutefois avait presque disparu : elle avait été détruite en Gaule, comme en Grèce et comme à Rome, par l'aristocratie. Généralement le peuple la regrettait et favorisait les tentatives de ceux qui voulaient la rétablir. C'est ainsi que chez les Arvernes, à Gergovie, le peuple soutint Vercingétorix contre les nobles et le proclama roi. Dans la plupart des cités le gouverne

.ment était aux mains d'un *sénat*, souvent très nombreux. Chez les Éduens on élisait chaque année un magistrat suprême, le *Vergobret.*

ORGANISATION DE LA SOCIÉTÉ

Si la forme du gouvernement différait d'un peuple à l'autre, par contre l'organisation de la société, les croyances religieuses, les mœurs étaient à peu près semblables chez tous les Celtes et chez les Belges. On trouvait partout trois classes d'hommes :

1° le *clergé*, 2° la *noblesse*, 3° le *peuple.*

Les deux premières étaient de véritables classes privilégiées et seules avaient une importance politique.

LE CLERGÉ LES DRUIDES

En Grèce et à Rome les prêtres ne se distinguaient pas du reste de la nation : ils n'étaient que des citoyens chargés des sacrifices et connaissant les formules qui rendent les dieux favorables. Ils ne donnaient ni instruction religieuse, ni enseignement moral. Au contraire, chez les Gaulois, comme chez les Perses, et comme aujourd'hui chez les peuples chrétiens, les prêtres formaient une classe d'hommes préparés par de longues études à remplir les fonctions sacerdotales et uniquement occupés de ces fonctions.

On les appelait les *Druides.* Ils se recrutaient parmi les étudiants qu'ils instruisaient en grand nombre dans des sortes de séminaires : les études duraient jusqu'à vingt années. Ils avaient un chef élu qui exerçait sur eux une autorité absolue. Ils se réunissaient chaque année en un véritable concile, dans le pays des Carnutes, aujourd'hui le pays de Chartres. Ils étaient exempts du service militaire et des impôts. « Ils président aux choses divines, dit César, font les sacrifices publics et particuliers et interprètent les doctrines religieuses. »

Leur autorité morale en avait fait également des juges : ils jugeaient les affaires criminelles et civiles, les meurtres et les questions d'héritage. Enfin ils instruisaient les jeunes gens, leur apprenaient ce qu'ils savaient d'astronomie, de médecine et de philosophie. En sorte que les Druides étaient à la fois prêtres, juges, savants et professeurs.

On rattachait au clergé les *Bardes*, c'est-à-dire les poètes, pareils aux aèdes de la Grèce et aux troubadours du Moyen Age. Ils chantaient les légendes des dieux et les exploits des héros en s'accompagnant sur la lyre. Leur place était marquée dans toutes les fêtes auprès des rois ou des chefs puissants.

LA NOBLESSE A CLIENTÈLE — César appelle les nobles gaulois les *chevaliers*. Les nobles étaient donc en Gaule comme à Rome les hommes riches, ceux qui possédaient des chevaux : en temps de guerre ils formaient les corps de cavalerie. Le gouvernement de la cité leur appartenait presque partout, parce qu'ils étaient les plus riches et disposaient d'un grand nombre d'hommes.

Comme les nobles romains, les nobles gaulois étaient entourés de clients, les *Ambactes*. Tantôt les Ambactes étaient des gens trop faibles pour se défendre contre les violences des forts: alors ils cherchaient un protecteur, comme le firent plus tard au Moyen Age ceux qui se donnaient à un seigneur. Tantôt c'étaient des débiteurs insolvables et qui servaient celui auquel ils ne pouvaient restituer l'argent prêté.

Une autre sorte de clientèle était particulière à la Gaule, celle des *Soldurii* : c'étaient les compagnons d'armes d'un chef de guerre. Traités par lui comme des amis, ils partageaient sa bonne et sa mauvaise fortune et devaient le suivre jusque dans la mort. Une institution analogue existait chez les Germains.

En dehors des clients, les nobles avaient autour d'eux de nombreux esclaves. César cite tel chef qui n'en possédait pas moins de dix mille.

LE PEUPLE — Au-dessous des nobles la masse des hommes libres constituait le peuple. La plupart vivaient aux champs.

On peut se les représenter comme aujourd'hui les paysans des tribus montagnardes au Maroc ou des tribus albanaises en Turquie, un peu agriculteurs, un peu pasteurs, grands chasseurs, tous armés.

En cas de guerre, les Gaulois laissaient les instruments de travail et prenaient leurs armes : les paysans se transformaient en *guerriers*, mais non pas en *soldats*; ils formaient des bandes non pas des armées; ils ignoraient la discipline, la science des manœuvres, tout ce qui est le métier de la guerre. En sorte qu'ils devaient se trouver en face des légions romaines dans la même infériorité où se trouvent aujourd'hui les guerriers des tribus africaines en face de nos régiments européens.

L'HABITATION LES VILLES

Les Gaulois habitaient des huttes circulaires, en terre sèche ou en claies de bois. Elles étaient couvertes d'un toit conique, fait de paille ou de branchages, et n'avaient d'autre ouverture que la porte. Le foyer était établi au milieu de la hutte : un trou dans la toiture servait à la sortie de la fumée. On retrouve aujourd'hui des huttes pareilles chez les paysans de Vieille Serbie et d'Albanie. Les habitations étaient sensiblement pareilles dans les villages et dans les villes.

Les villes ou *oppida* étaient établies, comme les acropoles des Grecs, dans des lieux naturellement forts, dans une île, ou sur une hauteur d'où l'on pouvait surveiller aisément la contrée et voir de loin venir le péril.

HABITATION GAULOISE.
Photographie d'un bas-relief du Louvre.

Derrière le guerrier gaulois l'épée à la main, on aperçoit, en avant d'un chêne, la hutte ronde, couverte de roseaux, avec une fenêtre que ferme un volet. On trouve aujourd'hui dans les Balkans, comme le montre la photographie ci-jointe, des villages entiers ainsi construits.

Ainsi *Lutèce*, aujourd'hui Paris, était construite dans une île; Gergovie, près de Clermont-Ferrand, s'élevait sur un haut plateau quadrangulaire. L'*oppidum*, était entouré d'une simple muraille, grossièrement construite en blocs mal équarris, assemblés sans ciment. Parfois des poutres entrecroisées et noyées dans les pierres formaient comme une carcasse à cette muraille et lui donnaient plus de solidité. L'*oppidum* était, en

VILLAGE PRÈS DE NICH (SERBIE).
Photographie de M. Albert Malet.

même temps qu'une ville, un camp retranché où les paysans d'alentour se retiraient en cas de guerre, à côté de la population sédentaire.

A la différence des villes grecques et romaines, les villes gauloises ne renfermaient aucun monument. L'on n'y trouvait ni temples, ni grands édifices publics, mais seulement un assemblage de huttes. Aussi Cicéron déclarait-il qu'il ne se pouvait rencontrer rien de plus laid qu'un oppidum gaulois.

LE COSTUME Le costume ne manquait pas d'un certain éclat barbare. Les Gaulois se vêtaient d'étoffes à rayures ou à carreaux analogues à l'*écossais*; elles étaient teintes de couleurs vives et souvent brochées de fils de métal, or, argent ou cuivre. Les principales pièces du vêtement étaient les *braies*, pantalons descendant jusqu'aux chevilles; la blouse serrée à la taille par une ceinture; la *saie*, sorte de châle ou de plaid qui servait de manteau; la chaussure, si spéciale qu'on l'appelait la

COSTUME GAULOIS.
Photographie d'une statuette en bronze du Musée de Saint-Germain.

La statuette représente un dieu habillé à la gauloise: il porte la saie, *manteau sans manches, agrafé sur l'épaule; la* blouse, *ou tunique à manches, serrée à la taille par une ceinture; les* braies *ou pantalons collants descendant à la cheville.*

gauloise, gallica (d'où, selon certains étymologistes, notre mot *galoche*), était analogue aux sabots. Pour ajouter à l'éclat du costume, les Gaulois, qui avaient le goût très vif de la parure et de ce qui brille, se chargeaient de bijoux, de bracelets aux multiples spirales et surtout de lourds colliers d'or ou *torques*. Ils les portaient même en guerre.

LES ARMES

Les Gaulois, par mépris de la mort, dédaignaient les armes défensives. On n'a pas retrouvé de cuirasse gauloise. Ils portaient seulement un casque de métal et un bouclier très long, d'abord fait d'osier, puis de bois, garni d'ornements de bronze et peint de couleurs vives. Leurs armes offensives étaient une hache, un épieu au fer très large, et long d'un mètre environ, qu'ils employaient aussi comme javelot, une épée en fer sans garde, à longue et large lame à deux tranchants, faite pour tailler et pointer : elle était si mal trempée qu'elle pliait souvent dans le combat et qu'il fallait la redresser avec le pied. Ils la portaient attachée à une chaîne sur la cuisse droite. A la gaine de cette épée

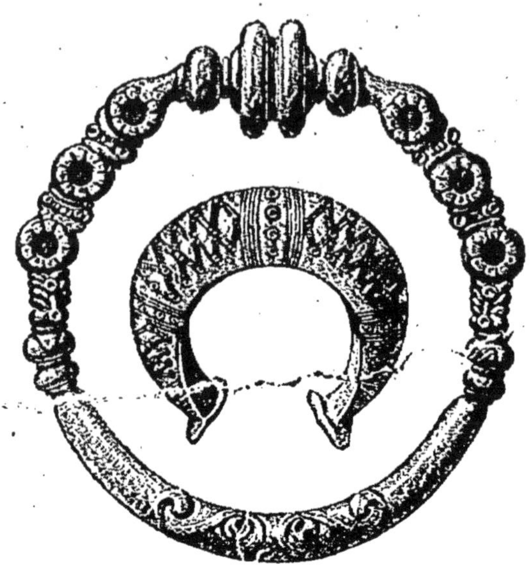

COLLIER (TORQUES) ET BRACELET GAULOIS.

Les Gaulois aimaient à se parer de bijoux. Le collier représenté ici est en or et a été trouvé à Marsal (Lorraine). On fabrique aujourd'hui des bracelets de même forme que celui placé au milieu du collier, chez certains peuples du Soudan et dans les pays balkaniques.

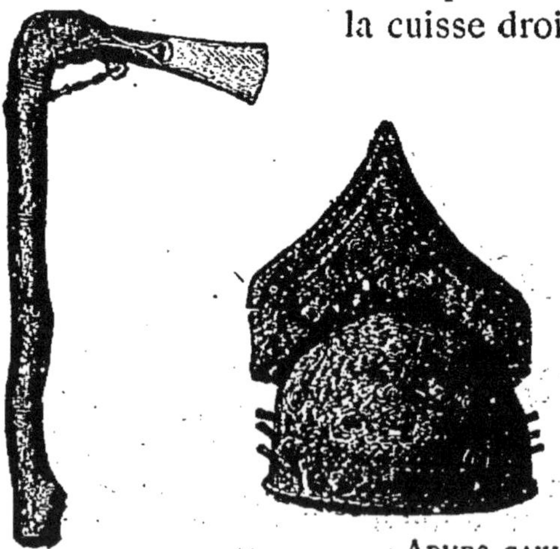

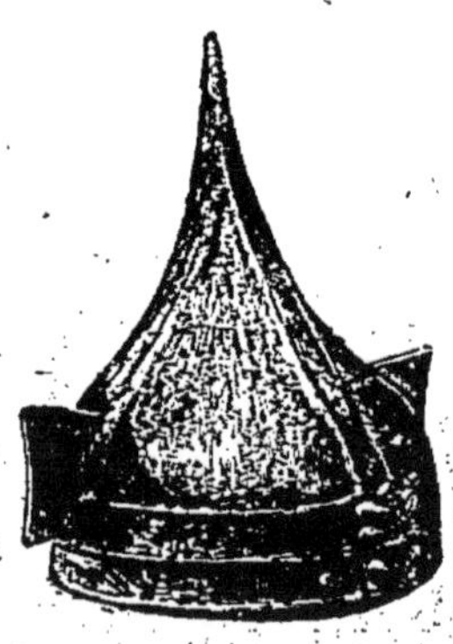

ARMES GAULOISES.

A gauche une hache de bronze (Musée d'Artillerie) ; le manche mesure 0ᵐ,50. La lame, longue de 0ᵐ,22, présente en arrière une partie creuse où s'engage le bois ; elle est en outre attachée au manche par une chaînette. Deux casques, le premier en bronze doré au Louvre ; l'autre trouvé à Fécamp.

était fixé un couteau qui servait à table. Ils eurent aussi des

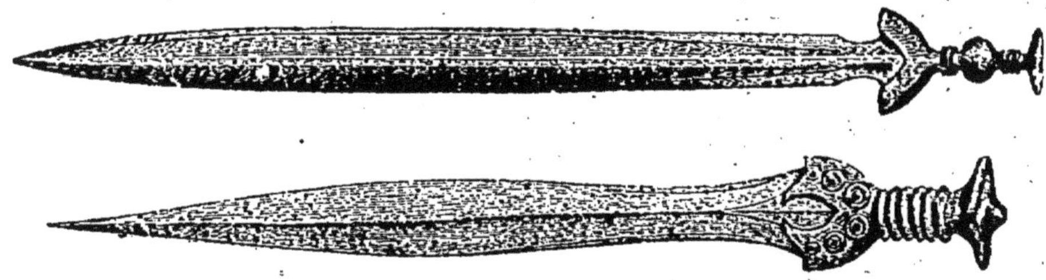

ARMES GAULOISES.

Deux épées du musée de Saint-Germain. La plus longue mesure, poignée comprise, 80 centimètres. Nos sabres droits de cavalerie mesurent en moyenne 98 centimètres. Les épées gauloises étaient mal trempées et se tordaient aisément.

épées plus courtes en bronze et des poignards. Leurs armes étaient très ornées et souvent incrustées de corail.

LE TYPE On achèvera de se représenter les Gaulois en imaginant de solides gaillards, grands, bien découplés, à la voix rude et puissante, le nez fort et busqué, une grande moustache blonde tombant de chaque côté de la bouche, les cheveux abondants et rougis à l'eau de chaux, tantôt rejetés en arrière et flottants sur les épaules, tantôt relevés et noués sur le sommet du crâne et retombant comme une crinière de casque.

TYPE DIT GAULOIS. — D'après une statue de M. Yovanovitch.

Un visage allongé, le nez fort et busqué, le front haut, de grosses moustaches blondes et tombantes, les yeux bleus, voilà ce qu'on appelle aujourd'hui le type gaulois. Il est possible qu'il fut différent. A comparer avec la tête du personnage gaulois dans le bas-relief antique, reproduit page 12.

LE CARACTÈRE Les portraits tracés par les écrivains de l'antiquité, les anecdotes rapportées par eux montrent les Gaulois braves, avec un peu de forfanterie : « Nous ne craignons qu'une chose, disaient quelques-uns d'entre eux à Alexandre, c'est que le ciel ne tombe sur nos têtes. Encore, ajoutaient-ils, le soutiendrions-nous de nos lances. » Ils étaient curieux de s'instruire et hospitaliers ; ils arrêtaient les voyageurs et les commerçants, et les retenaient en de longs festins à la façon des Grecs de l'Odyssée,

CHEF GAULOIS (Musée d'Artillerie).

Le guerrier est vêtu de la saie retenue sous le cou par une énorme agrafe. Dans le reste du costume il y a beaucoup de fantaisie, en particulier dans la tunique de cuir à dessins qui recouvre la tunique d'étoffe. Seuls les armes (casque du type du Louvre, épée, petit couteau pendu à gauche à la ceinture) et les ornements (ceinture de métal, bracelets de bronze en forme de tonneaux) sont la reproduction de documents authentiques.

pour leur faire conter leurs aventures. Ouverts et généreux, sensibles à l'éloquence, éloquents eux-mêmes, faciles à conduire avec de beaux discours, avides de nouveautés, difficiles à discipliner, prompts à l'enthousiasme, ils l'étaient aussi au découragement, et leur mobilité, leur manque d'esprit de suite et de persévérance gâtaient l'ensemble de leurs qualités. On a souvent noté la ressemblance entre les Français d'aujourd'hui et les Gaulois.

LES MŒURS Leurs mœurs étaient celles de paysans pour qui il n'est point de vraies fêtes sans longs et plantureux repas. Ces repas, ils les prenaient accroupis sur des peaux de bêtes. Les viandes rôties ou bouillies étaient déposées sur des plateaux de bois à peine élevés au-dessus de terre, comme aujourd'hui chez les Turcs : on se servait et l'on mangeait avec les doigts. On buvait abondamment du vin ou de la bière ; une même coupe, souvent faite du crâne d'un ennemi vaincu, servait à tous les convives. L'humeur batailleuse des Gaulois se retrouvait dans les simulacres de combat, suite obligatoire des repas, et qui souvent tournaient au tragique et se terminaient par mort d'homme.

LA RELIGION La facilité avec laquelle les Gaulois exposaient leur vie s'explique par la croyance à l'immortalité de l'âme et leur foi dans une vie future. Les Druides leur enseignaient que l'homme en mourant renaissait ailleurs : aussi n'était-il pas rare de voir des Gaulois prêter de l'argent remboursable dans l'autre monde.

La croyance à l'immortalité de l'âme ne découlait pas de leurs idées sur la Divinité. Comme les Grecs et les Romains, ils adoraient les forces et les phénomènes naturels divinisés, les eaux, les forêts, le tonnerre, la lumière. Mais jusqu'à la conquête romaine, ils ne se représentèrent pas leurs dieux par des images, sous la figure humaine.

Aux sources et aux lacs présidait le dieu *Borvo;* son nom se retrouve dans celui de beaucoup de sources thermales, la *Bourboule, Bourbonne- les - Bains , Bourbon - Lancy,* etc.

TÊTE EN BRONZE DU DIEU CORNU.
Trouvée à Lezoux (Puy-de-Dôme).
Photographie prise au Musée de Saint-Germain.

Cette admirable tête est une œuvre gallo-romaine : elle représente probablement Cernunnos, dieu de la Nuit et de la Mort.

Au culte des forêts se rattachait la cueillette du *gui,* plante parasite qui pousse exceptionnellement sur le chêne. Le gui, coupé par les Druides en grande solennité avec une faucille d'or, recueilli sur une toile de lin blanc, passait pour posséder de merveilleuses vertus médicinales.

Le dieu de la foudre *Tarann* était armé d'un maillet. Il était aussi le dieu de la chaleur, la puissance bienfaisante qui mûrit les moissons : on le représentait alors avec une roue, symbole du soleil, et l'on célébrait en son honneur, au solstice d'été au mois de juin, de grandes fêtes dont le souvenir subsiste encore dans les *feux de la Saint-Jean.*

D'autres dieux symbolisaient l'idée de la mort et de la vie. *Cernunnos,* dieu au front orné de cornes, représentait à la fois la nuit où brillent les cornes de la lune, la mort, le mal, les richesses souterraines. Il était combattu par *Lug*, dieu du jour naissant, de la lumière et de la vie : les Romains l'identifièrent avec Mercure. Il paraît avoir été le dieu le plus révéré des Gaulois, si l'on en juge par le grand nombre de points où s'élevèrent ses sanctuaires et où son nom a subsisté, comme à *Mercœur*, *Mirecourt*, etc. *Montmartre* à Paris fut d'abord le Mont Mercure. Le plus grand et le plus riche des temples de la Gaule romaine, édifié au sommet du Puy de Dôme, était consacré au Mercure Arverne.

LE CULTE LES SACRIFICES HUMAINS — Le culte rendu à ces divers dieux consistait en offrandes jetées au fond des lacs, suspendues aux branches des chênes, ou bien en victimes immolées. Souvent les victimes étaient des hommes, tantôt égorgés, tantôt brûlés, particulièrement en l'honneur du Dieu soleil, dans d'immenses mannequins d'osier.

L'on sacrifiait ainsi les criminels ; à leur défaut on sacrifiait des prisonniers de guerre. Ces coutumes subsistaient encore au 1ᵉʳ siècle avant Jésus-Christ, quand César arriva en Gaule.

LES GAULOIS AU TEMPS DE CÉSAR — A la veille de la conquête, les Gaulois, sans unité politique, morcelés en petits États, apparaissent en somme doués d'un certain nombre de belles qualités naturelles, mais incultes, demi-barbares encore, et presque complètement ignorants de ce qui est l'essentiel de la civilisation : les lettres, les sciences, les arts. En face des Romains ils étaient à peu près comme les Kabyles en face des Français en Algérie, il y a soixante-dix ans quand nous commencions la conquête.

CHAPITRE II

LA GAULE ROMAINE
VILLES, MONUMENTS, ROUTES,
LE CHRISTIANISME EN GAULE, LES ÉVÊQUES

A CONQUÊTE ROMAINE [1] Les Romains avaient pénétré en Gaule dès la fin du second siècle avant Jésus-Christ, appelés par les Marseillais que menaçaient leurs voisins Gaulois. De 123 à 118 ils avaient occupé le pays compris entre le Rhône, les Alpes et les Cévennes; ils en formèrent la province de *Gaule Transalpine* ou la *Province*, tout court. Pompée en 76 étendit ses limites jusqu'aux Pyrénées Orientales. Dix-huit ans plus tard, César entreprenait la conquête de la Gaule entière. Il y employa huit années, cinq campagnes et dix légions, c'est-à-dire soixante à quatre-vingt mille hommes (58 à 50 av. J.-C.).

Cette conquête relativement facile s'explique par le génie de César, par la supériorité de l'armée romaine formée de soldats de métier, disciplinés et bien armés, sur les bandes gauloises composées de guerriers mal équipés et nullement exercés. Elle s'explique encore par ce que, si le pays était immense, il était morcelé en nombreux petits États, souvent rivaux et paralysés en outre par des divisions intestines dont César sut profiter.

DOMINATION ROMAINE : SES NSÉQUENCES Les Gaulois vaincus acceptèrent aisément la domination romaine. Ils ne firent jamais aucune tentative sérieuse pour reconquérir leur indépendance. A peine peut-on signaler deux soulèvements : sous Tibère (21 après J.-C.), le soulèvement de l'Éduen Sacrovir; il ne put pas réunir huit mille hommes armés; — sous Vespasien, le soulèvement de Sabinus (70 après J.-C.); il fut désavoué par une assemblée de députés gaulois qui, réunis à Reims,

(1) L'histoire de la conquête de la Gaule se trouve au volume précédent: *L'Antiquité* (Classe de sixième), 3ᵉ partie, page 369.

invitèrent les insurgés à mettre bas les armes. Moins de cent ans après la conquête, la soumission était si complète que les Romains avaient pu réduire leurs garnisons pour toute la Gaule à trois mille hommes, l'effectif d'un de nos régiments d'infanterie.

C'est que les Romains pratiquèrent une politique infiniment

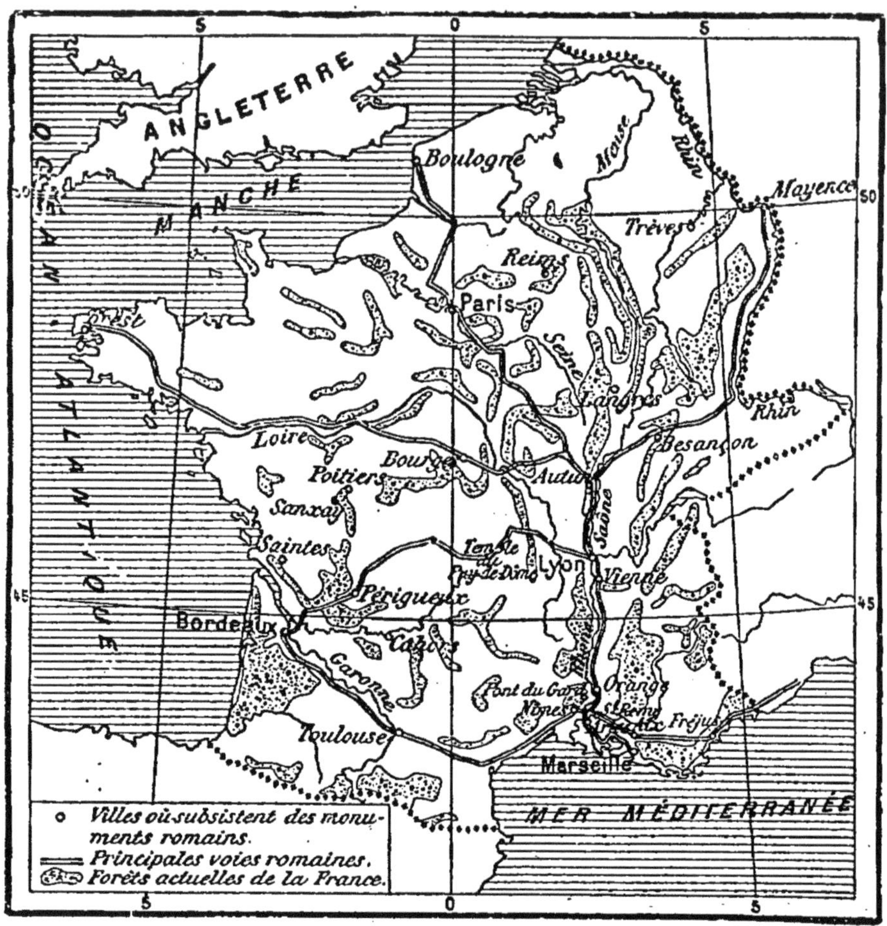

LA GAULE. — ROUTES ROMAINES ET FORÊTS.

sage et qui doit servir de modèle à tout peuple qui conquiert et colonise. Ils laissèrent subsister les diverses nations gauloises; ils respectèrent les mœurs et les usages des vaincus; ils donnèrent satisfaction à la plus vive de leurs passions, à leur instinct guerrier, en leur ouvrant les rangs de l'armée romaine; ils accordèrent des privilèges aux peuples qui les servaient le mieux, inspirant de la sorte aux autres le désir de bien servir pour mériter les mêmes avantages; enfin ils assurèrent à tous la paix. Dès le temps de César, des Gaulois avaient été admis au nombre des citoyens romains; on en trouvait jusque dans le Sénat. Tacite disait aux Gaulois à la fin du premier siècle :

« Vous partagez l'empire avec nous; c'est souvent vous qui commandez nos légions, vous qui administrez nos provinces; entre vous et nous il n'y a aucune distance, aucune barrière. » A partir de Caracalla tous furent citoyens romains, c'est-à-dire les égaux du vainqueur. D'autre part, « les Gaulois, comme l'a dit Fustel de Coulanges, eurent assez d'intelligence pour comprendre que la civilisation valait mieux que la barbarie ». Ils surent reconnaître les bienfaits de la domination romaine. Cette domination, *qui dura plus de cinq siècles*, eut des conséquences matérielles, intellectuelles et politiques.

LÉ MAUSOLÉE DE SAINT-REMY. — Photographie Neurdein.

Ce mausolée, avec un arc de triomphe qui est tout proche, est tout ce qui reste d'une ville voisine d'Arles et qui fut détruite en 480 par les Wisigoths. Il est haut de 18 mètres. Sur le pourtour, des bas-reliefs représentent un combat entre cavaliers romains et fantassins gaulois. Ce monument, l'un des plus charmants de l'art romain, date du premier siècle.

TRANSFORMATIONS MATÉRIELLES LES ROUTES

Pour tenir la Gaule, il fallait pouvoir y faire circuler rapidement des troupes : les Romains éventrèrent les forêts, desséchèrent et comblèrent les marais, jetèrent des ponts, construisirent des routes. Ces routes jouaient alors le rôle de nos chemins de fer. Lyon fut le nœud des grandes routes. De là partaient cinq chaussées, solidement maçonnées, et jalonnées de mille en mille de bornes monumentales; elles aboutissaient à Mayence sur le Rhin; à Boulogne sur la Manche; à Brest et à Bordeaux sur l'Atlantique; à Marseille sur la Méditerranée. Des voies secondaires s'embranchaient sur ces grandes chaussées; toute ville importante eut son réseau de routes, et il n'est guère de vieille ville de France aux alentours de laquelle on ne signale encore quelques vestiges de *voie romaine*.

VILLES ET MONUMENTS Comme l'établissement des routes facilitait les échanges, des commerçants, des colons romains vinrent s'établir en Gaule. Ils apportèrent avec eux les habitudes et les façons de vivre de l'Italie. Sous leur influence et parce que le pays s'enrichissait, la Gaule,

ARLES, LE THÉATRE. — Photographie Neurdein.

Le théâtre d'Arles fut commencé sous Auguste; il était aussi grand que le théâtre d'Orange; il fut détruit au cinquième siècle. On aperçoit au fond les restes des gradins. La scène était décorée d'un portique dont il reste deux colonnes.

où la population vivait auparavant surtout aux champs, commença à se couvrir de villes. Les misérables bourgades, composées de masures et de huttes et où l'on ne trouvait pas un seul monument, firent place à des villes à la romaine, bien alignées, construites en pierre, avec des maisons décorées de mo-

REIMS, LA PORTE DE MARS. — Photographie Gontier.

La porte de Mars est un arc de triomphe mutilé, le fronton manque l'arc fut construit au quatrième siècle après Jésus-Christ.

VIENNE, TEMPLE DE LIVIE. — Photographie Neurdein.

Le temple, d'ordre corinthien, ressemble à la Maison Carrée de Nîmes; mais il est plus grand et les colonnes latérales ne sont pas engagées dans le mur de la Cella.

saïques, de colonnes, d'objets d'art, avec de beaux édifices
publics, qui n'ont pas tous entièrement disparu. C'est sous l'influence romaine, mais par les Gaulois et à leurs frais, que furent
construits les *aqueducs*, comme le pont du Gard; les *arènes*,
comme celles de Nîmes, d'Arles, de Paris; les *temples*, comme
la Maison Carrée de Nîmes, le temple de Vienne, le temple de
Mercure au Puy de Dôme; des *théâtres*, comme ceux d'Arles et
d'Orange; des *thermes*, comme ceux de Paris; des *arcs de
triomphe*, comme ceux d'Orange, de Reims, de Saint-Remy.

En même temps que se transformèrent les anciennes villes, de
nouvelles se créèrent. Ainsi dans le Midi, *Auch*; dans le Centre,
Limoges, *Autun*; *Clermont*, qui remplaça Gergovie comme ville
des Arvernes; sur la Loire, *Tours*; dans le Nord et l'Est, *Troyes*,
Senlis, *Beauvais*, *Soissons*, *Saint-Quentin*. La plus importante de
ces fondations fut, en 41 avant J.-C., celle de *Lyon* qui devint
une sorte de capitale de la Gaule.

**AGRICULTURE
ET INDUSTRIE.** La Gaule s'enrichit de cultures nouvelles. Ce fut probablement sous la domination romaine que l'on in-
troduisit le noyer, le châtaignier et la plupart des
arbres à fruits, cerisiers, pruniers, pêchers, noise-
tiers. La culture de la vigne se développa en Bourgogne et en
Champagne.

L'industrie n'était pas tout à fait inconnue des Gaulois avant
la conquête; ils savaient travailler les métaux, fabriquer des
bijoux; ils avaient inventé les émaux; enfin l'on exportait déjà
en Italie les *cuculles* ou manteaux à capuchons, tissés à Langres
ou dans la Saintonge. Mais ces industries se développèrent sous
l'Empire. On ne comptait pas moins de onze manufactures impériales pour les tissus et la teinture. Huit villes possédaient des
manufactures d'armes; trois, des fabriques de monnaie. Trèves,
Strasbourg, Metz, Reims, Soissons, Autun, Mâcon, Lyon,
Vienne, Arles étaient les centres industriels les plus actifs.

**TRANSFORMA-
TIONS INTELLEC-
TUELLES
DIFFUSION DU
LATIN** La plus importante des transformations fut la substitution de la langue latine à la langue gauloise. La
substitution se fit sans violence de la part des Romains, sans qu'ils aient aucunement imposé l'étude
et l'usage de leur langue. Le latin fut d'abord adopté
par les nobles, qui étaient en relations suivies avec les magistrats et les officiers romains et aspiraient à obtenir eux-
mêmes le titre de citoyens romains. Puis par la force des choses

le latin se répandit dans le peuple qui l'apprit des soldats, des colons et des commerçants. Mais cette diffusion de la langue latine ne s'opéra que lentement, et c'est seulement à la fin du cinquième siècle que l'usage du gaulois eut à peu près complètement disparu. D'autre part, il se passa en Gaule pour le latin ce qui se passe pour le français dans celles de nos colonies où les indigènes commencent à l'apprendre de nos soldats et de nos immigrants; ce ne fut pas la langue classique qui se répandit, mais le latin populaire, une sorte d'*argot* très éloigné de la langue littéraire. De là devait sortir la *langue romane*, première étape vers le français.

ES ÉCOLES, LES LITTÉRATEURS
La Gaule devint vite un pays de culture littéraire. Les écoles de Marseille, de Bordeaux, de Lyon, de Toulouse, d'Autun, étaient célèbres dans l'Empire. C'étaient de véritables universités où l'on enseignait le latin, le grec, le droit, la philosophie, la médecine; les étudiants s'y pressaient en foule. La Gaule donna à Rome un certain nombre d'écrivains, parmi lesquels Cornelius Gallus, un poète ami de Virgile, l'historien Trogue-Pompée, le romancier Pétrone, familier de Néron, Afer, le maître de Quintilien. Le dernier poète qui compta dans l'histoire de la littérature latine, Ausone, était né à Bordeaux et chanta dans ses vers les paysages de la Gaule.

TRANSFORMA-TIONS POLITIQUES ORGANISATION DES CITÉS
Les Romains laissèrent subsister les diverses nations qui se partageaient la Gaule au moment de la conquête, et les rendirent absolument indépendantes les unes des autres. Ils les appelaient les *cités* et en reconnaissaient soixante. Chacune de ces cités était subdivisée en *pagi* ou *pays*.

L'organisation politique de chacune des cités se transforma peu à peu d'après un modèle commun: celui que fournissait Rome; toutes finirent ainsi par avoir une organisation analogue à celle de l'ancienne Rome. Chaque cité était administrée par des *magistrats* élus et annuels. Ces magistrats étaient assistés d'un sénat, la *curie*, dont les membres furent pendant longtemps nommés par *l'assemblée du peuple*. Ce furent ces membres de la curie ou *curiales* qui, en maintes villes, pour mériter les suffrages du peuple, construisirent à leurs frais les édifices dont s'enorgueillissait la cité. Il en avait été de même à Rome au temps de la République.

En même temps que sous l'influence romaine les
LE CONSEIL mêmes institutions tendaient à s'établir dans toute la
DES GAULES Gaule, les Romains contribuaient à développer chez
les Gaulois le sentiment de l'unité en leur donnant
un culte commun, celui de l'Empereur et de Rome. Le centre
de ce culte était à Lyon. Au confluent de la Saône et du Rhône
se dressait un autel colossal dédié à *Rome* et à *Auguste*. Il
était entouré de soixante statues qui personnifiaient les soixante
cités gauloises. Chaque année, des députés des cités venaient
offrir un sacrifice à cette sorte d'autel fédéral.

Mais en même temps les députés examinaient les intérêts com-
muns et discutaient les actes des gouverneurs, dont ils approu-
vaient ou blâmaient la conduite. Ils formaient alors le *Conseil
des Gaules*: les Empereurs lui avaient donné le droit de cor-
respondre directement avec eux, et tenaient grand compte de ses
avis. Ce Conseil se trouvait être un véritable *sénat général
gaulois*, et les Gaulois eurent à Lyon, grâce aux Romains, ce
qui leur avait toujours manqué au temps de l'indépendance,
une *capitale*.

LE
CHRISTIANISME Les croyances religieuses des Gaulois furent tout
EN GAULE d'abord peu modifiées par la conquête. Les Romains,
on le sait, ne faisaient pas la guerre aux dieux des
vaincus. Ils trouvaient plus politique de les admettre
dans leur Panthéon et de chercher à les confondre avec leurs
propres dieux. Ils restèrent fidèles à cette politique en Gaule :
c'est ainsi qu'ils reconnurent dans *Tarann* Jupiter et dans *Lug*
Mercure. Les autres dieux romains envahirent peu à peu les
villes gauloises, et quand les cultes orientaux d'Isis ou de Mithra
se furent établis à Rome, ils gagnèrent également notre pays.

Le christianisme y fut apporté dès le premier siècle. Au second siècle, au temps de Marc-Aurèle, une Église importante
existait à Lyon. Elle avait été créée par l'évêque *Pothin*, qui venait de Smyrne. En 177, la communauté chrétienne de Lyon fut
décimée ; quarante-sept de ses membres furent torturés, puis mis
à mort dans le cirque avec d'extraordinaires raffinements de
cruauté ; Pothin, âgé de quatre-vingt-dix ans, fut lapidé.

Mais ce fut seulement au cours du troisième siècle qu'un grand
effort fut fait pour évangéliser la Gaule entière. En 250, sept
évêques arrivèrent de Rome. Les villes de Narbonne, Arles,
Toulouse, Limoges, Tours, Clermont, Paris furent les centres

de leurs prédications. Deux d'entre eux, saint Saturnin à Toulouse, saint Denis à Paris subirent le martyre.

Les persécutions eurent en Gaule le même résultat que dans le reste de l'Empire : elles exaltèrent la foi et les conversions se multiplièrent. Les chrétiens étaient assez nombreux en Gaule au commencement du quatrième siècle, pour qu'en 312 Constantin, candidat à l'Empire, estimât qu'il y aurait profit pour lui à s'assurer leur concours et fît alors placer la croix au-dessus de son étendard.

ORGANISATION DE L'ÉGLISE La victoire de Constantin assura aux chrétiens la liberté de leur culte et la protection officielle. L'Église put dès lors s'organiser. Les chrétiens adoptèrent les cadres de l'administration romaine : ils conservèrent la division en *provinces* et les subdivisions en *cités*. Chaque province devint une *métropole* et l'on plaça à sa tête un *métropolitain*, plus tard l'*archevêque*. Chaque cité forma un *diocèse*, administré par un *évêque*. Les évêques étaient subordonnés au métropolitain. Il y eut en Gaule dix-sept métropoles et cent vingt et un évêchés. Ces divisions ecclésiastiques ont subsisté en France jusqu'à la Révolution.

L'évêque — son nom grec *épiscopos* signifie le surveillant — devint bientôt le personnage le plus important de la cité. Il était élu par le clergé, c'est-à-dire par l'ensemble des personnes consacrées au culte, par la curie et par le peuple. Parce qu'il était *l'élu*, c'est-à-dire celui que tous avaient librement choisi pour les diriger, il avait une grande autorité morale à laquelle s'ajoutait l'autorité de ses vertus ou de son savoir.

LES ÉVÊQUES ET LES IMMUNITÉS D'autre part les Empereurs travaillaient eux-mêmes à grandir l'influence et l'autorité des évêques en leur conférant de nombreux privilèges ou *immunités*. Les évêques, puis leurs subordonnés les prêtres, furent exemptés du service militaire et des impôts : ils étaient des *privilégiés*, ce qui ne manquait pas aux yeux de bien des gens d'ajouter à leur prestige. Ce qui était plus important, c'est que les évêques avaient reçu de l'empereur Constantin et de ses successeurs des *privilèges judiciaires*. D'abord ils pouvaient seuls juger les membres du clergé quand il s'agissait de fautes contre la foi ou contre les mœurs. Puis dans le cas où un procès civil s'élevait entre deux clercs, l'évêque était encore seul compétent. Les fidèles furent naturellement amenés à considérer l'évêque comme le plus prudent et le plus sage des arbitres dans toutes les questions qui se rattachaient aux actes importants de la vie et où l'Église intervenait, affaires de mariages ou de testaments. « L'évêque, a-t-on dit, fut pour la société chrétienne un juge de paix dans le sens propre du mot. »

Quand la cité tout entière eut embrassé le christianisme, quand la religion nouvelle fut devenue avec Théodose (380) la religion de l'État, l'évêque se trouva le premier personnage de la cité. Il fut aussi celui qui disposa des ressources les plus considérables à une époque d'appauvrissement général. Ces ressources provenaient des dons des fidèles, parmi lesquels la *dîme* ou dixième partie des récoltes, puis des revenus des terres léguées à l'Église ou que les Empereurs lui avaient concédées.

IMPORTANCE DU ROLE DES ÉVÊQUES — A la fin du quatrième siècle et au cinquième, les évêques jouèrent en Gaule un rôle considérable. Gouverné par des Empereurs incapables à l'heure où les Barbares lui donnaient l'assaut, l'Empire romain se disloquait. Les impôts n'étaient plus payés parce que les contribuables étaient ruinés. Il n'y avait plus d'armée. A partir de 395 et du partage de l'Empire par Théodose, l'autorité de l'Empereur dans l'Empire d'Occident n'existe plus que de nom. L'Empereur est aussi incapable de gouverner ses sujets qu'il est incapable de les défendre. Ses fonctionnaires n'ont aucune autorité, parce qu'ils ne représentent aucune force, parce qu'ils n'ont ni argent, ni soldats. Beaucoup d'entre eux fuient devant les Barbares. D'autres pensent à se rendre indépendants dans leurs gouvernements et à se créer des royaumes.

Il y eut là un siècle de véritable anarchie, pendant lequel les évêques devinrent les chefs réels des cités. Ce sont eux qui rendent la justice ; eux qui, en cas de disette, assurent le ravitaillement de la ville ; eux qui négocient avec les Barbares ; eux, quand il est nécessaire, qui organisent la défense et mènent les fidèles à la bataille. Ainsi saint Loup, évêque de Troyes, saint Aignan, évêque d'Orléans, sauvèrent leurs villes lors de l'invasion des Huns. Grâce aux évêques, l'œuvre civilisatrice accomplie par les Romains en Gaule ne fut pas entièrement détruite par les Germains, et la Gaule ne retourna pas à la barbarie. Ce sont les évêques qui, en soutenant Clovis et ses Francs, leur assurèrent le succès, bien qu'ils fussent les plus faibles des envahisseurs.

CHAPITRE III

LES INVASIONS BARBARES
MŒURS DES GERMAINS
LES INVASIONS EN GAULE — LES HUNS

IMPORTANCE DES INVASIONS — L'Empire romain en Europe était enveloppé depuis la mer du Nord jusqu'à la mer Noire par les Barbares. Pour se protéger contre leurs incursions, les Romains avaient fortifié les frontières, élevé des retranchements, établi des légions nombreuses dans des camps permanents. Ces mesures de défense furent efficaces jusqu'à la fin du quatrième siècle. Mais à partir de 378, et pendant tout le cinquième siècle, les Barbares forcent la frontière et pénètrent dans l'Empire. Pendant près de cent ans ils le parcourent en tous sens et ravagent les provinces tout en cherchant à se fixer : c'est la période des invasions.

Les invasions sont un des faits importants de l'histoire. En effet elles ont arrêté le développement de la civilisation romaine; elles ont même pendant un certain temps mis en péril la civilisation. Elles ont provoqué la dislocation et le morcellement de l'Empire et, détruisant son unité, elles ont préparé l'Europe moderne. D'autre part, les Barbares qui se sont établis dans les anciennes limites de l'Empire ont à leur tour été gagnés peu à peu par la civilisation.

LES PRINCIPALES INVASIONS — En 378 les **Wisigoths** franchissent le Danube et s'établissent dans l'Empire d'Orient. Puis, sous le commandement d'Alaric, plus tard d'Astaulf, ils parcourent et ravagent successivement la Macédoine, la Grèce, les côtes de l'Adriatique, l'Italie. Ils finissent par pénétrer en Gaule et par se fixer dans l'*Aquitaine*, c'est-à-dire dans le pays compris entre la Loire et les Pyrénées (412).

En 405 commence la *grande invasion*. Une première horde de Barbares, les *Suèves*, conduits par Radagaise, pénètre en Italie.

elle est exterminée près de Florence. Alors le gros des envahisseurs, *Alains, Vandales, Burgondes*, se détourne sur la Gaule (407) et la ravage pendant quatre ans. Les **Burgondes** se fixent dans la vallée de la Saône et du Rhône, dans la *Savoie*, puis dans la *Bourgogne* et la *Franche-Comté* actuelles. Les Alains et les Vandales s'enfoncèrent en Espagne. Les Vandales gagnèrent ensuite l'Afrique et poursuivirent leurs dévastations dans ce qui est aujourd'hui l'Algérie et la Tunisie.

En 450, les **Huns** avec *Attila* envahissent la Gaule. Battus aux *Champs Catalauniques*, ils se jettent sur l'Italie et ravagent toute la plaine du Pô.

En 475, les *Hérules* avec Odoacre s'emparent pour un temps de l'Italie. Elle leur est enlevée en 493 par *Théodoric* et les *Ostrogoths* d'abord établis en Pannonie, c'est-à-dire dans la partie de la Hongrie située sur la rive droite du Danube.

La création du royaume ostrogoth d'Italie peut être considérée comme marquant la fin des grandes invasions.

LES ENVAHISSEURS LES GERMAINS

Les Huns exceptés, les envahisseurs sont tous **Germains.**

Les Germains, de race indo-européenne, comme les Gaulois, les Latins et les Grecs, occupaient le pays compris entre le Rhin et le Danube à l'ouest et au sud, la Vistule et la Baltique à l'est et au nord, soit aujourd'hui l'Allemagne, le Danemark, l'Autriche et une partie de la Hongrie. On les trouvait aussi dans la péninsule scandinave, dans la Suède et la Norvège actuelles.

Pas plus que les Gaulois avant la conquête romaine ils ne formaient un État. Ils étaient divisés en une multitude de peuples beaucoup moins civilisés que ne l'étaient les Gaulois avant l'arrivée de César. Les peuples les plus célèbres étaient, au moment des invasions, les Francs, les Alamans, les Burgondes, les Saxons, les Vandales, les Suèves, les Wisigoths, les Ostrogoths.

Dans leur pays couvert de forêts, coupé de marécages, ils n'étaient encore qu'à demi fixés au sol. Chez eux l'on ne trouvait point de villes, mais seulement des villages composés de maisons en forme de huttes rondes, longuement espacées, chacune étant perdue pour ainsi dire au milieu de ses champs, comme sont encore aujourd'hui les maisons des villages en Hongrie.

Les Germains ressemblaient beaucoup à leurs voisins et parents de Gaule et particulièrement aux Belges. Ils étaient grands et blonds ; ils avaient la peau blanche et les yeux bleus. Braves, mais prompts au découragement en cas d'échec, ils étaient orgueilleux, bavards, et s'adonnaient volontiers à la •boisson.

LA RELIGION DES GERMAINS — Comme tous les peuples primitifs, ils adoraient les forces de la nature divinisées, le tonnerre, *Donar* ; le soleil, *Sunna* ; la lune, *Mani* ; la terre, *Hertha*. Le Dieu suprême était *Wotan*, que l'on appelait encore *Odin* : d'où le nom d'*Odinisme* donné à la religion germaine. Très belliqueux, les Germains imaginaient leurs dieux à leur ressemblance : Wotan ne recevait en son paradis, le *Walhalla*, que les braves, c'est-à-dire ceux qui étaient tombés sur le champ de bataille. Là, éternellement jeunes ils chassaient et combattaient tout le jour ; la nuit, ils buvaient l'hydromel céleste dans les crânes de leurs ennemis. Ceux qui n'avaient pas péri de mort violente étaient tenus pour des lâches et condamnés à l'enfer.

On ne trouvait point chez les Germains, comme chez les Gaulois, un clergé organisé ; rien ne rappelait parmi eux le corps sacerdotal des Druides. Mais l'on rencontrait fréquemment des sorcières qui prédisaient l'avenir soit en observant le galop d'un troupeau de chevaux, soit en examinant les entrailles de victimes humaines.

LA SOCIÉTÉ GERMANIQUE — Comme dans la Rome primitive, la famille était la base de toute l'organisation sociale et politique. Le père était le souverain maître, à la fois juge et roi. Il achetait sa femme : cependant la femme n'était point considérée comme une esclave ; on lui témoignait au contraire un grand respect, parce que, disaient les Germains « il y a en la femme quelque chose de divin ». Autour du père et sous son autorité absolue se groupaient les enfants, les parents, les affranchis et les esclaves : cela constituait une véritable *gens* comme chez les Romains.

Comme récemment encore chez nos Corses ou chez les Monténégrins, comme aujourd'hui même chez les Albanais, le lien de famille était si étroit que l'injure faite à l'un de ses membres atteignait la famille entière : tous devaient poursuivre la vengeance de chacun; c'est l'usage de la *vendetta*. Le meurtre n'était considéré cependant que comme un fait de guerre, et le meurtrier pouvait, comme cela se pratique encore en Tunisie, se racheter en payant à la famille du mort le *prix du sang*, « un certain nombre de bœufs et de moutons », dit Tacite. L'usage subsista au Moyen Age sous le nom de *wehrgeld* ou de *composition*.

Le groupement d'un certain nombre de familles constituait la tribu. Les intérêts de la tribu étaient discutés entre tous les chefs de famille et les hommes libres réunis en armes. Leur assemblée était appelée le *mall*. Leurs chefs ou rois étaient chez certains peuples, chez les Francs en particulier, soumis à une sorte d'élection : les guerriers les élevaient sur un bouclier et les promenaient ainsi autour du camp. Le roi se distinguait par sa longue chevelure flottante.

L'organisation de la propriété était très particulière. Les terres étaient en commun : on les partageait chaque année entre les diverses familles. C'est à peu près le système actuel du *Mir*, la commune rurale, en Russie. Le Germain ne pouvait posséder en propre que sa maison et le champ qui l'entourait.

LA BANDE DE GUERRE — Ce système de propriété, joint au caractère belliqueux des Germains, eut d'importantes conséquences. Le partage annuel des terres rendait impossible tout accroissement de fortune. Les hommes énergiques devaient donc aller chercher fortune hors de leur pays. Comme le métier des armes était le seul que les Germains trouvassent vraiment digne d'eux, ils s'expatrièrent pour faire la guerre. *La guerre fut pour eux l'industrie nationale.* Pour l'exercer, ils se choisissaient un chef autour de qui ils se groupaient et auquel ils promettaient fidélité et obéissance absolue. Ils constituaient ainsi une *bande de guerre* qui, selon les circonstances, travaillait pour son propre compte ou bien se mettait au service d'autrui. Les bandes guerroyaient soit en Germanie même, soit sur les frontières de l'Empire. Les Romains les combattirent d'abord. Puis ils finirent par les prendre à leur solde; ils leur donnèrent des terres, les cantonnèrent sur la frontière et leur confièrent la mission de la défendre contre de nouvelles bandes. Nous avons procédé de même au Tonkin avec les bandes de pirates de la frontière de Chine. C'est ainsi que Constantin, dès le début du quatrième siècle, installa les *Francs* sur le Rhin.

L'INVASION PACIFIQUE Cet établissement des bandes germaines en territoire romain fut l'une des formes d'une *invasion pacifique* et lente qui précéda et prépara les *invasions violentes* et en masse.

Les Romains n'avaient d'abord employé les Barbares que comme des auxiliaires, des *fédérés*, établis à côté des légions de l'armée régulière. Mais le recrutement de cette armée devenait très difficile : les hommes manquaient et le métier de soldat était décrié ; les Romains ouvrirent alors aux Barbares les rangs des légions elles-mêmes.

On appela *lètes* les Barbares, ainsi enrégimentés. Admis d'abord dans les garnisons frontières, on les fit passer ensuite aux garnisons de l'intérieur. Pour s'en tenir à la Gaule, nous savons qu'il y avait en qualité de *lètes*, à Chartres des Teutons ; à Bayeux et à Coutances des Bataves et des Suèves ; des Suèves également au Mans et à Clermont ; des Francs à Rennes ; des Saxons dans le pays compris entre la Loire et la Seine-Inférieure. On trouvait même à Paris, à Poitiers et à Autun des lètes Sarmates, barbares de race slave venus des bords de la mer Noire.

En même temps que l'Empire manquait de soldats, il manquait de laboureurs. On en chercha chez les Barbares et l'on importa des ouvriers agricoles recrutés parmi les Germains, comme aujourd'hui l'on importe dans certains pays où la main-d'œuvre fait défaut des *coolies*, c'est-à-dire des ouvriers chinois ou hindous. Ces ouvriers furent installés comme *colons* ; ils étaient attachés à la terre, et la terre ne pouvait être vendue sans eux.

Lètes et colons furent introduits en nombre considérable dans l'Empire, d'autant plus aisément que les Barbares ne ressentaient aucune haine pour le monde romain ; ils l'admiraient au contraire et se sentaient attirés vers lui. Plus d'un chef barbare envoyait ses fils à Rome pour les y faire élever ; plus d'un roi barbare sollicita des Empereurs un grade dans l'armée romaine. L'Empire se trouva donc insensiblement comme *imbibé* de Barbares bien avant les grandes invasions. « Les Barbares sont tout, disait un écrivain du ive siècle. Il n'y a pas une seule de nos familles où quelque Goth ne soit homme de service ! Dans nos villes, le maçon, le porteur d'eau, le portefaix, sont des Goths ! » Les Barbares se trouvaient même à la cour, parmi les plus hauts personnages qui entouraient l'Empereur. Quand, en 395, Théodose mourant partagea l'Empire entre ses deux fils Arcadius et Honorius, il leur laissait pour les diriger en qualité de premier ministre un Vandale, *Stilicon*, auquel il avait fait épouser une de ses nièces.

LES INVASIONS VIOLENTES : LEUR CARACTÈRE — Les invasions violentes, celle des Huns exceptée, ne furent pas des expéditions militaires ayant pour objet la destruction d'un ennemi, le butin et la conquête. Ce furent des migrations de peuples, *des déménagements de nations entières*, hommes, femmes, enfants, troupeaux, quittant sans esprit de retour la première patrie et partant à la recherche d'une patrie nouvelle. De notre temps, les migrations des Boers s'enfonçant, pour fuir la domination des Anglais, dans l'intérieur de l'Afrique, transportant sur des chariots famille et mobilier, poussant devant eux leurs troupeaux, peuvent donner une idée de ce qu'étaient les invasions. Les Barbares en général n'étaient pas animés de sentiments hostiles à l'égard des pays qu'ils traversaient. Seulement, cette masse énorme d'individus ravageait tout pour vivre, et leur passage était la pire des catastrophes.

Au temps de la République romaine, la Gaule avait subi déjà l'invasion des *Cimbres* et des *Teutons*; elle n'avait échappé à l'invasion des *Helvètes* que grâce à l'intervention de César. Au cinquième siècle, les Barbares trouvèrent la route à peu près libre en Gaule comme dans le reste de l'Empire. Ils n'eurent aucune peine à franchir la frontière, qui n'était plus gardée que par d'autres Barbares, fédérés ou lètes. Ils purent parcourir librement les provinces, parce que les armées qu'on leur opposait n'avaient plus aucune supériorité sur eux. Les soldats impériaux n'avaient même pas su conserver la supériorité de l'armement. Les fantassins avaient obtenu qu'on les débarrassât de la cuirasse, du casque de métal et du bouclier qu'ils trouvaient trop lourds; plus rien ne les protégeait contre les coups de l'ennemi. Ils ne savaient plus construire un camp; ils n'étaient plus rompus aux manœuvres. Dans l'armée romaine il y avait des hommes, mais point de soldats, et ces hommes à demi civilisés étaient par là même inférieurs à leurs adversaires barbares parce qu'ils n'avaient plus au même degré la passion du combat et le mépris de la mort.

CAUSE DES INVASIONS : LES HUNS — L'invasion des Barbares germains fut provoquée par les mouvements d'autres Barbares plus sauvages encore, les *Huns*. Ce fut pour les fuir que les Germains abandonnèrent leur pays et se jetèrent sur l'Empire, dans l'espoir d'y trouver asile et protection.

Les Huns étaient de race jaune, proches parents des Mongols et des Turcs. Ils étaient petits, bruns, trapus. Ils avaient la tête très grosse, les cheveux raides, le nez aplati, les pommettes saillantes, les yeux obliques et tirés vers les tempes, les oreilles grandes et très écartées. Leurs tribus étaient à demi nomades comme le sont aujourd'hui les tribus de la Mongolie. Ils étaient pasteurs, chasseurs et pillards; ils vivaient de leurs troupeaux, de leur gibier et de leurs brigandages. Ils épouvantèrent tous ceux qui les approchèrent, et cette épouvante se retrouve dans les portraits qu'en ont laissés deux historiens contemporains des invasions, Ammien Marcellin et Jornandès.

Type de la race jaune
Un Mongol.
D'après une photographie.

Les Mongols ont la peau jaune, les pommettes saillantes, les yeux bridés et tirés vers les tempes, la moustache rare et tombante. L'homme est ici coiffé d'un bonnet de fourrure.

« Les Huns, dit Ammien, dépassent en férocité et en barbarie tout ce qu'on peut imaginer de barbare et de féroce. Sous une forme humaine ils vivent à l'état d'animaux. Ils se nourrissent de racines de plantes sauvages et de viande à moitié crue, mortifiée entre leurs cuisses et le dos de leurs chevaux. Leur habillement consiste en une tunique de lin et une casaque de peaux de rats sauvages. La tunique est de couleur sombre et leur pourrit sur le corps. Ils se coiffent d'un bonnet et s'entourent les jambes de peaux de boucs. On les dirait cloués sur leurs petits chevaux, laids, mais infatigables et rapides comme l'éclair. Ils passent leur vie à cheval; à cheval ils tiennent leurs assemblées, achètent, vendent, boivent, mangent : ils y dorment même. Rien n'égale l'adresse avec laquelle ils lancent à des distances prodigieuses leurs flèches armées d'os pointus, aussi durs et aussi meurtriers que le fer. »

Dès le second siècle de l'ère chrétienne les Huns étaient établis sur l'Oural, au nord de la mer Caspienne, le long du Volga et jusqu'au pied du Caucase. Au quatrième siècle, ils poussèrent vers l'Ouest, ils passèrent sur le corps aux Barbares slaves qui, eux, restèrent attachés au sol. Vers 374, ils atteignirent les premiers Germains, les Goths, et tout aussitôt commencèrent parmi les Germains épouvantés, l'exode général, la fuite vers l'Empire romain, et les invasions.

ATTILA — Poursuivant les Wisigoths qui fuyaient devant eux, les Huns franchirent les Karpathes, pénétrèrent et s'établirent dans une grande plaine où coule le Danube, et qui s'est appelée plus tard la Hongrie, du nom d'un autre peuple jaune, les Hongrois. Les invasions des Huns furent dès lors tout à fait différentes des invasions germaines; ce furent non pas des migrations du peuple entier, mais des expéditions de conquêtes, des campagnes faites par les guerriers seuls. Sous le règne d'*Attila* ils furent sur le point de constituer un grand empire barbare en face de l'Empire romain.

Jornandès dépeint Attila court de taille, large de poitrine, la tête grosse, les yeux petits, la barbe rare, le nez épaté, le teint presque noir. C'est le type du Kalmouk d'aujourd'hui. Jornandès ajoute qu'il fut « un homme né pour le pillage du monde et la terreur de la terre ». Attila aimait lui-même à se faire appeler « le fléau de Dieu » et il se vantait, dit-on, que « là où son cheval avait posé le pied, l'herbe ne repoussait jamais ».

Pourtant Attila ne fut pas simplement un Barbare pillard et sanguinaire. Il habitait en Hongrie un palais de bois construit avec art et somptueusement aménagé. Il y vivait entouré d'une véritable cour, où l'on rencontrait vingt rois ses vassaux, et les ambassadeurs de l'Empereur romain. D'une grande simplicité pour lui-même, ne mangeant que des mets grossiers servis dans des plats et des écuelles de bois, il offrait à ses hôtes de magnifiques festins dans de la vaisselle d'or et d'argent.

D'autre part, il négocia plus encore qu'il ne combattit, et ce fut un diplomate au moins autant qu'un guerrier. Il connaissait toutes les rivalités qui pouvaient exister entre les divers chefs des peuples germains et se mêlait à leurs intrigues : quand l'Empereur de Constantinople soutenait l'un d'eux, son adversaire avait immédiatement pour appui Attila.

LES HUNS EN GAULE — Pendant un certain temps Attila, auquel l'Empereur avait donné le titre de général, *maître des milices*, toucha de l'Empire, sous le nom de solde, un véritable tribut. En 450, ce tribut lui fut refusé. « J'ai de l'or pour mes amis, du fer pour mes ennemis, » avait répondu l'empereur Marcien. Attila se jeta sur la Gaule. En 451 il franchit le

Rhin avec 500 000 hommes, dit-on. Il traversa d'abord la Belgique et la dévasta totalement. L'épouvante répandue par son armée était telle que tout prit la fuite devant lui, et qu'il ne rencontra d'abord aucune résistance : seuls les habitants de Paris, sous l'inspiration d'une jeune fille, *sainte Geneviève*, fermèrent leurs portes. Attila put arriver sans combattre jusqu'à Orléans.

A Orléans, l'évêque saint Aignan organisa la résistance. La ville tint assez longtemps pour que le général romain *Aétius* eût le temps de réunir une armée qui comprenait, outre les légions gallo-romaines, les contingents de tous les Barbares établis en Gaule, Wisigoths, Burgondes, Francs. L'armée de secours arriva sous les murs d'Orléans juste comme la ville, réduite par la famine, venait d'ouvrir ses portes et comme le pillage commençait.

Attila battit vivement en retraite vers la Champagne, où le pays plat était particulièrement favorable aux évolutions de sa nombreuse cavalerie. La bataille décisive eut lieu probablement entre Sens et Troyes aux *Champs Catalauniques* (451). Attila vaincu s'enferma derrière un retranchement fait de chariots, que ses adversaires, épuisés par leur victoire, n'essayèrent pas de forcer. Aussi put-il se retirer au delà du Rhin, emportant le butin fait dans le nord de la Gaule.

FIN D'ATTILA ET DES HUNS — L'année suivante il envahit l'Italie, ravagea la plaine du Pô, occupa Milan et se préparait à marcher sur Rome. Le pape saint Léon vint au-devant d'Attila et sut à prix d'argent sauver la ville du pillage; Attila rentra en Hongrie. Il y mourut en 453, probablement empoisonné au cours des fêtes qu'il célébrait à l'occasion d'un nouveau mariage. Son empire s'écroula presque aussitôt au milieu des guerres dans lesquelles ses cinquante fils se disputèrent sa succession. Rien ne resta des invasions des Huns qu'un souvenir d'épouvante et des ruines accumulées dans le nord de la Gaule et sur tous les pays où le cyclone s'était abattu.

CHAPITRE IV

LES FRANCS
CLOVIS, FORMATION DU ROYAUME FRANC

LA GAULE
EN 480

Trente ans après l'invasion des Huns, vers 480, l'état politique et religieux de la Gaule était le suivant :

Nominalement la Gaule faisait toujours partie de l'Empire romain. En fait, il n'y avait plus en Gaule de fonctionnaires impériaux gouvernant au nom de l'Empereur et pour l'Empereur. Un général romain *Egidius*, ancien lieutenant d'Aétius dans la campagne contre Attila, avait créé une sorte de royaume gallo-romain entre la Somme et la Loire Son fils *Syagrius* lui avait succédé en 464.

Dans le reste de la Gaule trois groupes de Barbares, les Wisigoths, les Burgondes, les Francs, étaient établis :

Les Wisigoths, des Pyrénées à la Loire ;

Les Burgondes, de la Loire au Rhin et dans la vallée du Rhône ;

Les Francs, au nord de la Somme, dans ce qui est aujourd'hui la Belgique et la Prusse rhénane.

Il est important de remarquer que ces Barbares étaient tous, au moins en apparence, établis en Gaule du consentement de l'Empereur, et que tous étaient nominalement au service de l'Empire et de l'Empereur. Les Wisigoths, par exemple, avaient promis, quand on leur abandonna par traité la vallée de la Garonne, « de servir fidèlement l'Empereur et d'employer leurs forces à la défense de l'État romain ».

En second lieu, dans les régions où les Barbares étaient établis, les Gallo-Romains n'étaient pas leurs sujets. Gallo-Romains et Barbares étaient égaux.

Enfin, dans quelque partie de la Gaule que ce fût, tout Gallo-Romain se regardait toujours comme sujet de l'Empereur. Il ne considérait comme souverain légitime que l'Empereur, il ne reconnaissait d'autorité légitime que celle qui émanait de l'Empereur. A ses yeux, les rois barbares, wisigoths, burgondes, francs, n'avaient d'autorité que parce qu'ils avaient des titres d'officiers impériaux. Ces sentiments de fidélité à l'Empire étaient entretenus par le clergé catholique.

Au point de vue religieux, les Gallo-Romains étaient catholiques. Les Wisigoths et les Burgondes étaient hérétiques ariens. Les Francs étaient encore païens.

LES FRANCS — Les Francs étaient les moins nombreux des Barbares germains établis en Gaule. Ils devaient seuls cependant créer une œuvre durable : en effet la France et l'Allemagne sont en partie sorties d'eux.

Sidoine Apollinaire, évêque de Clermont en Auvergne, au cinquième siècle, a dépeint les Francs de haute stature, roux, ramenant leurs cheveux du sommet de la tête vers le front, laissant ainsi la nuque à découvert ; les yeux verdâtres et humides ; « sur leur visage rasé, dit-il, le peigne ne rencontre que de maigres moustaches ». Ils portaient des vêtements collants, une culotte laissant nu le jarret ; une tunique qu'une large ceinture « serrait sur leur ventre étroit ».

TYPE DIT FRANC.
D'après une photographie.

Le type franc passe pour avoir subsisté dans une partie du Nord de la France et en Belgique. Il est caractérisé par les cheveux blonds roux, les yeux bleus, la hardiesse du regard, le nez busqué et le menton saillant.

De nombreuses sépultures découvertes en Belgique ont confirmé l'exactitude de la description et livré quantité d'armes. C'étaient : l'épée que le guerrier portait à droite, suspendue à un baudrier ; le coutelas, porté au ceinturon, auquel étaient accrochés des objets de toilette, ciseaux, peigne, poinçon, des clefs, une bourse. L'arme par excellence était la *francisque*, une hache à manche court, arme de jet autant qu'arme de main, et qui rarement manquait le but où l'avait di-

FRANCISQUE. — Photographie prise au Cabinet des Médailles.

Hache de fer de 20 centimètres de long, pareille à une cognée de bûcheron, trouvée en 1663, à Tournai (Belgique), dans le tombeau de Childéric, père de Clovis. La francisque aux mains des guerriers francs était une redoutable arme de jet.

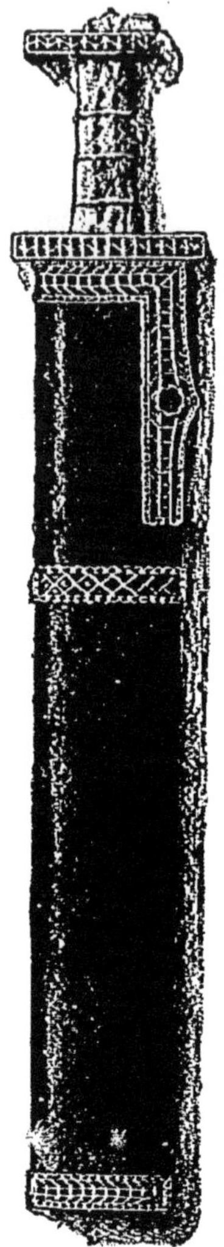

ÉPÉE FRANQUE. — Photographie prise au Cabinet des Médailles.

L'épée provient du tombeau de Childéric. Elle mesure de bout en bout 66 centimètres; le fourreau est large de 7 centimètres. Les ornements sont en émail rouge cloisonné d'or. La poignée est faite d'une feuille d'or. La lame a été détruite par la rouille.

rigé l'œil exercé du guerrier franc. A la francisque s'ajoutait la *framée*, lance à large fer plat, et le *hang* ou *angon*, un javelot muni d'une corde, qui servait comme de harpon. Point de casque, ni de cuirasse, mais seulement un petit bouclier rond.

Le nom de Francs apparut pour la première fois dans l'histoire, au troisième siècle, dans une chanson de soldats romains. « Nous avons tué un millier de Francs, chantaient les légionnaires, nous tuerons bien dix milliers de Perses. » Ils avaient donc grande réputation de bravoure et d'audace. Cette réputation était méritée. Un certain nombre d'entre eux, déportés par les Romains sur les bords de la mer Noire, s'emparèrent de quelques navires, franchirent le Bosphore et les Dardanelles, prirent Syracuse en Sicile, sortirent de la Méditerranée par Gibraltar, et vinrent aborder à l'embouchure du Rhin, ayant traversé l'Empire dans toute sa longueur.

LES FRANCS AVANT CLOVIS Les Francs entrèrent au service de l'Empire au temps de Julien, qui leur donna le titre *d'auxiliaires perpétuels* et leur abandonna le pays compris entre le Rhin depuis Mayence et la mer. Au cinquième siècle, ils contribuèrent à la défense de l'Empire, d'abord au moment de la Grande Invasion; puis ils servirent contre les Huns dans l'armée d'Aétius et leur chef *Mérovée* prit une part active à la bataille des Champs Catalauniques.

Les Francs ne formaient pas un peuple. Ils se divisaient en deux groupes : *Francs Saliens*, d'abord établis dans la Hollande actuelle, et *Francs Ripuaires* sur le Rhin.

Chacun de ces groupes se subdivisait lui-même en tribus, et chacune de ces tribus avait son roi. Une des tribus des Francs Saliens, celle des *Sicambres*, qui probablement ne comptait pas plus de cinq à six mille guerriers, était établie à Tournai en Belgique. En 481, elle avait pour roi un petit-fils de Mérovée, ***Clovis***.

HISTOIRE DE CLOVIS

En 486, Clovis attaqua Syagrius et le vainquit à *Soissons*. Cette victoire lui permit d'étendre peu à peu jusqu'à la Loire les cantonnements des Francs. En 493, il épousa, quoique païen, une princesse catholique, *Clotilde*, nièce du roi des Burgondes, Gondebaud. Trois ans plus tard, les Alamans, peuple germain, établi déjà dans la région de l'Alsace et de la Lorraine, ayant voulu pousser plus avant en Gaule, Clovis les battit et les soumit : il commençait ainsi la conquête de la Germanie.

Pendant la bataille, comme ses guerriers pliaient, Clovis avait invoqué l'aide du Christ : « Dieu de Clotilde, si tu me donnes la victoire, je croirai en toi et je me ferai baptiser en ton nom. »

Vainqueur, Clovis tint sa promesse. Il se fit instruire par saint Remy qui le baptisa à Reims ainsi que trois mille de ses guerriers : « Courbe la tête, Sicambre adouci, dit l'évêque en versant l'eau sur le front du roi, brûle ce que tu as adoré, et adore ce que tu as brûlé. »

CHEF FRANC. — Restitution du Musée d'Artillerie.

Il est casqué, vêtu d'un manteau et d'une veste de fourrure par-dessus la tunique. Le pantalon est serré aux jambes par des bandelettes qui partent de la chaussure. Il tient à la main gauche une framée, à la main droite la francisque. Un bouclier et une épée sont suspendus à deux baudriers croisés sur la poitrine.

En 500, Clovis attaqua et vainquit le roi des Burgondes qui s'engagea à payer tribut. En 507, il entreprenait une expédition contre le roi des Wisigoths, Alaric II. Celui-ci fut vaincu et tué à *Vouillé* près de Poitiers. Clovis s'empara de la plus grande partie de l'Aquitaine, c'est-à-dire du pays depuis la Loire jusqu'aux Pyrénées. Comme il venait d'achever sa conquête, il reçut de l'empereur Anastase le grade de *patrice* et de *consul*. Clovis mourut en 511, après avoir fait disparaître par une série de meurtres les rois des diverses tribus franques. Son autorité était établie sur la Gaule entière, moins la vallée de la Saône et du Rhône.

Cette conquête commencée avec de très faibles ressources, cinq à six mille guerriers au plus, n'a été possible que grâce à un concours de circonstances favorables et à une politique habile qu'il est curieux d'étudier.

COURONNE DU ROI WISIGOTH RECCESVINTHUS (649-672). — (Musée de Cluny.)

Trouvée en 1859 près de Tolède (Espagne), elle est en or, ornée de perles et de saphirs. Elle date du septième siècle; elle est donc postérieure à Clovis. Elle dut être suspendue dans une église, de là les chaînettes, les pendeloques et la croix, ajoutées en haut et en bas.

CLOVIS ROI FRANC

Il y avait dans Clovis un double personnage : il était roi d'une tribu franque; il était officier de l'armée romaine.

Dans sa tribu les guerriers l'avaient élu roi en le hissant sur un bouclier et en le promenant ainsi autour du camp. Ils ne le considéraient du reste que comme le premier d'entre eux; dans le partage du butin de guerre sa part ne lui était pas attribuée autrement qu'à un guerrier ordinaire; elle était déterminée pour lui comme pour les autres, par le sort. Au lendemain de la bataille de Soissons, l'évêque de Reims, saint Remi, sollicitait de Clovis la restitution d'un vase précieux pris dans une église. Comme on allait partager le butin, Clovis demanda à ses guerriers de lui donner le vase hors part : « Tu n'auras que ce que le sort t'accordera », répondit l'un d'eux, en frappant le vase de sa francisque. Clovis dut dévorer l'affront.

L'année suivante, passant la revue des guerriers, Clovis avisa celui qui l'avait outragé. Il lui reprocha le mauvais état de ses armes, et, les lui arrachant, les jeta à terre. Tandis que le Franc se baissait pour les ramasser, Clovis lui fendit la tête d'un coup de hache en disant : « Ainsi as-tu fait au vase l'an dernier à Soissons. » Grégoire de Tours, qui a laissé ce récit, ajoute : « Il parvint de la sorte à inspirer à tous une grande crainte ».

Cette anecdote montre combien était faible, au moins au début, l'autorité du roi franc sur les Francs eux-mêmes : elle avait juste pour mesure la vigueur de son bras. Ce n'est pas de là qu'il a pu tirer la force nécessaire pour soumettre la Gaule entière.

CLOVIS OFFICIER ROMAIN Mais les Francs formant un corps auxiliaire de l'armée romaine, leurs rois étaient officiers impériaux et portaient un titre romain. Clovis était *vir illuster*. Ce titre lui donnait une autorité légale aux yeux des Gallo-Romains qui, on l'a vu, reconnaissaient toujours l'Empereur pour souverain. Syagrius prenant le titre de roi n'était pour beaucoup qu'un usurpateur et un rebelle à l'Empereur. Clovis marchant contre lui et le battant était comme le défenseur et le vengeur de l'autorité impériale.

Quand les Alamans essayèrent de pénétrer en Gaule, Clovis courant au-devant d'eux était dans son rôle d'officier impérial et de chef d'auxiliaires chargés de la défense des frontières. Il réunit donc sous ses ordres, avec ses guerriers francs, les débris des légions et les contingents des villes gallo-romaines. En sauvant la Gaule d'une invasion nouvelle lorsqu'il battit les Alamans, il mérita la reconnaissance de la population.

Enfin, en 509, il reçut à Tours de l'empereur Anastase le grade de *patrice* et de *consul*. Il se hâta de se revêtir des insignes de sa nouvelle dignité et de se montrer au peuple dans son uniforme romain. « Dès lors, dit Grégoire de Tours, on lui parla comme à un consul et à l'Empereur. » Clovis s'établit à Paris dans l'ancien palais de l'empereur Julien. Il n'est pas douteux que la Gaule, acceptant l'autorité de Clovis, obéissait non pas au roi franc, mais au dignitaire romain.

CLOVIS ET LE CLERGÉ — La principale cause du succès de Clovis est dans l'appui que lui prêta le clergé catholique.

Clovis barbare avait du barbare la finesse, la dissimulation, l'habileté à tendre des pièges. Il avait aussi un sens politique très éveillé. Il sut comprendre combien était grande l'influence du clergé catholique sur la population gallo-romaine, et, bien avant qu'il pensât à se convertir, il s'appliquait à gagner la bienveillance du clergé. L'épisode du vase de Soissons est, à cet égard, très significatif.

De son côté, le clergé ne ménagea pas son concours à Clovis : au début, parce qu'il était païen. Il s'agissait de le gagner et de l'amener à se convertir. Les évêques poursuivaient sa conversion avec d'autant plus de zèle qu'ils avaient besoin d'un protecteur contre les persécutions des rois barbares, Burgondes et surtout Wisigoths, chrétiens, mais hérétiques. Ce fut probablement saint Remy qui prépara le mariage de Clovis avec Clotilde, princesse catholique. L'un des premiers résultats de ce mariage fut que les habitants de Paris ouvrirent à Clovis la ville qu'ils lui avaient jusqu'alors obstinément fermée.

Après son baptême, Clovis, seul roi catholique, se trouva naturellement le chef des catholiques et leur protecteur officiel. Un évêque du pays des Burgondes lui écrivait : « Lorsque tu combats, c'est nous qui triomphons ». Les guerres contre les Burgondes, et surtout contre les Wisigoths persécuteurs des évêques, furent de véritables expéditions religieuses, presque des croisades. Avant de marcher contre les Wisigoths, Clovis réunit ses guerriers et leur dit : « Il me déplaît que des hérétiques possèdent la plus grande partie de la Gaule. Marchons contre eux, et avec l'aide de Dieu nous prendrons leur terre qui est bonne. »

Ce fut sa conversion, au moins autant que ses titres impériaux, qui permit à Clovis d'être, dans les dernières années de sa vie, le chef de la plus grande partie de la Gaule. *Le chef, mais non pas le roi* : rien n'est plus contraire à la réalité historique que d'imaginer Clovis roi à la façon des souverains modernes, c'est-à-dire souverain d'une Gaule unifiée, gouvernant, administrant et promulguant des lois que des fonctionnaires nommés par lui auraient fait appliquer partout.

CLOVIS ET L'UNITÉ FRANQUE

Clovis ne fit pas de la Gaule un État. Mais il fit l'*unité du peuple franc*. On sait que les Francs étaient divisés en tribus ayant chacune leur roi. Il y avait des rois francs, tous parents de Clovis, à Cambrai, à Thérouane, à Cologne. Grégoire de Tours a raconté — son récit est du reste aujourd'hui regardé par quelques historiens comme inspiré de légendes poétiques — comment Clovis se substitua à chacun d'eux. Voici comment il devint roi des Francs Ripuaires.

Clovis envoya en secret à Chloderic, fils de Sigebert, roi de Cologne, un messager qui lui dit : « Voilà que ton père est âgé, il boite de son pied malade; s'il venait à mourir, son royaume t'appartiendrait de droit ainsi que notre amitié ». Peu après, Sigebert, endormi dans sa tente, en pleine forêt, fut tué par ordre de son fils. Celui-ci fit alors dire à Clovis : « Mon père est mort. Envoie-moi quelqu'un des tiens et je lui remettrai volontiers ce qui te plaira dans ses trésors. — Merci de ta bonne volonté, répondit Clovis, je te prie seulement de montrer tes trésors à mes messagers. » Comme Chloderic montrait le coffre aux pièces d'or : « Plongez votre main jusqu'au fond pour voir, dit un des messagers ». Et tandis que Chloderic se penchait, le messager lui brisa le crâne de sa francisque.

Alors Clovis accourut à Cologne et convoqua les Francs. « Écoutez, leur dit-il, ce qui est arrivé pendant que je naviguais sur l'Escaut. Chloderic tourmentait son père en lui disant que je méditais de le tuer. Comme Sigebert fuyait dans la forêt, Chloderic a envoyé des meurtriers qui l'ont tué. Lui-même a été assassiné par je ne sais qui, au moment où il ouvrait les trésors de son père. Je ne suis aucunement complice de ces choses : je ne puis verser le sang de mes parents, car cela est défendu. Mais puisque ces choses sont arrivées, je vous donne un conseil; s'il vous agrée, suivez-le : ayez recours à moi, mettez-vous sous ma protection. » Les Ripuaires répondirent par des applaudissements, et l'ayant élevé sur un bouclier, ils le firent roi.

Les procédés par lesquels Clovis devint roi des Francs de Thérouane, et de Cambrai ne furent pas moins criminels. Il constitua de la sorte un royaume franc qui partait de la Loire et s'étendait bien au delà du Rhin, en Germanie, jusqu'au Weser et jusqu'au Danube, sur une partie de l'empire d'Allemagne actuel. Ce fut sur le territoire de ce royaume gallo-germanique que se déroulèrent les épisodes principaux de l'histoire des successeurs de Clovis, les rois de la *dynastie mérovingienne*.

CHAPITRE V

DÉMEMBREMENT DU ROYAUME FRANC.
INSTITUTIONS ET MŒURS DE L'ÉPOQUE
MÉROVINGIENNE.

Les descendants de Clovis, que l'on a l'habitude d'appeler les *Mérovingiens*, du nom de Mérovée, grand-père de Clovis, régnèrent jusqu'à 752, soit deux cent quarante ans environ. Dans leur histoire, on peut distinguer deux périodes. Dans la première période, pendant un peu plus d'un siècle, jusqu'en 638, date de la mort de Dagobert, les rois Mérovingiens furent des personnages actifs. Mais, à partir de 638, ils ne furent plus rois que de nom ; le pouvoir fut exercé par les *Maires du Palais* : c'est la période des *rois fainéants* pendant laquelle se prépara l'avènement d'une dynastie nouvelle, la *dynastie carolingienne*.

LES FILS DE CLOVIS
Les fils de Clovis : Thierry, Clodomir, Childebert, Clotaire, se partagèrent la succession paternelle. Ils entreprirent plusieurs guerres qui aboutirent à la conquête de la Thuringe, en Germanie, à la destruction complète du royaume Burgonde, en Gaule. Ils tentèrent même, en Italie et en Espagne, des expéditions qui n'avaient d'autre objet que le butin. En 558, par suite de la mort de ses frères, **Clotaire** se trouva seul roi. Quand il mourut, en 561, le royaume franc fut de nouveau partagé.

LES GUERRES CIVILES. FRÉDÉGONDE ET BRUNEHAUD
Sous les fils et les petits-fils de Clotaire, pendant cinquante ans, de 561 à 613, les guerres civiles remplacèrent les guerres de conquête et de pillage. Ces guerres eurent pour cause première un drame de famille. Sigebert et Chilpéric, deux des fils de Clotaire, avaient épousé, le premier **Brunehaud**, le second **Galsuinde**, filles du roi des Wisigoths d'Espagne. Sous l'influence d'une femme franque, **Frédégonde**, Chilpéric fit étran-

gler Galsuinde. Brunehaud voulut venger sa sœur et poussa Sigebert à la guerre. Sigebert s'était déjà rendu maître de la plus grande partie des États de Chilpéric quand deux émissaires de Frédégonde le poignardèrent dans son camp. La lutte se poursuivit entre Frédégonde et Brunehaud. Les fils et les petits-fils de celle-ci périrent presque tous de mort violente. Brunehaud elle-même, en 613, fut livrée au fils de Frédégonde, **Clotaire II,** qui fit attacher cette femme de soixante-dix ans à la queue d'un cheval indompté. Clotaire II se trouva comme son grand-père seul roi de tous les États francs.

DAGOBERT Le règne de son fils *Dagobert* (628-638) ne fut pas sans éclat, et son nom est resté populaire. C'est que Dagobert essaya de maintenir l'ordre et de faire rendre justice à tous ; c'est aussi qu'il mérita la bienveillance du clergé

TRÔNE DIT DE DAGOBERT.
Photographie prise au Cabinet des Médailles.
Ce siège en bronze, attribué longtemps à saint Éloi, orfèvre et ministre de Dagobert, est en réalité une chaise curule romaine, *à laquelle on a ajouté au* XIIe *siècle, cinq siècles après Dagobert, un dossier aujourd'hui en mauvais état.*

en s'entourant d'évêques comme *saint Éloi* et *saint Ouen*, et en se montrant généreux envers les églises. Il fonda, près de Paris, l'abbaye de Saint-Denis, qui devint le lieu de sépulture des rois de France. Après lui commence la série des rois Fainéants.

DÉMEMBREMENT DU ROYAUME FRANC Le fait le plus intéressant de la première période de l'histoire mérovingienne est le démembrement du royaume franc et la division de l'ancienne Gaule en un certain nombre de régions à caractères bien tranchés. Cette division ne s'est pas faite d'un coup et les frontières de ces régions ont plus d'une fois varié. Pourtant, à dater du partage qui suivit la mort de Clotaire Ier (561), on distingue une *Austrasie*, une *Neustrie*, une *Burgondie*; chacune de ces régions forme un royaume. On distingue également une

DÉMEMBREMENT DU ROYAUME FRANC.

Aquitaine. Mais l'Aquitaine est encore partagée entre les rois des trois royaumes d'Austrasie, de Neustrie et de Burgondie. C'est seulement à dater de Dagobert qu'elle forme à son tour un État indépendant.

L'AUSTRASIE ou *royaume de l'Est* eut pour limites extrêmes : vers l'Ouest, l'Escaut et l'Oise; vers le Sud, le plateau de Langres et les monts Faucilles. Ce royaume comprenait donc les pays de la Meuse et du Rhin.

Les villes étaient rares : Trèves et Reims avaient seules quelque importance. Dans ces régions, dépeuplées en partie par le passage des invasions, les guerriers francs s'étaient constitué de vastes domaines, et ces grands propriétaires furent pour les rois de France des sujets difficiles à conduire. C'est pour avoir essayé de leur imposer le respect de l'autorité royale que Brunehaud fut trahie et livrée par eux à Clotaire II.

D'autre part, les Francs d'Austrasie se trouvaient en contact immédiat et permanent avec les Germains, toujours barbares et souvent menaçants. Aussi conservèrent-ils plus qu'ailleurs leur caractère primitif, belliqueux et rude. Parce qu'ils restèrent plus énergiques, ils l'emportèrent dans la suite sur les peuples des autres royaumes et purent achever la conquête de la Germanie. La famille qui remplaça la famille mérovingienne sortit de l'Austrasie.

LA NEUSTRIE La *Neustrie* était la Gaule du Nord-Ouest. Limitée par la mer du Nord, la Manche et l'Escaut, elle s'étendait à peu près jusqu'à la Loire. On y rencontrait de grandes villes : Paris, Rouen, Soissons, Orléans, le Mans, Tours. Les Francs étaient, en Neustrie, moins nombreux qu'en Austrasie. Les invasions y avaient été moins néfastes, et l'on y trouvait encore un assez grand nombre de propriétaires gallo-romains. Ceux-là gardaient les restes de la civilisation et le souvenir de l'administration impériale. Ils avaient le désir de l'ordre, sentaient le besoin d'un gouvernement régulier, et jugeaient nécessaire le respect de l'autorité royale. A vivre avec eux, les Francs de Neustrie se laissèrent gagner par leurs idées et se romanisèrent quelque peu. L'opposition entre les caractères des Francs d'Austrasie et de Neustrie et les causes de cette opposition sont bien marquées dans deux expressions du temps : on appelait l'Austrasie, la *Francie germanique*, et la Neustrie la *Francie romaine*.

L'AQUITAINE ET LA BURGONDIE Au sud des monts Faucilles et de la Loire, dans la Burgondie et l'Aquitaine, les Francs n'eurent pas d'établissements importants. Les Burgondes et les Wisigoths, qui représentaient l'élément germanique, avaient été comme absorbés par les Gallo-Romains, et la persistance de la civilisation romaine y était plus marquée encore que dans la Neustrie. Le fait était surtout frappant en Aquitaine.

L'*Aquitaine* était limitée par la Loire et les Cévennes et touchait aux Pyrénées. Nulle terre en Gaule n'avait été plus riche. Bordeaux, Toulouse, Poitiers, Limoges, Bourges, étaient des villes prospères entre toutes. Les Wisigoths n'avaient nui en rien à la fortune du pays. L'arrivée de Clovis fut une véritable catastrophe. L'Aquitaine ne fut guère pour les rois Francs, spécialement pour les rois d'Austrasie, qu'une terre à pillage, dont chacun tenait à avoir sa part parce qu'elle était riche. Quand la guerre chômait ailleurs, quand les occasions de butin se faisaient rares, les guerriers murmuraient et menaçaient de quitter leur roi ; le roi, pour les apaiser, leur donnait sa part d'Aquitaine à ravager. Ces violences mirent au cœur des Aquitains, outre un mépris profond pour la barbarie grossière des hommes du Nord, une haine des Francs qui devait persister pendant plusieurs siècles. Ils cherchèrent constamment et ardemment à se rendre indépendants et à sauvegarder cette indépendance quand ils eurent pu l'acquérir au temps de Dagobert.

La *Burgondie* eut moins à souffrir. Ses limites furent assez variables. En 561, par exemple, elle comprenait la moitié du domaine de la Loire et de la Seine; Orléans et Melun en faisaient partie. Mais les éléments essentiels de la Burgondie furent toujours la vallée de la Saône et du Rhône, et toute la région du Jura et des Alpes françaises. Rattachée à diverses reprises et alternativement à la Neustrie et à l'Austrasie, la Burgondie, après Clotaire II, ne joua qu'un rôle secondaire dans la suite de l'histoire des Mérovingiens.

CARACTÈRES DE LA ROYAUTÉ MÉROVINGIENNE — Les rois mérovingiens ont eu un double caractère : ils ont été rois des Francs et rois des Gallo-Romains.

Rois des Francs, les successeurs de Clovis ne sont pas mieux obéis que Clovis lui-même. Les guerriers qui les entourent, ceux que l'on appelait leurs *leudes*, c'est-à-dire leurs *gens*, ne les servent que pour le butin. En 532, Thierry, fils de Clovis, n'ayant pas voulu marcher avec ses frères contre les Burgondes, ses leudes viennent le trouver : « Si tu ne veux pas aller avec tes frères, nous te quitterons et nous les suivrons au lieu de toi. » Thierry, pour les retenir, dut les conduire au pillage de sa part d'Aquitaine, l'Auvergne. Un fils de Thierry, Théodebert, ayant fait avec ses leudes un riche butin dans une expédition en Italie, les leudes de Clotaire se disposent à passer au service de Théodebert, et Clotaire ne parvient à les garder qu'en tentant une expédition en Espagne contre les Wisigoths.

A défaut de pays à piller, les rois donnent à leurs leudes pour se les attacher quelques portions de leurs domaines; les terres ainsi données sont ce que l'on appelle des *bénéfices*. Les rois pouvaient d'abord reprendre les bénéfices quand le leude manquait à son service. Mais en 587, par le *traité d'Andelot*, les leudes firent proclamer que les bénéfices seraient viagers, c'est-à-dire donnés pour la vie. Les rois mérovingiens ont ainsi donné peu à peu aux leudes toute leur fortune; quand ils n'eurent plus rien à distribuer, ils n'eurent plus personne pour les servir, et les Carolingiens les remplacèrent.

Rois des Gallo-Romains, entourés de riches Gallo-Romains, les Mérovingiens ont connu l'organisation impériale et ont cherché à l'imiter. Ils se sont parés de titres pompeux; ils ont pris le titre d'*Auguste*; ils ont eu comme les Empereurs un *Palais,* c'est-à-dire un ensemble de personnes qui les servaient et qui étaient censées administrer l'État : trésoriers, camériers, réfé- rendaires, comtes du Palais. Un de ces personnages, le *major- dome* ou *maire du Palais*, d'abord simple chef des domes- tiques et administrateur de la fortune royale, devait finir par être le véritable roi. Les Mérovingiens, en tête de leurs actes, emploient les formules impériales : « Nous voulons, nous ordon- nons. » En réalité, la puissance des rois est presque nulle. Ils ne peuvent pas se faire payer les impôts jadis établis par les Empe- reurs. Leurs royaumes sont divisés en *cités* comme jadis l'Em- pire, et des *comtes* administrent en leur nom. Mais sous le règne de Clotaire II, en 614, les leudes et les évêques, par la *Consti- tution perpétuelle*, imposent aux rois l'obligation de ne choisir le comte que parmi les grands propriétaires de la cité; le comte y devint rapidement beaucoup plus roi que le roi lui-même.

LES LOIS BAR- BARES : LE WEHRGELD — L'une des originalités de l'époque mérovingienne et qui montre bien la faiblesse des rois, c'est que, dans aucun des royaumes, il n'existe une loi commune à tous les habitants. De nos jours, à quelque nationa- lité qu'on appartienne, on est soumis à la loi du pays où l'on habite : un Allemand vivant en France est soumis à la loi fran- çaise. On dit que les lois sont *territoriales*. Aux temps mérovin- giens, elles étaient *personnelles*. Chaque individu devait être jugé d'après la loi de la nation à laquelle il appartenait, le Gallo-Romain, d'après la loi romaine; le Franc-Salien, d'après la loi salique; et de même pour le Ripuaire, le Burgonde, l'Alaman, le Bavarois, le Wisigoth, etc.

Les lois barbares n'étaient guère que des lois pénales, ou mieux un tarif des sommes dues pour la réparation du dommage causé à autrui. Ce tarif, le *wehrgeld* ou *composition*, variait selon les lois, la qualité des victimes et les circonstances du délit. Pour le meurtre d'un évêque, un Ripuaire devait payer 900 sous d'or (le sou d'or vaudrait 100 francs), un Alaman 960. Le meurtre d'un esclave coûtait 30 sous d'or à un Ripuaire, 20 à un Bava- rois. On devait 100 sous d'or pour une main coupée, 45 seule- ment si elle pendait encore, 62 si elle était tordue. Chez les Saliens un pouce valait 45 sous; le second doigt « qui sert à tendre l'arc » en valait 35, et le petit 15. Il existait même un tarif pour les injures : il en coûtait 6 sous d'or d'avoir traité quelqu'un de *Lièvre*, c'est-à-dire de lâche.

LES ORDALIES. Pour démontrer la culpabilité ou l'innocence d'un accusé, l'on recourait aux *épreuves* ou *ordalies*, ou bien au *duel judiciaire*. Les épreuves se faisaient par l'eau ou par le feu. Dans l'épreuve par le feu, l'accusé devait porter pendant quelques pas un fer rouge. Si trois jours après ses mains ne présentaient aucune trace de brûlures ou si les brûlures avaient un certain aspect, il était déclaré innocent.

Dans le duel judiciaire, l'on mettait aux prises l'accusateur et l'accusé, ou, à leur défaut, des *champions* qui les représentaient. Le vainqueur était réputé avoir dit vrai, parce que, pensait-on, Dieu ne pouvait permettre que l'innocent succombât. Aussi appelait-on le duel judiciaire, le *jugement de Dieu.*

LES MŒURS Deux récits de Grégoire de Tours, contemporain des événements, suffiraient à faire juger les âmes et les mœurs des temps mérovingiens.

« Tandis que les fils de Clovis étaient en Thuringe, l'un d'eux, Thierry, voulut tuer son frère Clotaire. Il fit tendre dans sa maison une toile d'un mur à l'autre, cacha par derrière des hommes armés, et manda son frère pour conférer avec lui sur quelque affaire importante. Mais, la toile étant trop courte, les pieds des hommes passaient par dessous ; Clotaire les aperçut avant d'entrer dans la maison. Il garda ses armes et se fit bien accompagner. Thierry comprit que son projet était deviné et inventa une histoire. On parla de choses diverses, et, ne sachant que faire pour expliquer le motif qui lui avait fait appeler son frère, il lui donna un grand plat d'argent. Clotaire partit après l'avoir remercié de son cadeau. Pendant qu'il retournait à sa demeure, Thierry se plaignit aux siens d'avoir perdu son plat sans profit. Enfin, il dit à son fils Théodebert : « Va trouver ton oncle et prie-le de te céder le présent que je lui ai fait. » L'enfant y alla et obtint ce qu'il demandait. Thierry était très habile en de telles ruses. »

Un autre fils de Clovis, Clodomir, était mort laissant des enfants qu'élevait leur grand'mère la reine Clotilde. « Or, un jour Childebert, leur oncle, envoya secrètement vers son frère Clotaire et lui fit dire : « Notre mère garde avec elle les fils de « notre frère et veut leur donner le royaume. Il faut que tu « viennes promptement à Paris pour que nous décidions si on « leur coupera les cheveux comme au reste du peuple, ou

« si nous les tuerons pour partager ensuite le royaume de
« notre frère. » Fort réjoui de ces paroles Clotaire vint à
Paris.

« Les deux rois s'étant fait remettre leurs neveux sous prétexte de les élever au trône, aussitôt Clotaire prit par le bras
l'aîné des enfants, le jeta à terre et lui enfonça son couteau sous
l'aisselle, ce qui le tua cruellement. L'autre, aux cris de son
frère, se jeta aux pieds de Childebert et le supplia, avec beaucoup de larmes : « Secourez-moi, mon très bon père, afin que je
« ne meure pas comme mon frère. » Childebert, ému, dit : « Je te
« prie, mon très cher frère, aie la générosité de m'accorder sa
« vie. Si tu veux ne pas le tuer, je te donnerai pour le racheter
« ce que tu me demanderas. » Mais Clotaire, après l'avoir injurié, lui dit : « Repousse-le loin de toi ou tu mourras à sa place.
« C'est toi qui m'as excité à cette affaire, et tu es si prompt à
« m'abandonner ! » Childebert repoussa l'enfant et le jeta à Clotaire qui lui enfonça le couteau dans le côté et le tua. Ils tuèrent
ensuite les serviteurs et les gouverneurs, puis Clotaire, montant
à cheval, s'en alla avec Childebert dans les faubourgs sans se
troubler aucunement du meurtre de ses neveux. L'un avait dix
ans, l'autre sept. »

Le même Clotaire, plus tard, mit de sa propre main le feu à
une chaumière où il avait fait enfermer son fils Chram, sa femme
et ses enfants.

Thierry, Childebert et Clotaire n'étaient pas des exceptions.
Clovis, on l'a vu, avait fait assassiner les rois francs ses parents.
Chilpéric fit étrangler sa femme Galsuinde. On ne peut compter
les assassinats commis par ordre de Frédégonde, qui fait
poignarder son mari et essaie d'étrangler elle-même sa fille;
on ne peut compter davantage les assassinats ordonnés par
Brunehaud.

Par les rois on peut deviner ce que furent les sujets. Grégoire
de Tours écrit à propos du passage des leudes de Thierry :
« Rien ne fut laissé aux habitants, si ce n'est la terre que les
Barbares ne pouvaient emporter. » L'histoire des sixième et septième siècles est toute remplie de violences, de pillages, de brigandages et de sang. L'établissement de la puissance franque
en Gaule a été marqué par un véritable retour à la sauvagerie.
Les fils et les petits-fils de Clovis font invinciblement penser aux
grands chefs noirs, Samory, Rabah, dont nous avons récemment
détruit la puissance sanglante au Soudan et sur le lac Tchad.

ROLE DE L'ÉGLISE

Au milieu de tant d'atrocités, l'Église essaie d'apporter un peu de douceur. Elle est puissante et elle utilise sa puissance en faveur des faibles et des opprimés. Elle essaie d'adoucir la férocité des barbares. Elle interdit par exemple de tuer les esclaves et de les vendre en les séparant de leurs femmes et de leurs enfants. Elle pousse à leur affranchissement. Elle proclame que l'esclave et le roi sont égaux devant Dieu. Les évêques osent tenir tête aux rois. Ils les arrêtent par la menace de l'*excommunication* qui les mettrait hors de l'Église et par la crainte des châtiments éternels. Enfin, c'est par l'Église que fut sauvé le peu qui subsista de la civilisation romaine en Gaule. A peu près seuls les gens d'Église savaient encore lire et écrire.

GRÉGOIRE DE TOURS

Le type des évêques défenseurs des faibles, tenant tête aux caprices des rois, est *Grégoire de Tours*, qui se trouve être en même temps le premier de nos historiens. Il était de famille gallo-romaine, originaire d'Auvergne. Évêque de Tours, il résista même à Frédégonde. Menaces et présents le trouvaient inébranlable : « Je ne puis, répondait-il, agir autrement que Dieu ne m'a commandé. » Il écrivit de nombreux ouvrages, dont le plus important et le plus précieux pour nous est son *Histoire ecclésiastique des Francs*, dans laquelle il a laissé le récit naïf des événements dont il fut le témoin.

Sceau de Dagobert (Archives nationales).

Le sceau est le cachet apposé au bas d'un acte en mode de signature. Dagobert est représenté une palme à la main, casqué comme le guerrier reproduit page 41. On lit : Dei (en abrégé) Gracia Dagobertus Rex : Dagobert roi par la grâce de Dieu. En haut les différentes lettres du nom du roi disposées en croix, constituent la signature.

CHAPITRE VI

LES ARABES, MAHOMET
L'ISLAMISME, LE MONDE MUSULMAN

IMPORTANCE DE L'HISTOIRE DE L'ISLAMISME — Au commencement du septième siècle, dans cette Asie qui mériterait le nom de *mère des religions*, puisque toutes les grandes doctrines religieuses en sont sorties, est née une religion nouvelle, l'***Islamisme***. On l'appelle aussi du nom de son fondateur Mahomet, le *Mahométisme*, ou bien encore la *religion musulmane*.

L'Islamisme a conquis une grande partie de l'Afrique et de l'Asie; il a pénétré jusqu'en Europe. Il a été la cause première des plus grandes et des plus longues guerres du Moyen Age : les *Croisades*. Ses progrès ont été continus. Aujourd'hui même aucune religion ne gagne autant de nouveaux fidèles, particulièrement en Chine, dans l'Inde et au Soudan, et l'on estime à plus de deux cent soixante millions le nombre des musulmans. A ce titre déjà ses origines mériteraient d'être étudiées.

Mais en outre l'Islamisme nous intéresse directement parce que la France, par ses possessions africaines où vivent de très nombreux musulmans, est elle-même une grande puissance musulmane.

Enfin la diffusion de l'Islamisme au Moyen Age fut accompagnée d'une brillante civilisation et en particulier d'une merveilleuse floraison d'art.

L'ARABIE — L'Islamisme est né en Arabie. L'Arabie est la plus occidentale et la plus massive des trois presqu'îles qui terminent l'Asie vers le Sud. Elle est au centre de l'ancien continent, au carrefour des routes qui joignent l'Asie à l'Afrique, et qui, par la Mer Rouge, vont de la Méditerranée européenne à l'Océan Indien.

C'est un plateau assez élevé, bordé le long de la mer de montagnes aussi hautes que les Cévennes. Il est sous la même lati-

tude que le Sahara, en pleine région tropicale, et peu de pays
sont aussi chauds. Sur la côte tombe une certaine quantité de
pluie ; par suite la terre est fertile. Là se trouve l'*Yemen* ou
Arabie heureuse, pays du café et de l'encens, et l'*Hedjaz*, pays
de prairies et d'élevage. Là s'est groupée la plus grande partie
de la population et se sont construites les villes comme la *Mecque*
et *Médine*.

Les montagnes empêchent les pluies d'atteindre l'intérieur ;
aussi est-il presque entièrement désert. L'Arabie est grande six

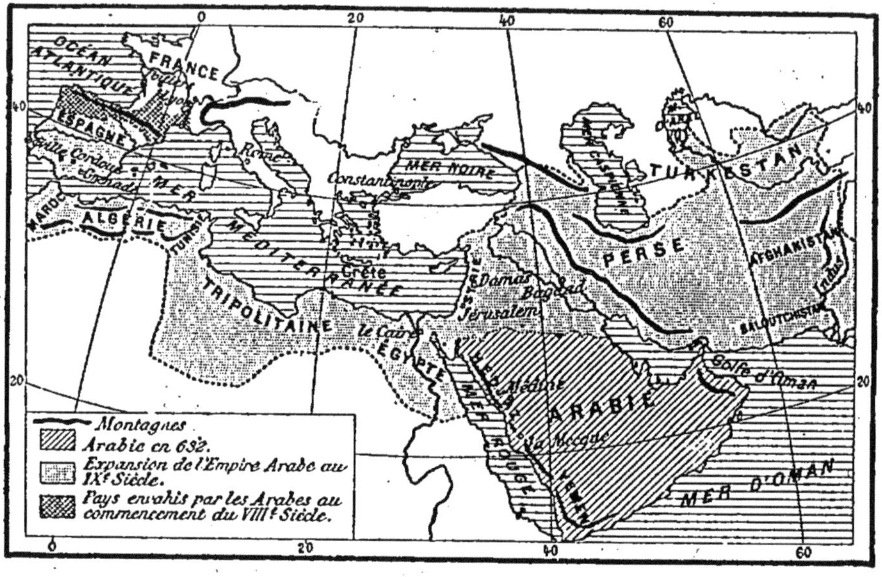

L'ARABIE ET LES PAYS CONQUIS PAR LES ARABES.

fois comme la France : mais les cinq sixièmes de son territoire
sont inhabitables. Au milieu des déserts de sable rouge existent
quelques oasis où vit une population de pasteurs nomades et
pillards. La population est estimée aujourd'hui à quatre millions
d'habitants : elle n'était certainement pas plus nombreuse au
septième siècle.

LES ARABES Les Arabes sont de race blanche. Ils appartiennent à
la branche sémitique et sont parents des Hébreux :
leurs traditions concordent sur ce point avec les récits
de la Bible, puisqu'ils se disent descendants d'Ismaël, fils
d'Abraham et d'Agar, et frère d'Israël. Le type arabe pur est
beau. Il est caractérisé par la régularité du visage souvent en-

cadré de barbe noire, le teint brun et mat, le front haut, le nez
légèrement recourbé, les yeux noirs et
brillants. L'Arabe est de taille moyenne,
large de poitrine, robuste. Son costume
consiste en une chemise serrée à la
taille par une ceinture, un grand manteau sans manches, le *burnous*, pareil
à une toge. La coiffure, le *turban*, est
faite d'une pièce d'étoffe enveloppant la
tête et retenue par une cordelière en-
roulée autour du front. Mahomet et ses
contemporains étaient ainsi coiffés et
vêtus.

Il y avait chez eux un singulier
mélange de sauvagerie et d'instincts
chevaleresques. Il était permis d'en-
terrer vives les petites filles à leur
naissance, parce que la naissance d'une
fille était et est encore considérée chez eux comme un malheur

TYPE ARABE.
Photographie Neurdein.

*L'Arabe est ici enveloppé
d'un grand manteau sans
manches, le* burnous, *dont
un pan est ramené sur la tête.
Par-dessus est posé le* turban.

ARABE NOMADE DES ENVIRONS DE LA MECQUE. — Photographie G. Courtellemont.

*Une grande partie de la population arabe était et est encore nomade. Les
nomades sont pasteurs et pillards, extrêmement sobres et durs à la fatigue.
Montés sur leurs chameaux de course, les méharis, ils peuvent, comme les
Touaregs de notre Sahara, parcourir de longues étapes dans le désert, donnant
la chasse aux caravanes qu'ils rançonnent*

Dans le combat on voyait des Arabes tendre une lance à leur adversaire désarmé. Ils respectaient religieusement les lois de l'hospitalité et la parole donnée. Ils étaient braves, avides de guerre et de pillage et sensibles au charme de la poésie, au point qu'ils avaient, comme les Grecs à Olympie, des concours poétiques annuels pendant lesquels toute guerre était suspendue.

Chez eux, comme chez tous les peuples primitifs, les liens de famille étaient très puissants ; l'injure de chacun devait être vengée par tous, et l'on pratiquait la *Vendetta* comme chez les Germains. L'on pratiquait de même le rachat du sang, le *Dia*, encore en usage en Tunisie, véritable *Wehrgeld* proportionné à l'importance de la victime.

LA KAABA   *Les Arabes ne formaient pas un État.* Ils étaient divisés en tribus indépendantes, les unes sédentaires, les autres nomades. Entre ces tribus il existait cependant un lien : elles avaient un sanctuaire commun, la *Kaaba*.

LA KAABA ET LA MECQUE. — Photographie G. Courtellemont.

La Kaaba est le cube noir qu'on aperçoit au centre d'une vaste place qu'entourent des portiques soutenus par 240 colonnes de marbre et de bronze. C'est le sanctuaire de la religion musulmane : des dizaines de milliers de pèlerins y viennent chaque année d'Afrique, d'Asie, d'Europe. Elle renferme un puits miraculeux et une pierre noire. Elle est enveloppée d'une housse de soie noire, renouvelée tous les ans sur laquelle est brodée l'inscription « Dieu seul est Dieu et Mahomet est son prophète ». Les maisons ont en mode de toiture des terrasses. A l'horizon les montagnes de la côte.

La Kaaba s'élève dans une gorge de l'Hedjaz, à environ quatre-vingt-dix kilomètres de la mer Rouge. C'est un temple cubique, haut de dix mètres, large de douze, recouvert aujourd'hui d'une housse de soie noire, et qui se dresse au milieu d'une grande place entourée de porti-ques. La Kaaba renferme une source et une pierre noire, actuellement en-châssée dans un disque d'argent à l'intérieur près de la porte. L'ange Ga-briel avait fait jaillir la source pour désaltérer Is-maël et Agar perdus dans le désert. Il avait ap-porté la pierre pour qu'ils pussent reposer leurs tê-tes : elle était blanche alors ; depuis, les péchés des hommes l'ont noircie.

Dans la Kaaba on ado-rait le Dieu d'Abraham. Mais elle renfermait en outre les idoles particul-lières à chaque tribu : on en comptait trois cent soixante. Chaque année les Arabes venaient en pèlerinage au temple. Vers le milieu du cin-quième siècle après Jé-sus-Christ, la famille des *Koraïchites*, qui avait la garde de la Kaaba, commença à l'entour la construction d'un ville, *la Mecque*.

MAISONS ARABES A DJEDDAH. — Photographie G. Courtellemont.

Djeddah, à 90 kilomètres environ de la Mecque, est le port où débarquent la plupart des pèlerins. Les maisons sont des types élé-gants de l'architecture arabe, avec leurs bal-cons fermés, ou moucharabiehs, et leurs toits retroussés à la façon chinoise.

De nombreuses tribus étaient venues de la Palestine toute pro-che s'établir dans le Hedjaz, et beaucoup d'Arabes, surtout dans le Yemen, s'étaient convertis au judaïsme. La religion chrétienne, apportée de Syrie et d'Abyssinie, avait aussi ses adeptes : un parent de Mahomet était chrétien.

MAHOMET ***Mahomet*** — le nom arabe est ***Mohammed*** — na-quit à la Mecque en 571. Il appartenait à la famille des Koraïchites. Orphelin et pauvre, il dut dans son enfance se faire berger pour vivre. Plus tard il entra au service d'une de ses parentes, *Khadidja*, qui avait une entreprise de transports : il conduisit pour elle des caravanes. Elle était veuve; il l'épousa. Devenu riche par ce mariage, il put se donner tout entier à son goût de la retraite et de la méditation.

Il avait quarante ans quand il eut une vision. Il vit un être fantastique qui lui dit : « Prêche »; il le prit pour un Démon. Un de ses parents, un Chrétien, expliqua que ce devait être l'ange Gabriel et que Mahomet serait le prophète des Arabes. Mahomet commença à prêcher.

Il prêcha la croyance au Dieu unique et l'*Islam*, c'est-à-dire l'*abandon* à la volonté de Dieu. Onze ans de prédication n'amenèrent que peu de conversions. Pourtant, la nouvelle doctrine devant entraîner la destruction des idoles excita la colère des Koraïchites. Injurié, menacé de mort, Mahomet dut quitter la Mecque, le 24 septembre 622. C'est de ce jour de la fuite, l'*hégire*, que date l'ère des musulmans et qu'ils comptent les années.

MAHOMET A MÉDINE — Mahomet se réfugia à *Yatreb*, appelée depuis *Médine*, c'est-à-dire la « ville du prophète ». Ce qui avait déterminé son choix, c'est qu'autour de Médine les judaïsants étaient nombreux : par suite le terrain était préparé à la doctrine du Dieu unique. Il gagna sans peine plusieurs tribus. Dès lors sa prédication changea de caractère. Il avait d'abord prêché la résignation, la douceur, le respect des croyances d'autrui. Il prêcha désormais la *guerre sainte* contre les *infidèles* de la Mecque. La passion de la guerre, l'espoir du pillage lui amenèrent de nombreuses recrues. Après huit années de luttes, en 630, Mahomet rentra victorieux dans la Mecque et put renverser les idoles de la Kaaba. Il mourut deux ans plus tard à Médine, ayant réussi à imposer sa doctrine dans toute l'Arabie. *Il avait fait par la religion l'unité du peuple Arabe.*

LE KORAN — La doctrine de Mahomet est contenue dans le **Koran**. Koran veut dire *récitation*. Lorsque Mahomet prêchait, ses fidèles notaient en hâte ses paroles sur des feuilles de palmier, des omoplates de mouton, des pierres. Après la mort de Mahomet l'on réunit et l'on transcrivit tous ces fragments qui constituent le Koran.

Le Koran est divisé en cent quatorze chapitres ou *sourates*, subdivisés en versets. Les sourates ne sont pas disposées dans un ordre logique. Elles semblent avoir été simplement mises bout à bout un peu d'après leur longueur, les plus courtes étant les dernières.

Le Koran pour les musulmans n'est pas seulement ce que sont la Bible pour les juifs, l'Evangile pour les chrétiens, c'est-à-dire le livre de la loi et de l'histoire religieuses. Il est le livre par excellence, il remplace tous les autres livres, contient toute science. En particulier il renferme la loi civile aussi bien que la loi religieuse. Aujourd'hui même, dans tous les pays musulmans, c'est le livre du juge aussi bien que celui du prêtre, quelque chose comme un évangile qui serait en même temps un code.

LA DOCTRINE MUSULMANE

« Dieu seul est Dieu », dit le Koran. Dieu, *Allah*, est le créateur de tout être et de toutes choses, le souverain juge. Il détermine à l'avance la destinée de chacun, et rien ne peut modifier sa volonté : c'est la doctrine du *fatalisme*. Dieu est entouré d'anges, ses s. iteurs dociles, au-dessous desquels s'agite Satan, *Iblis*, le *lapia.* chef des Démons, un ange déchu perdu par l'orgueil.

Dieu communique avec les hommes par des prophètes. Abraham, Moïse, Jésus « né d'une manière surnaturelle », sont des prophètes qui ont révélé des parties de la vérité religieuse. Mahomet est le dernier et le plus grand des prophètes.

Après leur mort les hommes sont jugés par Dieu. Ils ressusciteront au jour du jugement dernier « quand la terre tremblera d'un violent tremblement, quand les montagnes voleront comme des flocons de laine teinte. » Les méchants et les impies seront poussés à la *Gehenne*, l'enfer : le feu y sera leur demeure et ils seront abreuvés d'eau bouillante. Les croyants entreront au Paradis. « Ils habiteront le jardin des délices, ils se reposeront sur des sièges ornés d'or et de pierreries. Ils auront à souhait les fruits qu'ils désireront et la chair des oiseaux les plus rares. Les plus favorisés de Dieu seront ceux qui verront sa face soir et matin, félicité qui surpassera tous les plaisirs des sens autant que l'Océan l'emporte sur une perle de rosée. »

Pour mériter le Paradis il faut croire au dogme du Dieu unique, accomplir les pratiques du culte, c'est-à-dire : faire cinq prières par jour ; chaque année observer pendant le mois du Ramadan le jeûne ; venir s'il est possible une fois en sa vie en pèlerinage à la Kaaba ; donner aux pauvres d'abondantes aumônes.

Les musulmans doivent être humains et justes entre eux, parce qu'ils sont tous frères. Le Paradis est promis à tous ceux d'entre eux qui meurent en combattant pour la foi.

CARACTÈRES DE L'ISLAMISME

La religion de Mahomet n'a rien d'original : elle est faite d'un mélange des doctrines juive et chrétienne. Mais le dogme est simple, les pratiques du culte sont peu nombreuses et faciles à observer : cela convient aux esprits simples tels que sont généralement les barbares. Ce qui leur convient mieux encore, c'est que l'Islamisme est une *religion de guerre*, qui promet à ses fidèles du butin sur la terre et des récompenses matérielles dans le Ciel. Là est la cause principale de la diffusion rapide de la religion de Mahomet et du progrès qu'elle fait encore de nos jours parmi les peuplades d'Afrique.

LA GUERRE SAINTE. LES CONQUÊTES MUSULMANES

Mahomet avait dit : « Faites la guerre à ceux qui ne croient pas en Dieu, ni en son prophète. Faites-leur la guerre jusqu'à ce qu'ils paient le tribut et qu'ils soient humiliés. » Aussitôt après sa mort les Arabes commencèrent la *Guerre Sainte*. Tandis que vers l'Est ils conquéraient la Perse, le Turkestan, et pénétraient jusque dans l'Inde, ils attaquaient à l'Ouest et au Nord l'Empire grec et lui enlevaient la Syrie, la Palestine et l'Egypte. Poursuivant leur marche, ils soumirent tous les pays du Nord de l'Afrique, Tripoli, la Tunisie, l'Algérie, le Maroc. Cinquante ans après la mort de Mahomet les Arabes étaient arrivés à l'Atlantique (681).

LES ARABES EN GAULE. BATAILLE DE POITIERS

Au début du huitième siècle, en 711, ils attaquèrent l'Europe; ils franchirent le détroit de Gibraltar et pénétrèrent en Espagne. La victoire de *Xérès*, gagnée sur les Wisigoths, leur livra le pays; ils devaient y rester huit cents ans. En 719 ils entraient en Gaule. Ils ravagèrent la vallée du Rhône jusqu'à Lyon, puis ils conquirent la vallée de la Garonne malgré les efforts des Aquitains.

Ceux-ci appelèrent à l'aide les Francs d'Austrasie et de Neustrie. L'armée arabe pénétrait déjà dans la région de la Loire quand les Francs commandés par *Charles Martel* vinrent l'arrêter et la battre à **Poitiers** (732).

La bataille de Poitiers est l'une des plus importantes de l'histoire. Elle a mis fin aux progrès des Musulmans en Europe. On y vit en présence deux religions et deux civilisations, la chrétienne et la musulmane, celle-ci beaucoup plus brillante alors. Les barbares à Poitiers n'étaient pas les Arabes. Pourtant la victoire de Charles Martel fut heureuse pour l'Europe, car elle la sauva de l'Islamisme. Or, partout où il s'est établi, l'Islamisme après avoir jeté un rapide éclat, a toujours dans la suite empêché le développement des peuples.

CAUSES ES VICTOIRES ARABES — Les conquêtes des Arabes paraissent surprenantes quand on considère que l'Arabie ne renfermait pas plus de quatre millions d'habitants. Mais les guerriers arabes étaient fanatisés, et surtout ils ne rencontrèrent que des adversaires déjà affaiblis. Par exemple les Grecs et les Perses se combattaient depuis de longues années. Les Grecs, au moment où commença la conquête arabe, venaient de brûler la capitale de la Perse; mais la guerre leur avait coûté 200.000 hommes. Les sujets des Grecs en Palestine, en Syrie, en Egypte étaient accablés d'impôts et prêts à la révolte. Les Arabes, qui les traitèrent avec modération, leur apparurent comme des libérateurs. Enfin parmi les vaincus, surtout chez les Berbères, dans notre Algérie, beaucoup se convertirent à l'Islamisme et fournirent aux armées arabes d'excellents soldats. L'armée qui commença la conquête de l'Espagne se composait de 3oo Arabes et de 12.000 Berbères; son chef *Tarik* était un Berbère.

EMEMBREMENT DE L'EMPIRE ARABE — Allant de l'Inde à l'Océan Atlantique, l'Empire arabe était trop étendu; il comprenait trop de peuples divers pour subsister longtemps.

Tout d'abord son centre se déplaça; la Mecque resta la capitale religieuse; mais la capitale politique fut transportée à *Damas* d'abord, ensuite à *Bagdad*. Puis l'Empire se démembra.

Dès 75o il y eut trois Empires ayant pour capitales *Bagdad* en Asie, *le Caire* en Egypte, *Cordoue* en Espagne. Dans chacun de ces Empires qui durèrent plusieurs siècles, la civilisation arabe brilla d'un vif éclat.

CIVILISATION ARABE — La civilisation des Arabes, comme la religion musulmane, est faite d'emprunts aux civilisations voisines Barbares tant qu'ils étaient demeurés confinés dans l'Arabie, ils se transformèrent au contact de ceux qu'ils vainquirent, surtout au contact des Persans et des Grecs Byzantins, comme s'étaient transformés les Romains après la conquête de la Grèce.

AGRICULTURE INDUSTRIE

Ils apprirent en Égypte l'agriculture et la science des irrigations. C'est par eux que furent introduits en Europe nombre d'arbres et de plantes qui y étaient encore inconnus : riz, canne à sucre, abricotier, mûrier, asperge, artichaut, haricot, chanvre, safran. Ils développèrent et perfectionnèrent les industries anciennes de l'Orient, par exemple celle des faïences empruntée à la Perse. Ils excellèrent dans le travail des métaux ; leurs aciers de Damas et de Tolède, lames d'épée et pièces d'armures, leurs objets de cuivre, lampes, tables, plateaux, ciselés, damasquinés, ajourés comme de la dentelle, sont encore justement célèbres. Leurs bois sculptés, incrustés d'ivoire, de nacre, d'argent, étaient des modèles d'élégance et de goût. Damas fabriquait des tapis, tissait et brodait des velours et des soieries. A Cordoue et au Maroc l'on travaillait les cuirs, gaufrés et dorés.

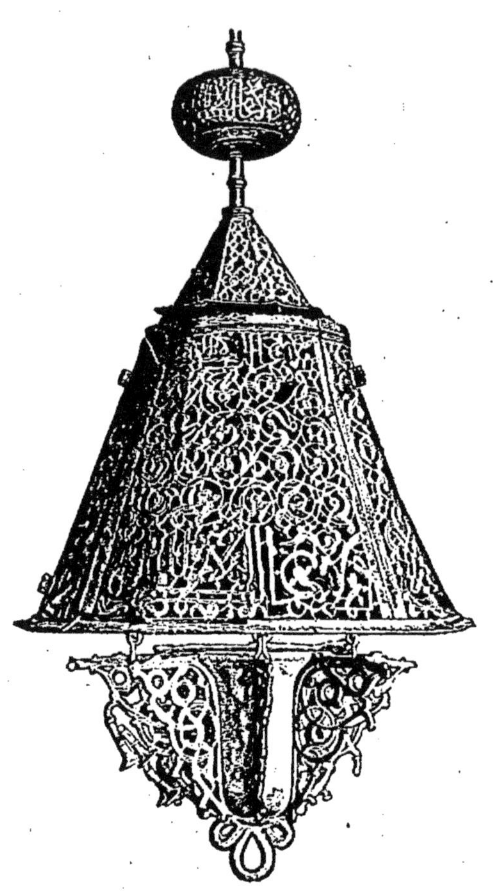

LAMPE ARABE. — Musée archéologique de Madrid. — D'après une photographie.

Cette lampe est en cuivre découpé à jour : les dessins ont la finesse de la dentelle. En bas le godet à huile de la lampe suspendu par trois anneaux. Les Arabes ont excellé dans le travail des métaux.

COMMERCE

Ces industries très variées et très prospères donnèrent naissance à un commerce très actif. Par mer, il s'étendait sur toute la côte orientale d'Afrique, et au sud de l'Asie jusque dans l'Indo-Chine et les îles de la Sonde. Par terre, les caravanes s'enfonçaient dans l'intérieur de l'Afrique, et en Asie poussaient jusqu'à la Chine. Les relations avec ce dernier pays furent par-

Un coin de la Mosquée de Cordoue. — Photographie Laurent.

Commencée en 785, elle est longue de 163 mètres et large de 36 (longueur de Notre-Dame de Paris : 110 m., largeur 46) et comportait 36 rangées de colonnes dans un sens et 18 dans l'autre. C'est aujourd'hui la cathédrale de Cordoue. Ces arcades sont parmi les plus originales et les plus caractéristiques de l'art arabe.

ticulièrement importantes pour l'avenir de la civilisation : c'est en effet par la Chine que les Arabes connurent et transmirent à l'Europe trois inventions capitales : la *boussole*, le *papier*, la *poudre*.

LES SCIENCES Dans les sciences, les Arabes furent les héritiers et les continuateurs des Grecs. Les mathématiques, la géométrie, l'algèbre, l'astronomie, la géographie, leur durent beaucoup. En médecine, ils acquirent une grande répu

FRAGMENT DE PORTE A LA MOSQUÉE DE TOLÈDE, AUJOURD'HUI LA CATHÉDRALE.
D'après une photographie.

Cette porte, construite au xiiiᵉ siècle, est du type en fer à cheval. Au bandeau supérieur deux inscriptions en lettres arabes, probablement des versets du Coran. Les panneaux au-dessus des petites arcades sont découpés à jour. Le mur de la galerie au fond est décoré de faïences en couleurs, ornées d'arabesques.

tation, et les ouvrages de l'Arabe *Avicenne* (980-1036) étaient encore étudiés à l'École de Médecine de Montpellier, il y a deux cents ans, au temps de Louis XIV. Les *alchimistes* arabes furent aussi les précurseurs des chimistes modernes En cherchant la

L'Alhambra est un palais du XIII° siècle. La cour des Lions, ainsi nommée des lions de marbre noir très grossièrement sculptés qui supportent la vasque d'albâtre de la fontaine centrale, est une des merveilles de l'art arabe. Elle a 28 mètres de long sur 15 mètres de large. Elle est entourée de portiques supportés par 128 colonnes en marbre; les voûtes sont admirablement sculptées et par places découpées à jour comme de la dentelle. Elle offre un type achevé des cours intérieures sur lesquelles ouvrent les appartements. On aperçoit au milieu une des quatre rigoles creusées dans le pavé de marbre qui partent de la fontaine et distribuent partout l'eau et la fraîcheur.

pierre philosophale, c'est-à-dire le moyen de changer tous les métaux en or, et l'*élixir* qui donnerait longue vie et perpétuelle jeunesse, ils trouvèrent l'alcool, plusieurs acides et divers sels.

**L'ART ARABE
L'ARCHITECTURE**   Le Coran interdit la représentation de la figure humaine, et cette interdiction rend impossible tout développement de la peinture et de la statuaire. Aussi l'art arabe se résume-t-il tout entier dans l'architecture : elle dérive directement de l'architecture *persane* et *byzantine*. Elle est caractérisée par ses colonnes fines et très élancées, empruntées à la Perse; les arcs aux formes très variées, *en fer à cheval*, en *ogive*, en *pointe*; les coupoles empruntées à l'art

ARABESQUES. — Photographie d'un fragment de frise à l'Alhambra.

Le Coran interdisant la reproduction de la figure humaine, les Arabes ont décoré leurs monuments à l'aide d'inscriptions et de lignes géométriques capricieusement entrelacées. Au centre, ici, entre les deux rosaces, l'inscription sculptée en relief signifie : « Il n'y a d'autre vainqueur qu'Allah. »

byzantin. Les monuments arabes n'ont ni la simplicité des monuments grecs, ni l'imposante solidité des monuments romains. Ils donnent une impression d'extrême légèreté et de rêve. Leur charme et leur originalité sont dans la décoration faite de faïences aux couleurs vives, de stucs, de plâtres finement ajourés et découpés, avec mille figures géométriques entrelacées, des caractères d'écriture, des guirlandes de feuillages imaginaires, tout ce que nous appelons les *arabesques*.

Les Arabes ont élevé bien des palais et des mosquées. Mais soit que les constructions fussent faites en matériaux peu solides, soit manque d'entretien, la plupart ont aujourd'hui disparu. En Espagne subsistent quelques-uns des monuments les plus célèbres, la *Grande Mosquée* à Cordoue, la *Mosquée* de Tolède, et deux palais, *le Généralife* et *l'Alhambra* à Grenade.

Les palais arabes, comme jadis les palais assyriens et les maisons grecques et romaines, comme aujourd'hui encore les maisons au Maroc ou en Algérie, n'offraient au dehors que des murs nus et sans ouvertures. Ils se composaient d'une série de pièces ouvrant sur des portiques à colonnes, qui entouraient des jardins intérieurs ornés de fontaines aux eaux jaillissantes.

Les mosquées sont les édifices religieux. La mosquée comprend généralement une grande salle où l'on ne trouve rien qu'une chaire pour le prêtre ; une cour avec un portique et un bassin, où les fidèles peuvent faire leurs ablutions avant la prière ; enfin une ou plusieurs tours, les *minarets*, qui sont comme les clochers de nos églises. C'est du haut des minarets que le crieur, le *muezzin*, appelle les fidèles à la prière.

MOSQUÉE DE LA CITADELLE AU CAIRE.
D'après une photographie.

La mosquée est l'église des musulmans. La mosquée est ici couverte par une coupole centrale et plusieurs petites. Les coupoles qui recouvrent beaucoup de mosquées sont empruntées à l'art romano-byzantin. A droite deux minarets, avec deux balcons, du haut desquels le muezzin appelle à la prière. En bas un portique.

CONCLUSION Il est important de remarquer qu'il en fut pour la civilisation comme pour la conquête arabe, et qu'elle n'est pas l'œuvre des seuls Arabes. Les *Arabes de sang furent aidés par les nouveaux convertis.* Nombre d'architectes, de savants, d'industriels, de commerçants dits Arabes, étaient en réalité des Persans, des Grecs, des Syriens, des Espagnols. L'importance historique de l'empire arabe consiste précisément en ce qu'il a réuni des peuples très différents, rapproché et fondu ensemble plusieurs civilisations, et qu'il a été l'*intermédiaire* entre l'Europe occidentale et le monde asiatique.

CHAPITRE VII

L'EMPIRE FRANC
L'AVÈNEMENT DES CAROLINGIENS,
CHARLEMAGNE, L'EMPIRE

LES ROIS FAINÉANTS — A partir de la mort de Dagobert, les rois Mérovingiens ne furent plus rois que de nom. Leur existence a été décrite comme il suit par Eginhard, qui vivait au temps de Charlemagne :

« La famille des Mérovingiens ne faisait depuis longtemps preuve d'aucune vertu. Le prince était réduit à se contenter de porter le nom de roi, d'avoir des cheveux flottants et la barbe longue, de s'asseoir sur le trône et de jouer le personnage du monarque. Il donnait audience aux ambassadeurs et leur faisait les réponses qui lui étaient dictées, A l'exception d'une pension alimentaire mal assurée, et que lui payait le Maire du Palais selon son bon plaisir, il n'avait en propre qu'une unique propriété d'un très petit revenu ; c'est dans cette propriété qu'il vivait avec un très petit nombre de domestiques. S'il fallait que le roi allât quelque part, il voyageait sur un chariot traîné, à la manière des paysans, par des bœufs qu'un bouvier conduisait : quant à l'administration du royaume et à toutes les mesures de gouvernement, les Maires du Palais en étaient seuls chargés. »

LES MAIRES DU PALAIS — A l'origine, le *Maire du Palais* était simplement le chef des serviteurs du roi, un intendant de grande maison qui transmet les ordres du maître et auquel les domestiques rendent leurs comptes. Il devint peu à peu un personnage important, choisi parmi les premiers des leudes ; il était le chef de l'administration du royaume, une sorte de premier ministre ou de vice-roi. Sous les rois incapables ou mineurs, il fut le véritable roi.

En Austrasie, la charge devint même héréditaire et l'on eut à côté de la dynastie royale des Mérovingiens la dynastie des Héristal, Maires du Palais : la seconde devait finir par remplacer la première.

LES HÉRISTAL — Les domaines des Héristal se trouvaient sur les bords de la Meuse, aux environs de la ville actuelle de Liège en Belgique. Le premier personnage de la famille dont on sache le nom, *Pépin de Landen*, était Maire du Palais d'Austrasie dès le temps de Dagobert. Son petit-fils *Pépin d'Héristal* (687-714) ajouta à la Mairie d'Austrasie celle de la Neustrie, après de longues luttes contre les Neustriens. *Charles Martel* (715-741), fils de Pépin d'Héristal, eut la gloire de vaincre les Arabes à Poitiers.

Cette victoire, dont on sait les conséquences capitales pour l'Europe, n'eut pas des conséquences moindres pour la famille des Héristal. Charles Martel, triomphant des Musulmans, apparut comme le soldat du Christ et le défenseur de la Chrétienté. Le pape, menacé dans Rome par les Grecs et par les Lombards, songea à l'appeler à son aide et lui dépêcha une ambassade. Ainsi se nouèrent des relations qui devaient avoir pour les descendants de Charles Martel, les *Carolingiens*, plus d'importance encore que n'avait eu pour Clovis et les Mérovingiens la bonne entente avec saint Remy et les évêques de la Gaule. Les Carolingiens, depuis longtemps *rois de fait,* devaient devenir par l'aide des papes *rois de droit.*

AVÈNEMENT DE LA DYNASTIE CAROLINGIENNE — L'événement se produisit sous le fils de Charles Martel, **Pépin** surnommé **le Bref** à cause de sa petite taille. Pépin s'était acquis des titres particuliers à la reconnaissance des papes. Il protégeait les missionnaires qui s'efforçaient au delà du Rhin d'évangéliser les tribus germaniques encore païennes. Suivant les conseils de *saint Boniface*, l'apôtre et le premier archevêque de la Germanie, il avait fait procéder à la réforme du clergé de la Gaule, en chassant de leurs sièges tous les évêques indignes.

En 751 Pépin écrivait au pape Zacharie : « Lequel mérite d'être roi, de celui qui demeure sans inquiétude et sans péril en son logis, ou de celui qui supporte le poids de tout le royaume ? » Le pape répondit : « Il vaut mieux appeler roi celui qui a la sagesse et la puissance, que celui qui n'est roi que de nom sans aucune autorité royale. ».

Alors Pépin, dans une assemblée tenue à Soissons en 752, fit couper les cheveux, insigne de la royauté, à Childéric III; puis le dernier Mérovingien fut enfermé dans un couvent.

CARACTÈRE DE LA MONARCHIE NOUVELLE

Après que Childéric eut été tonsuré, saint Boniface, représentant du pape, renouvela en faveur de Pépin un usage religieux des Juifs. Il le *sacra*, comme le prophète Samuel avait sacré Saül, au nom de Dieu, en versant sur son front l'huile sainte. Deux ans plus tard, le pape Étienne II lui-même, venu pour demander secours à Pépin contre les Lombards, le sacra une seconde fois dans la basilique de Saint-Denis, près de Paris.

Ainsi Pépin et les Carolingiens eurent un caractère religieux que n'avaient eu ni Clovis ni les Mérovingiens. Les Mérovingiens n'étaient que les élus des hommes, rois par la volonté des Francs; les Carolingiens furent les élus, les *oints* du Seigneur, rois par la volonté de Dieu. *Le sacre de Pépin marque le commencement de la monarchie de droit divin* : elle dura en France jusqu'à la Révolution.

LES GUERRES DE PÉPIN LE BREF

Pour payer sa dette de reconnaissance, Pépin franchit les Alpes et attaqua les Lombards. C'était un peuple germanique, qui s'était établi dans la vallée du Pô vers 580 et y avait créé un royaume. Pépin enleva aux Lombards le territoire qu'on appelait l'*exarchat de Ravenne* et en fit don au pape. Ce fut le premier noyau de ce qu'on appela plus tard les *États de l'Église*, disparus seulement en 1870. Par là le pape, qui n'avait eu jusqu'alors qu'une autorité sur les âmes, devint un *souverain temporel* ayant des terres et des sujets comme les autres rois; par là encore se trouva resserrée l'alliance de la papauté et de la famille carolingienne.

En Gaule, Pépin, déjà maître de l'Austrasie et de la Neustrie, chassa les Arabes ou *Sarrasins* demeurés en Septimanie, le long de la Méditerranée; puis il soumit à grand'peine les Aquitains devenus indépendants depuis Dagobert. Quand Pépin mourut en 768, la Gaule entière reconnaissait son autorité.

Elle fut partagée une fois encore à la mort de Pépin entre ses deux fils Carloman et Charles. Mais Carloman mourut en 771 et Charles se trouva seul maître. Celui-là s'appelle dans l'histoire Charles le Grand, *Carolus Magnus*, **Charlemagne** (771-814).

**ES GUERRES
DE
CARLEMAGNE**

Charlemagne est le plus grand guerrier et le plus grand conquérant du Moyen Age. Dans les quarante-six années de son règne, on ne compte pas moins de cinquante-cinq expéditions. Son histoire n'intéresse pas seulement la France, mais tous les peuples de l'Europe occidentale. Car il sut réunir dans un vaste empire tout ou

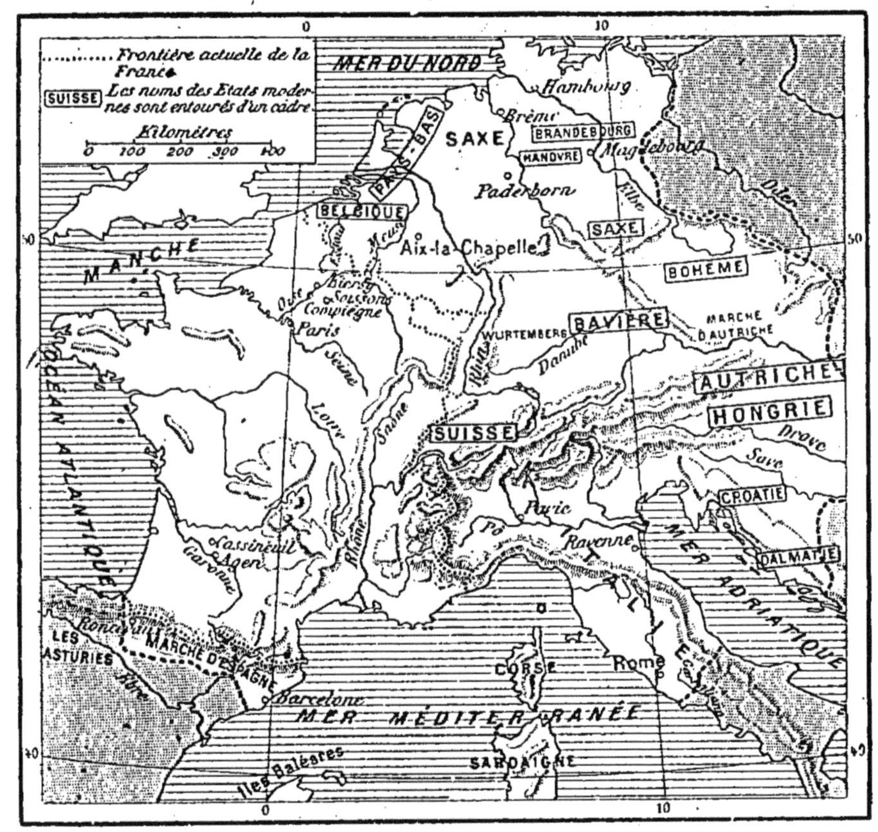

L'EMPIRE DE CHARLEMAGNE.

partie des pays qui s'appellent aujourd'hui l'Espagne, la France, la Belgique, les Pays-Bas, l'Allemagne, la Suisse, l'Autriche, la Hongrie, l'Italie.

De toutes les guerres de Charlemagne, les plus importantes eurent pour théâtres l'Italie, l'Espagne, la Saxe. Ces guerres ont comporté chacune plusieurs expéditions; elles ont été souvent simultanées, et l'ordre où elles sont énumérées n'indique pas qu'elles se sont succédé.

GUERRES D'ITALIE En Italie, la première guerre fut dirigée contre le roi des Lombards *Didier*, à la fois ennemi de Charlemagne et du pape. Didier fut vaincu et détrôné, et Charlemagne, ceignant la *couronne de fer*, prit le titre de roi des Lombards. Dans la suite il conquit la péninsule jusqu'au Garigliano et créa le *royaume d'Italie*, dont il confia le gouvernement à l'un de ses fils. Rome et les territoires donnés au pape par Pépin étaient compris dans le royaume d'Italie et soumis à l'autorité de Charlemagne.

LA COURONNE DE FER.

C'est l'ancienne couronne des rois lombards. Elle est ainsi nommée d'un cercle en fer que l'on aperçoit à l'intérieur et qui passe pour avoir été forgé avec un des clous qui servirent à fixer le Christ à la croix. Sur un fond d'émail vert se détachent des fleurs d'or et des pierreries montées en cabochons. Cette couronne est conservée à Monza, en Italie.

GUERRES EN ESPAGNE Charlemagne poursuivit contre les Sarrasins en Espagne la guerre commencée en Septimanie par Pépin. Sept expéditions, en vingt ans, aboutirent à la conquête du versant méridional des Pyrénées et à la formation d'une province frontière ou *marche d'Espagne*, dont Barcelone fut la principale ville.

Au retour de la première expédition, l'arrière-garde commandée par *Roland*, neveu de Charlemagne, fut surprise et écrasée par les montagnards Basques dans le défilé de *Roncevaux*. Cet incident de guerre sans importance devint par la suite le sujet d'un poème épique, *la Chanson de Roland*, qui fut pour les hommes du Moyen Age ce que *l'Iliade* avait été pour les Grecs.

GUERRES EN SAXE La conquête de la Saxe fut le dernier épisode de la conquête de la Germanie par les Francs. Commencée depuis trois siècles par Clovis, après la défaite des Alamans, elle avait été poursuivie par ses fils, puis par les ancêtres de Charlemagne, les Héristal.

La Saxe était la partie de l'Allemagne actuelle comprise entre le Rhin et le royaume des Pays-Bas à l'ouest, l'Elbe à l'est, la mer au nord. Elle correspondait au Hanovre et à la Westphalie, et non pas au royaume de Saxe d'aujourd'hui. Le pays, couvert de forêts, coupé de marais, était d'accès difficile. On n'y trouvait point de villes, mais seulement des villages composés de huttes presque invisibles dans l'épaisseur des bois. Les Saxons étaient divisés en nombreuses tribus, entre lesquelles il n'existait d'autre lien que la communauté de culte. Restés païens malgré les efforts des missionnaires, ils adoraient une idole appelée *Irmensul*, qui représentait un guerrier en armes.

Combattant à la fois pour leur indépendance et pour leur religion, aidés par la nature du pays qui ne permettait de les atteindre qu'en détail, les **Saxons** furent de tous les adversaires de Charlemagne les plus difficiles à vaincre. Ils tinrent plus de trente années (772-804) et il ne fallut pas moins de dix-huit expéditions pour triompher de leur résistance. Les Francs opéraient de préférence l'hiver, parce qu'alors ils pouvaient aisément franchir les marais pris par les glaces, et que les forêts étant dépouillées de leur feuillage, les Saxons n'y trouvaient plus un abri aussi sûr. Le héros de l'indépendance saxonne fut *Witikind*. Plusieurs fois soumis, il reprit plusieurs fois les armes. A la fin il se fit baptiser à Attigny et renonça à la lutte (785).

La guerre eut de part et d'autre un caractère sauvage. Les Saxons massacraient les corps de troupes isolés, les missionnaires, les commerçants qui s'aventuraient chez eux. Charlemagne pensa les amener à se soumettre en les épouvantant : il fit en un seul jour, à Verden, égorger 4500 prisonniers (782); puis il fit enlever des tribus entières que l'on déporta en Gaule, à l'embouchure de la Loire, et jusqu'en Italie. Il a été longtemps de tradition que Witikind fut ainsi transporté dans l'Anjou, et que les Capétiens étaient ses descendants.

IMPORTANCE DE LA CONQUÊTE DE LA SAXE — Mais, en même temps qu'il prenait des mesures de rigueur, Charlemagne faisait ouvrir des routes, établissait des garnisons, fondait des villes destinées à un grand avenir, telles que Brême, Magdebourg, Hambourg; les missionnaires, protégés par lui, entreprenaient la conversion et la conquête morale des vaincus. En sorte que, conquérant la Saxe, Charlemagne travaillait du même coup à la civiliser. Son œuvre en Saxe, et d'une façon générale l'œuvre des Francs en Germanie, fut analogue à l'œuvre des Romains en Gaule. Elle eut pour l'avenir de l'Europe la même importance : si l'on peut dire que la France est sortie de la conquête romaine, on pourrait dire aussi que de la conquête franque est sortie l'Allemagne.

GUERRES CONTRE LES SLAVES ET LES AVARS — Maître de la Germanie, Charlemagne se trouva en contact avec de nouveaux barbares, les *Slaves*, établis au delà de l'Elbe, et les *Avars*, débris des Huns, campés dans la plaine actuelle de Hongrie. Pour arrêter les Slaves, il organisa sur l'Elbe différentes marches, entre autres la *Vieille Marche*, qui contribua plus tard à former le Brandebourg, premier élément de l'État prussien. Contre les Avars, il créa sur le Danube, à l'entrée de la Hongrie, la *Marche de l'Est, Osterreich*, qui devint l'Autriche. Puis il les fit attaquer chez eux. On prit et l'on détruisit leurs camps retranchés ou *rings*, faits de plusieurs enceintes rondes et concentriques. Les Francs y trouvèrent de grandes quantités d'or et d'argent accumulées par les longs pillages des Avars.

CARACTÈRES DES GUERRES DE CHARLEMAGNE — Les guerres de Charlemagne diffèrent profondément des guerres de Clovis et de ses successeurs. Pour les Mérovingiens et leurs hommes, la guerre était une industrie, un moyen de gagner sa vie et de s'enrichir. Les expéditions étaient faites pour le profit, c'est-à-dire pour le pillage : les soldats de Thierry en Auvergne dépouillent complètement les habitants et ne laissent rien que la terre, « parce qu'ils ne peuvent pas l'emporter ».

Les soldats de Charlemagne, en Saxe, construisent des routes et créent des villes. Les guerres auxquelles on les conduit sont inspirées par des *raisons politiques*. Leur objet est d'assurer la paix du royaume, de le mettre à l'abri de prochaines invasions : invasion sarrasine au sud, invasion saxonne à l'est. Charlemagne envahit la Saxe, pour que les Saxons ne puissent pas envahir l'Austrasie. Il procéda comme nous avons

COURONNE IMPÉRIALE DITE DE CHARLE- MAGNE. — Trésor impérial de Vienne.

D'après les uns, elle date de Charles le Chauve ; d'après d'autres, elle fut faite deux cents ans plus tard. Elle est formée de huit plaques d'or dont quatre ornées de personnages sur émail, quatre de perles, de saphirs et d'émeraudes. La plaque que l'on voit ici représente le Christ entre deux Anges. Au-dessus, on lit en lettres rouges : Per me reges regnant, Par moi les rois règnent. — La croix et le couronnement en forme d'arc ont été ajoutés au XIII° siècle.

nous-mêmes procédé à la fin du xixᵉ siècle en Afrique, lorsque, pour sauver le Sénégal d'une invasion musulmane, nous avons attaqué les Musulmans et les avons poursuivis jusque sur le Niger. *Ces guerres de conquête furent en réalité des guerres de défense.*

CHARLEMAGNE EMPEREUR A la Noël de l'an 800, Charlemagne se trouvait à Rome. Pendant l'office de minuit, dans la basilique de Saint-Pierre, il priait agenouillé devant l'autel, quand tout à coup le pape Léon III lui plaça sur la tête une couronne d'or; le peuple l'acclama en criant : « A Charles Auguste, couronné de Dieu, grand et pacifique empereur des Romains, vie et victoire! » Après quoi, raconte Eginhard, l'historien de Charlemagne, le pape se prosterna devant lui « suivant la coutume établie du temps des anciens empereurs ».

Il faut remarquer l'expression *du temps des anciens empereurs.* En effet, ce ne fut pas un titre impérial nouveau qui fut créé en faveur de Charlemagne. L'Empire romain n'avait pas cessé d'exister.

STATUETTE DITE DE CHARLEMAGNE (Musée Carnavalet). — D'après une photographie.

Elle fut longtemps conservée à la cathédrale de Metz. Elle est de l'époque carolingienne et représente un personnage couronné, l'épée dans la main droite, le globe, symbole de l'empire du monde, dans la main gauche. Il est enveloppé du grand manteau des Francs.

Seulement la capitale avait été transportée en Orient, à Constantinople (330), par Constantin, et depuis lors les empereurs étaient ceux qui régnaient à Constantinople. En 800, Charlemagne ayant réuni sous son autorité à peu près tous les peuples qui, dans l'Europe occidentale, avaient fait partie de l'Empire romain, et d'autre part, la couronne étant alors portée à Constantinople par une femme, le centre de l'Empire romain est ramené à Rome. Charlemagne est *empereur des Romains*; il est l'*héritier des Césars* et porte comme eux le nom d'*Auguste*.

Le titre d'empereur eut pour Charlemagne, dans l'Europe occidentale, la même importance qu'avait eue pour Clovis en Gaule le titre de patrice et de consul. L'Empereur était le roi des rois, et les rois considéraient qu'ils devaient lui rendre hommage. Deux rois d'Angleterre vinrent le saluer dans sa résidence d'Aix-la-Chapelle; le roi d'Écosse, le roi des Asturies en Espagne, se déclaraient ses *fidèles*. Les habitants de la Corse, de la Sardaigne, des îles Baléares, se mettaient sous sa protection. Le renom de Charlemagne s'étendait jusqu'en Asie. L'un des plus puissants empereurs arabes, le kalife de Bagdad Haroun-al-Raschid, entrait en relations avec lui et lui envoyait, avec de riches présents, les clefs du tombeau du Christ, comme au chef du monde chrétien.

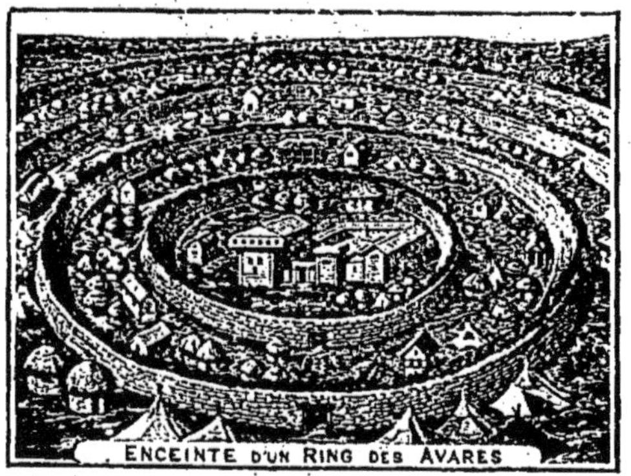

Un Ring avar. — Restauration
par Ch. Garnier et Ammann.

Le ring était un camp retranché composé de plusieurs enceintes concentriques — on en voit quatre dans le dessin — entre lesquelles étaient placées les habitations, tentes, huttes, ou maisons de bois des Avars. Au centre, on a représenté la demeure d'un chef.

CHAPITRE VIII

LA VIE DE L'EMPEREUR, LA COUR, L'ARMÉE, LES ÉCOLES

Charlemagne ne fut pas seulement un grand guerrier; il sut encore organiser les pays qu'il avait conquis et leur donner une administration régulière. Sous son influence, après des siècles de barbarie et d'ignorance, il y eut dans les pays occupés par les Francs comme un premier réveil de la civilisation. De tous ses titres à la gloire, ce sont là les plus importants.

L'activité de Charlemagne provoque encore aujourd'hui notre admiration. Elle avait vivement frappé les imaginations de ses contemporains; l'œuvre et la vie de l'Empereur parurent alors presque surhumaines, et autour de son nom une légende se forma. Cette légende inspira les *chansons de gestes*, toute la poésie épique du moyen âge.

CHARLEMAGNE. — D'après la mosaïque de Saint-Jean-de-Latran à Rome.

Charlemagne agenouillé s'appuie sur la hampe d'un étendard. L'inscription Dn Carvlo Regi signifie « Au seigneur Charles Roi ». Charlemagne est coiffe d'un chaperon, vêtu d'un manteau brun à bordure verte, relevé par le fourreau de l'épée et le bras gauche. Le pantalon est serré par des bandelettes vertes. L'empereur a une grosse moustache et non pas la longue barbe que lui donnent les poètes des chansons de gestes. Cette mosaïque, exacte copie d'une mosaïque faite sous Charlemagne, passe pour être un portrait vrai.

EMPEREUR Eginhard, qui fut le secrétaire de Charlemagne, le dépeint gros et robuste, de taille élevée, le ventre proéminent, le cou court, la tête ronde, les yeux grands et vifs, le nez un peu long, la physionomie riante et

COSTUME FRANC.
D'après une miniature de la « Bible de Charles le Chauve ».

Le costume est dessiné d'après le person-
nage placé à droite de l'empereur dans la
miniature reproduite page 89. L'homme
est vêtu d'une longue pèlerine marron
attachée sur l'épaule droite; elle est re-
levée sur le bras gauche. En dessous, une
tunique rouge ornée d'une bordure d'or,
fendue jusqu'à la taille, où elle est serrée
par une ceinture. Le pantalon violet, serré
sous le genou par une jarretière d'or, est
pris dans des chaussures pourpres tenues
par des bandelettes entrelacées; elles lais-
sent sortir les doigts de pied.

agréable. « Il y avait, dit-il, dans toute sa personne un air de grandeur et de dignité. »

Le puissant Empereur était fort simple dans son costume et dans sa manière de vivre. Il détestait le luxe des vêtements, et ne voulut jamais porter pour sa part que le costume franc. Il consistait, d'après Eginhard et les miniatures dont sont ornées certains manuscrits du temps, en une chemise et une culotte de toile; une tunique bordée d'une broderie et serrée à la taille, ayant la forme de la blouse dont sont aujourd'hui vêtus les paysans russes; des bas maintenus par des bandelettes entrecroisées; des brodequins lacés montant jusqu'au mollet. En hiver, une veste de fourrure, souvent une simple peau de mouton. En toutes saisons, un manteau bleu, sorte de grande pèlerine, s'agrafant sur l'épaule droite, relevé devant sur le bras gauche, tombant derrière jusqu'au talon. Il portait constamment une épée à poignée d'or ou d'argent suspendue à un baudrier, également en métal précieux; c'était là tout son luxe.

**LA VIE
DE L'EMPEREUR**

Son esprit, sans cesse en éveil, ne pouvait souffrir l'oisiveté. Il avait appris le latin qu'il parlait comme sa langue maternelle, le grec qu'il comprenait; il avait étudié le calcul et l'astronomie. A la tête de son lit, il avait toujours des tablettes et des plumes pour noter ses pensées. S'il s'éveillait la nuit, il lui arrivait de faire appeler ses officiers pour travailler. Pendant ses repas, où son plat de prédilection était le rôti qu'on lui apportait sur la broche même, il se faisait lire des récits historiques ou quelque passage des Livres Saints. Ses distractions préférées étaient la chasse et la natation. Dans sa résidence d'Aix-la-Chapelle, choisie à cause de ses sources d'eau chaude, il avait fait creuser une piscine où cent personnes pouvaient se baigner à la fois.

Aujourd'hui les souverains vivent de leur *liste civile*, c'est-à-dire du traitement qui leur est payé par ceux qu'ils gouvernent. Aux siècles précédents, ils vivaient des *impôts* prélevés sur leurs sujets. Au Moyen Age, ils vivaient de leurs *revenus personnels*, comme de riches propriétaires, et particulièrement du produit de leurs terres, vin de leurs vignes, blé de leurs champs, animaux de leurs basses-cours et de leurs étables, gibier de leurs forêts. Comme les produits étaient difficilement transportables, les souverains allaient les consommer sur place, passant d'une propriété à l'autre à mesure que les provisions étaient épuisées. Ils n'avaient donc guère de résidence fixe. C'est seulement à la fin de sa vie que Charlemagne demeura à peu près constamment à Aix-la-Chapelle, et que cette ville devint comme la capitale de l'Empire. Auparavant, il allait de propriété en propriété, ou, comme on disait alors, de *villas* en villas.

**LES VILLAS
DE
CHARLEMAGNE**

Ces villas étaient dispersées dans tout l'Empire, de *Paderborn* au milieu de la Saxe sur les bords de l'Elbe, à *Cassineuil* sur la Garonne près d'Agen; de *Ratisbonne* sur le Danube, à *Kiersy* sur l'Oise et à *Compiègne*. Chacune d'elles était nécessairement fort grande; car le *Palais*, c'est-à-dire l'ensemble des personnages qui entouraient l'Empereur et constituaient le gouvernement, l'accompagnait dans tous ses déplacements.

Les constructions ne devaient guère différer des constructions mérovingiennes, inspirées elles-mêmes des constructions gallo-romaines. C'étaient des édifices carrés avec des portiques en bois ouvrant sur des cours. Les portiques et l'étage inférieur d'une partie des maisons étaient ouverts nuit et jour à peu près à tout venant. Outre l'habitation personnelle de l'Empereur et les maisons réservées à sa suite, la villa comprenait les bâtiments d'exploitation et les logements des régisseurs et des ouvriers.

Charlemagne surveillait avec soin l'exploitation et l'entretien de ses propriétés ; il avait fait lui-même à ce sujet un règlement — un *capitulaire* — où il entrait dans les plus menus détails.

Il ordonnait que ses domestiques fussent traités avec justice et qu'on ne leur laissât pas perdre leur temps dans les marchés. Il voulait qu'il y eût toujours en réserve dans la villa des lits, des couvertures, des draps, des oreillers, des matelas, des nappes, afin qu'il ne fût pas nécessaire d'en chercher ou d'en emprunter ailleurs. Il entendait que, depuis le lard jusqu'à la farine,

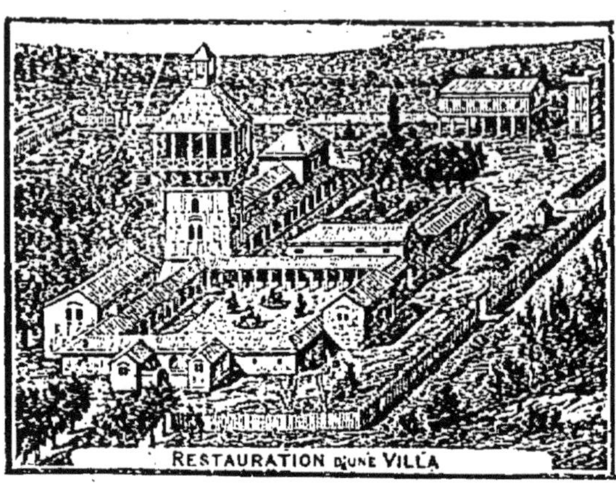

RESTAURATION D'UNE VILLA, par Ch. Garnier et Ammann.

Au premier plan, une cour entourée de portiques, supportés par des poteaux en bois ; à gauche, les bâtiments d'habitation dominés au centre par une sorte de tour carrée destinée à la défense : c'est la première ébauche du donjon des châteaux forts. Au fond, les bâtiments d'exploitation, greniers et étables.

en passant par les viandes fumées, la moutarde et le beurre, tout fût préparé avec une extrême propreté et que « personne ne foulât la vendange avec les pieds ». Il fixait le nombre de poules et d'oies qu'il devait y avoir dans chaque ferme, cent poules et trente oies au moins. Il donnait la liste des plantes à cultiver dans ses jardins, depuis les lis et les roses jusqu'aux citrouilles, aux choux, à l'ail, aux fèves, au cerfeuil. Il ordonnait de vendre les poules et les œufs qu'il y aurait en trop. Enfin, chaque année, on devait de chaque villa lui adresser « un compte exact, bien ordonné et bien divisé, afin qu'il sût ce qu'il avait et combien il en avait ». L'Empereur invitait ses régisseurs « à ne pas se formaliser s'il leur demandait toutes ces choses. Mais il voulait que ses villas lui profitassent à lui-même et non pas à d'autres. »

**'ADMINISTRA-
TION
E L'EMPEREUR
LE PALAIS**

Charlemagne sut appliquer dans le gouvernement de
l'Empire les mêmes principes d'ordre qu'il appliquait
dans l'administration de ses domaines.

Le *Palais* correspondait à ce que nous appelons
le gouvernement où l'administration centrale. Les
trois personnages principaux étaient : l'*archichapelain*, le *comte
du Palais*, l'*archichancelier*. L'archichapelain, qu'on appelait
aussi *'apocrisiaire*, s'occupait de tout ce qui concernait la
religion et les affaires de l'Église. Le comte du Palais était
une sorte de juge suprême en même temps que le chef de
l'administration civile. Le chancelier était comme le secrétaire
de l'Empire.

A côté d'eux, le *camérier* dirigeait les services des appartements, le *sénéchal* ceux de la cuisine, le *bouteillier* ceux de la
cave, le *connétable* ceux des écuries, le *maréchal des logis*
ceux des voyages. Ces charges domestiques étaient recherchées
et occupées par les premiers personnages de l'Empire.

**L'ADMINISTRA-
TION
PROVINCIALE
LES COMTES**

L'Empire était divisé en *comtés*, correspo .dants aux
anciennes cités : il y en avait trois cents environ.
Chacun d'eux était administré par un *comte* nommé
par l'Empereur, révocable à sa volonté. Le comte,
comme l'ancien gouverneur romain, réunissait tous
les pouvoirs : il était à la fois chef civil, chef militaire, chef
de la justice, préfet, général, président de tribunal, trésorier
général. Il existait aussi, et généralement sur les frontières,
des circonscriptions militaires, où l'autorité appartenait à un
général, le *duc*. On les appelait les *duchés*.

**LES
MISSI DOMINICI**

Les comtes et les ducs étaient étroitement sur-
veillés par des *inspecteurs généraux*, les *Missi
Dominici*, c'est-à-dire les envoyés du souverain. Ces
inspecteurs étaient choisis par l'Empereur parmi les
plus hauts personnages et les plus riches de l'Empire. Ils
allaient deux par deux, un ecclésiastique, un laïc, et faisaient
quatre tournées par an.

Avant de se mettre en route, ils recevaient de Charlemagne
ses instructions; à leur retour, ils devaient lui rendre compte
de leur mission, pendant laquelle ils avaient pleine et entière
autorité, comme l'Empereur lui même, sur ceux qu'ils étaient
chargés d'inspecter.

L'ARMÉE

Les inspecteurs généraux avaient surtout mission de s'assurer que la justice était exactement rendue, et de rapporter la liste des hommes qui devaient le service militaire. L'organisation de l'armée était naturellement l'une des grandes préoccupations d'un souverain toujours en guerre.

Le service militaire était dû par tous les hommes libres; mais l'Empereur ne les appelait pas tous à la fois. Quand il publiait son *heriban*, c'est-à-dire l'*ordre de mobilisation*, chacun de ceux qui étaient obligés au service devait partir pour le point de concentration le lendemain matin si l'ordre arrivait le soir, le soir même s'il arrivait le matin. Il devait avoir un bouclier, une épée ou une lance, un arc, deux cordes, douze flèches et trois mois de vivres. Celui qui possédait douze *manses*, c'est-à-dire douze fermes, servait à cheval et devait avoir une *brogne*, sorte de cuirasse faite d'écailles de métal. Ainsi, dans l'armée carolingienne comme dans les premières armées romaines, certains hommes étaient équipés d'après leur fortune.

Les comtes devaient amener des

CAVALIER CAROLINGIEN.
Musée d'Artillerie.

Restitution d'après des miniatures du temps de Charles le Chauve. Le cavalier a la tête enveloppée d'un capuchon de cuir qui ne laisse voir que les yeux, le nez, la bouche et le menton. Par-dessus, le casque de métal à haut cimier de forme étrange (voir page 89 deux guerriers à droite et à gauche de Charles le Chauve). Sur la tunique à manches, la brogne, cuirasse d'écailles de métal, prolongée par une sorte de jupon de cuir tombant aux genoux. Les jambes sont serrées dans des bandelettes. A gauche, un bouclier rond pendant à un baudrier; une longue épée attachée à un double ceinturon. Dans la main droite, une lance avec une barre d'arrêt, et un fanion.

chariots chargés de tous les outils nécessaires à une armée
en campagne, bêches, pelles, pioches, haches, scies, tarières, etc.
Pour le transport des farines et du vin, l'Empereur avait des chariots « recouverts de cuirs bien cousus ». Les membres du clergé
étaient dispensés du service personnel, parce que la religion
leur défend de verser le sang; mais ils devaient fournir des
remplaçants. La discipline, du moins en théorie, était rigou-
reuse; en route, on ne devait demander aux habitants que
« l'herbe, le bois et l'eau »; chaque jour de retard entraînait
pour les coupables la privation de vin et de viande pendant un
jour; quiconque se grisait était condamné à ne boire que de
l'eau pendant le reste de la campagne. Celui qui ne se rendait
pas à l'appel, le *réfractaire*, devait payer une énorme amende,
soixante sous d'or; enfin le déserteur était, « suivant l'ancien
usage », puni de la peine de mort.

LA CIVILISATION CAROLINGIENNE LES ÉCOLES — Les siècles pendant lesquels avait régné la dynastie
mérovingienne furent pour la Gaule et les pays
occupés par les Francs des temps de profonde ignorance. De la mort de Clotaire Ier (561) à l'avènement de
Charlemagne (771) à peine trouve-t-on deux écrivains à men-
tionner : *Grégoire de Tours* (mort en 593) et *Frédégaire* (mort en
660). Encore la *chronique* de ce dernier est-elle écrite dans le latin
le plus barbare. Nombre de membres du clergé savaient à peine
lire et ne savaient pas écrire, et le clergé cependant était seul
instruit. Les manuscrits copiés à cette époque sont pleins de
fautes et très difficiles à lire. « L'indolence de nos ancêtres, écrivait Charlemagne, avait presque réduit à rien l'étude des lettres. »

Il s'efforça de la restaurer, parce que des prêtres ignorants ne
pouvaient pas enseigner bien les vérités de la foi. Il voulut que
chaque monastère eût son école où les moines et les clercs
apprendraient la grammaire, le chant, l'histoire et la calligra-
phie, c'est-à-dire l'art d'écrire en beaux caractères. D'admirables
manuscrits presque aussi faciles à lire que nos livres imprimés,
avec de belles lettres dorées et des dessins en couleurs, sortirent
dès lors des monastères. Charlemagne voulut aussi que le peuple
pût s'instruire et qu'il y eût près de chaque église dans les
bourgs et les villages une école gratuite, tenue par le prêtre. Il
fit ouvrir dans son Palais même une école où les enfants pauvres
étaient reçus à côté des fils des nobles.

Bien des lettres adressées par l'empereur aux évêques, bien

des anecdotes témoignent de l'importance que Charlemagne attachait à l'instruction. Un jour, inspectant l'école du Palais, il se fit montrer les compositions des élèves. Celles des enfants du peuple étaient bonnes ; celles des fils des nobles « étaient gâtées par toute sorte de sottises ». « Alors, raconte le chroniqueur,

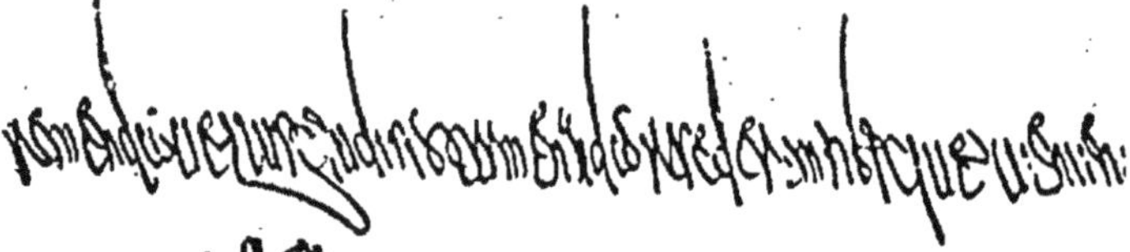

ECRITURE MÉROVINGIENNE

Premiers mots et signature d'un jugement de 658, rendu au nom de Clotaire III. Il faut lire : remendum vel justo judisio termenandum resederemus, ibique venientis.

La signature :
Theoberctus recogn.

ÉCRITURE CAROLINGIENNE. — D'après Prou.

Fragment d'un manuscrit de la vie de saint Martin, recopié probablement par un élève d'Alcuin. Ce fragment donne divers types d'écriture. La première ligne est en capitales, la seconde en onciales ; les deux sont à l'encre rouge. Les deux dernières lignes sont en minuscules. On lit facilement : Expliciunt capitula. Plerique mortalium studio et gloria saeculari inanit (er) dediti ex inde perennem, ut putabant. »

SPÉCIMENS D'ÉCRITURES MÉROVINGIENNE ET CAROLINGIENNE.

le très sage Charles, imitant la justice du juge éternel, fit passer à sa droite ceux qui avaient bien travaillé : « Grâces vous soient rendues, mes fils, leur dit-il. Appliquez-vous à atteindre la perfection ; je vous donnerai des évêchés et des monastères magnifiques, et vous serez toujours dignes d'honneur à mes yeux. » Tournant ensuite vers ceux qui étaient à gauche son visage irrité, il leur adressa d'une voix de tonnerre ces terribles paroles : « Par le Roi des Cieux, je ne fais pas grand cas de votre noblesse et de votre beauté : que d'autres vous admirent !

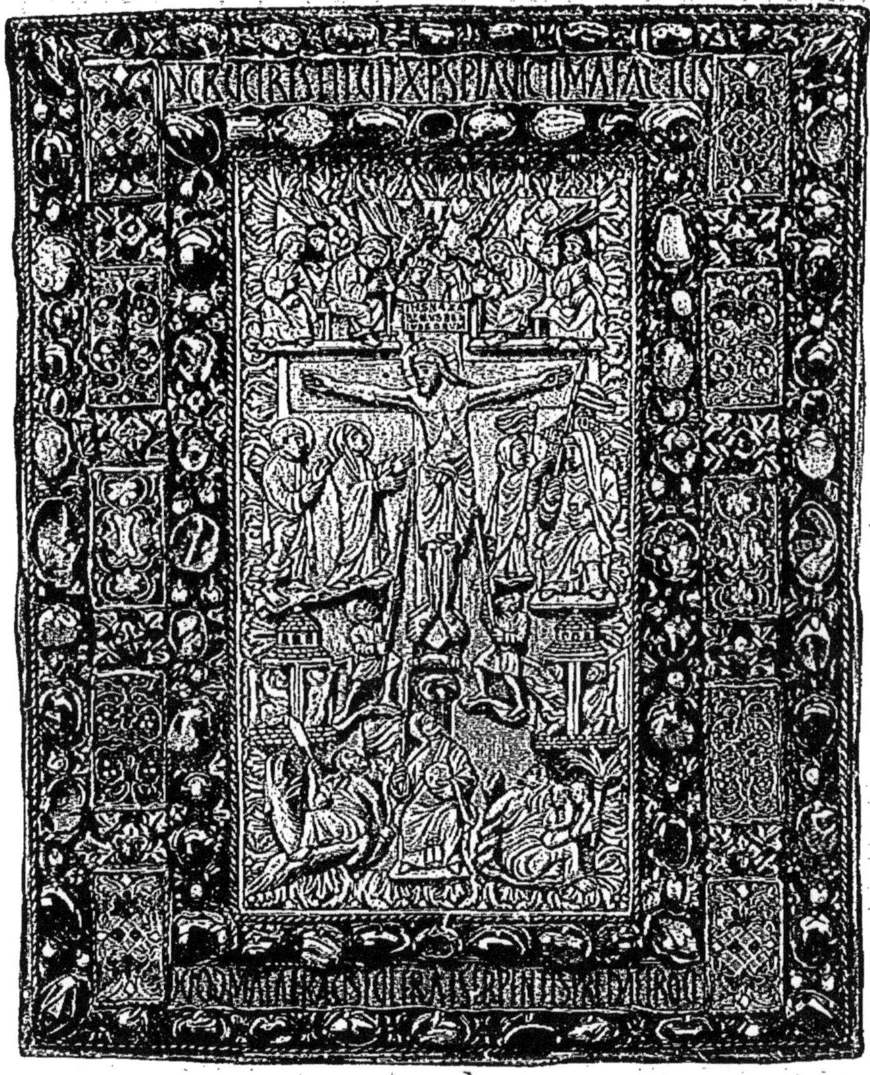

Reliure d'un recueil d'Évangiles ayant appartenu à Charlemagne
(Bibliothèque Nationale.) — Photographie Giraudon.

Au centre, une plaque d'ivoire sculpté. En haut, les quatre évangélistes. Le Christ en croix représenté plus grand que les autres personnages, comme les dieux et les rois dans les bas-reliefs égyptiens et assyriens. A gauche, la Vierge et saint Jean et un bourreau armé de la lance. A droite, un second bourreau tenant l'éponge imbibée de fiel.

L'ivoire est entouré de magnifiques émaux cloisonnés, probablement byzantins, et de nombreuses pierres précieuses. Cette reliure, d'une grande richesse, est en même temps d'un art délicat : les quatre évangélistes sont représentés dans des attitudes d'une grande vérité et très exactement rendues.

Tenez-vous-le pour dit : si vous ne réparez pas votre négligence passée par un travail assidu, vous n'obtiendrez jamais rien de Charles. »

Cette restauration des études ne fut possible que grâce au concours d'hommes instruits que Charlemagne attira auprès de lui de tous les pays : des Italiens, comme *Paul Diacre*, des Irlandais, comme *Clément*, directeur de l'École du Palais, des Bretons, comme *Alcuin*. Celui-ci, né à York en Angleterre et mort abbé de Saint-Martin, fut le principal collaborateur littéraire de Charlemagne et comme son ministre de l'Instruction publique.

LES ARTS

En même temps qu'une renaissance des études, il y eut une sorte de renaissance des arts. On peut s'en rendre compte simplement en rapprochant une monnaie mérovingienne et une monnaie de Charlemagne ou d'un de ses successeurs. Les miniatures des manuscrits d'alors, bien que d'un dessin un peu naïf, sont cependant de petits tableaux intéressants et donnent de précieux renseignements sur les costumes. Quelques monuments furent construits, comme l'église d'Aix-la-Chapelle, et l'on sut pour les décorer retrouver l'art romain de la mosaïque.

TRIENS OU TIERS DE SOU D'OR MÉROVINGIEN (val. 3f,87).

Le dessin de la tête est informe : le nez est une barre; la bouche est marquée par deux points. La légende difficile à lire : Auseius fit, donne le nom du graveur.

DENIER D'OR DE CHARLEMAGNE (valeur 5f,16).

C'est une copie assez habile de monnaie romaine. L'empereur est couronné de laurier. On lit facilement Karolus Imp. Aug. (Imperator Augustus) Charles Empereur Auguste.

LA LÉGENDE DE CHARLEMAGNE

Charlemagne mourut en 814 d'une pleurésie, à l'âge de soixante-douze ans. Il fut enseveli à Aix-la-Chapelle.

La légende transforma bien vite la physionomie réelle de Charlemagne. D'abord le fils de Pépin le Bref se trouva descendre d'Astyanax, fils d'Hector, petit-fils de Priam, roi des Troyens. On se le représenta comme un beau vieillard à longue barbe, *l'empereur à la barbe fleurie*, guerrier jamais las, dont la seule vue frappe les ennemis d'épouvante, courant le monde avec ses compagnons les *paladins*, les *douze pairs de France*, allant de la Saxe à l'Espagne, et de Jérusalem à Constantinople.

MINIATURE CAROLINGIENNE.
Extraite de la « Bible de Charles le Chauve ». (Bibliothèque Nationale.)

Charles le Chauve est assis sur un trône d'argent et d'or, avec dossier tendu d'étoffe rouge brodée d'or. Il a la couronne en tête, et un bâton en mode de sceptre à la main; il est enveloppé d'un grand manteau franc tissé d'or. A gauche et à droite, un personnage de la cour (voir page 89) et un soldat, l'un appuyé sur une lance et un bouclier, l'autre tenant une épée au fourreau. En bas, tournant le dos, les bras levés, Vivian, abbé de Saint-Martin de Tours, vêtu d'une soutane bleue et d'une dalmatique pourpre à bordure d'or, entouré de prêtres, fait hommage à Charles d'un manuscrit de la Bible, que trois clercs à gauche portent sur une étoffe blanche. Cette miniature, d'un coloris éclatant, est précieuse pour les détails des costumes. Le dessinateur, ignorant la perspective, a placé les personnages les uns au-dessus des autres pour les représenter formant un cercle autour de Charles.

« Je suis émerveillé de Charlemagne, dit le roi des Sarrasins dans *la Chanson de Roland*. A mon compte, il doit avoir au moins deux cents ans! Il a couru par tant de pays! Il a reçu tant de coups de lance et d'épée! Il a réduit tant de rois puissants à mendicité! Quand donc cessera-t-il la guerre? » — « Jamais », répond Ganelon, l'ambassadeur de Charlemagne.

Les compagnons de Charlemagne, *Roland* son neveu, *Olivier*, l'archevêque *Turpin*, deviennent eux-mêmes des personnages surhumains. Dans le val de Roncevaux où cent mille Sarrasins sont venus surprendre l'arrière-garde franque, Roland, d'un coup de sa bonne épée *Durandal*, fend de haut en bas un cavalier et son cheval! Sur les cent mille Sarrasins, deux seulement réussissent à s'échapper. Il faut une nouvelle armée de deux cent mille hommes pour accabler Roland et ses compagnons. Encore cette armée a-t-elle déjà pris la fuite lorsque Charlemagne accourt, appelé enfin par le cor de Roland près de mourir.

Ces légendes étaient familières à tous les bons soldats du Moyen Age, et quand, à la bataille d'Hastings en Angleterre, les cavaliers franco-normands de Guillaume le Conquérant commencèrent à charger l'infanterie saxonne, ils chantaient des strophes où l'on célébrait les exploits de Roland.

CATHÉDRALE D'AIX-LA-CHAPELLE.

La partie ombrée, à droite du clocher, est l'église construite du temps de Charlemagne, l'ancienne chapelle de son Palais. C'est une chapelle ronde de style roman, couverte d'une coupole on l'appelle le Dôme. Le clocher et l'autre partie de l'église sont de style gothique et ont été construits beaucoup plus tard.

CHAPITRE IX

DÉCOMPOSITION DE L'EMPIRE FRANC

DÉMEMBREMENT DE L'EMPIRE EN ROYAUMES. — LES INVASIONS
LES NORMANDS
DÉMEMBREMENT DU ROYAUME DE FRANCE EN GRANDS FIEFS
AVÈNEMENT DES CAPÉTIENS

L'empire créé par Charlemagne ne fut pas de longue durée. Moins de trente ans après la mort de son fondateur — 814-843 — il était divisé en trois royaumes. Dans la suite, au cours du ixe et du xe siècle, ces trois royaumes se morcelèrent à leur tour en une infinité de principautés, et de l'empire carolingien sortit *l'Europe féodale.*

LOUIS LE PIEUX Charlemagne eut pour successeur son fils *Louis* : ses contemporains l'avaient surnommé *le Pieux.* Plus tard, les historiens l'ont appelé *le Débonnaire.* C'était un homme juste, bon, généreux, un brave soldat; mais sa faiblesse de caractère gâtait toutes ses qualités.

En 817, il partagea l'Empire en trois royaumes et mit à la tête de chacun d'eux l'un de ses fils, Lothaire, Louis et Pépin. Ce partage était fait à l'imitation du partage de l'Empire romain par Dioclétien. En théorie, l'Empire subsistait. Les royaumes n'étaient que des divisions administratives, les rois n'étaient que les premiers des fonctionnaires. Ils restaient soumis à l'empereur; ils devaient se conformer en tout à ses instructions; ils ne pouvaient même se marier sans son consentement. Lothaire était désigné pour succéder à l'empereur et son père se l'associait.

Louis le Pieux, en 823, eut un quatrième fils, *Charles*, surnommé plus tard *le Chauve.* Louis trouva juste de lui constituer un royaume comme à ses aînés. Pour cela, il voulut prendre à chacun d'eux une part des terres qu'il leur avait données. Ils se révoltèrent. En 832, Louis le Pieux fut fait prisonnier, et dut faire amende honorable à Soissons, dans l'église de Saint-Médard, en présence de ses fils, des évêques et des grands. Agenouillé devant l'autel, il dut lire à haute voix une confession où il reconnaissait avoir été « la cause de tous les parjures, pillages, homicides, commis dans l'Empire ». Il déposa la couronne et l'épée, puis il fut enfermé dans un couvent.

L'injuste humiliation infligée par ses fils à l'empereur lui ramena l'opinion. D'autre part, Louis et Pépin ne voulurent pas reconnaître l'autorité de Lothaire. Louis le Pieux fut rétabli en 834. Pépin étant mort peu après, l'empereur donna sa succession à Charles le Chauve. De là un soulèvement nouveau au milieu duquel Louis le Pieux mourut en 840.

PARTAGE DE L'EMPIRE A VERDUN Louis et Charles le Chauve s'entendirent alors pour demander à Lothaire un nouveau partage. Lothaire s'y refusa : il fut battu à *Fontanet*, près d'Auxerre (841); quatre-vingt mille hommes restèrent sur le champ de bataille, au dire des chroniqueurs. Peu après, Louis et

SERMENT DE STRASBOURG.
Fac-similé d'un manuscrit du dixième siècle (Bibliothèque Nationale).
Ce manuscrit est presque contemporain du Serment, le premier document en langue vulgaire de notre histoire. Il est très lisible malgré quelques abréviations marquées par des signes au-dessus des mots : Pro Deo amur et pro christian poblo et nostro commun salvament, dist di en avant inquant Deus savir et podir me dunat, si salvarai eo cist meon fradre Karlo, et in adiudha et in cadhuna cosa sicum om per dreit son fradre salvar dist.

Charles resserrèrent leur alliance. A Strasbourg, en présence de leurs troupes, ils se jurèrent « pour l'amour de Dieu et pour le salut commun du peuple chrétien et le leur, de se soutenir en toutes choses, comme on se doit justement soutenir entre frères, et de ne prendre aucun arrangement avec Lothaire qui puisse être dommageable à l'un des deux. » Pour se faire comprendre des deux armées, ils prêtèrent le serment, non pas en latin, mais en langue tudesque et en langue romane. Le *Serment de Strasbourg* est le premier document en langue vulgaire de notre histoire.

En 843, Lothaire demanda la paix. Pour que le partage fût fait avec équité, cent dix commissaires dressèrent un véritable inventaire de l'Empire. Le **traité de Verdun** donna à Louis tout le pays sur la rive droite du Rhin, avec Mayence sur la rive gauche « pour sa provision de vin ». Ce fut le *royaume de Germanie*. Lothaire eut pour sa part l'Italie, la vallée du Rhône et de la Saône, et la vallée de la Meuse. Il avait ainsi les deux capitales de l'Empire, Aix-la-Chapelle et Rome, et gardait le titre d'empereur, mais sans avoir aucune autorité sur ses frères. Charles se vit attribuer tout le pays le long de la mer, les bassins de l'Escaut, de la Seine, de la Loire et de la Garonne. Ce fut le *royaume de France*.

CAUSES DU DÉMEMBREMENT DE L'EMPIRE — Le démembrement de l'Empire a eu pour causes, d'abord son immensité. Mesurant près de seize cents kilomètres en tout sens, de la Hongrie actuelle à l'Atlantique, de l'Oder en Allemagne à l'Èbre en Espagne, de la Baltique à la Méditerranée, il était, par suite de la difficulté des communications, plus grand que ne serait aujourd'hui un empire comprenant l'Europe entière. Un seul homme — à moins qu'il n'eût le génie de Charlemagne — ne pouvait suffire au gouvernement d'un si grand État.

D'autre part, les peuples réunis dans cet État n'avaient entre eux rien de commun. Saxons, Espagnols, Francs, Italiens, Avars, Aquitains, Gallo-Francs n'étaient pas de même race; ils étaient à des degrés très différents de civilisation; ils ne parlaient pas la même langue.

L'ambition des fils de Louis le Pieux, leur volonté d'être chacun souverain dans un État pleinement indépendant et de n'avoir personne au-dessus d'eux, furent les dernières causes du partage de l'Empire.

IMPORTANCE DU PARTAGE DE VERDUN — Le partage de Verdun a définitivement séparé les deux extrémités de l'ancien Empire franc, la *Francie orientale* et la *Francie occidentale*. La première est devenue le *royaume de Germanie*, aujourd'hui l'**Allemagne**. La seconde est devenue la **France**.

Entre les deux le royaume de Lothaire se disloqua en moins de
cinquante ans : il se divisa en royaume d'*Italie* au delà des
Alpes, en royaume de *Bourgogne*, plus tard royaume d'*Arles*

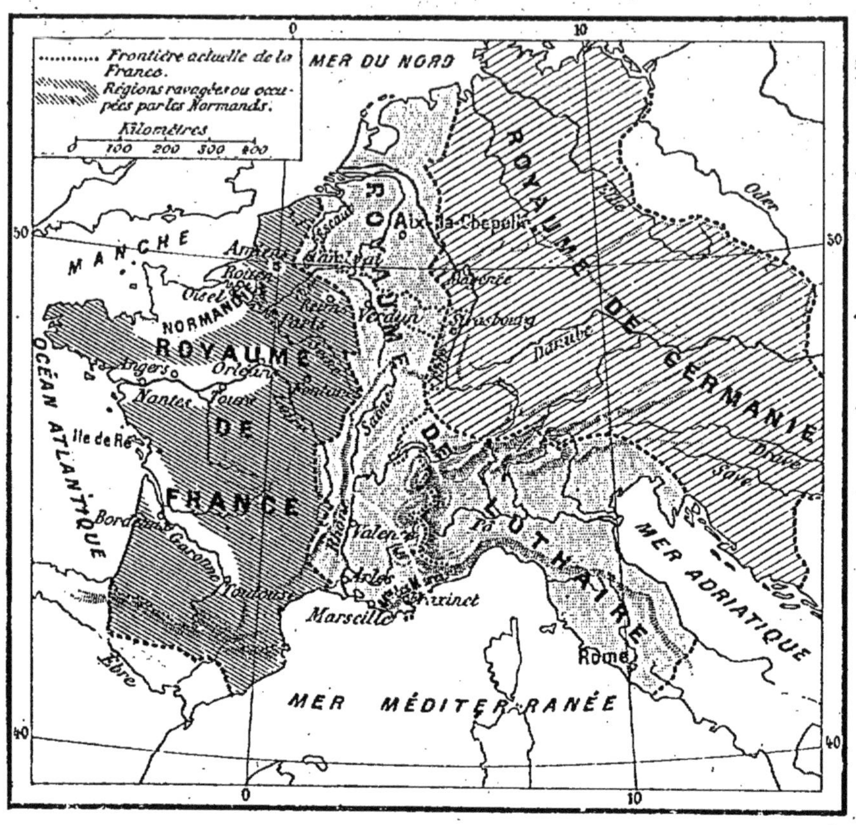

LE PARTAGE DE VERDUN. — LES INVASIONS NORMANDES.

dans la vallée de la Saône et du Rhône, en *Lotharingie* dans
la vallée de la Meuse. La Lotharingie dans la suite s'est appelée
la **Lorraine**. Elle est depuis dix siècles le champ de bataille de
l'Allemagne et de la France, qui commencèrent à se la disputer
au lendemain même du traité de Verdun.

REGRETS CAUSÉS PAR LE PARTAGE — Le partage de l'Empire causa de vifs regrets parmi
les membres du clergé. Pour eux, l'ancienne unité
romaine était l'idéal politique. De même qu'il n'y
avait qu'un chef spirituel de la chrétienté, le *Pape*, il
ne devait y avoir qu'un souverain temporel, l'*Empereur*. Florus,
diacre de l'église de Lyon, traduisit leurs regrets en dés vers
pittoresques et pleins d'ingénieuses comparaisons : » Un bel

Empire florissait sous un brillant diadème; il n'y avait qu'un prince et qu'un peuple. Déchue maintenant, cette grande puissance a perdu à la fois son éclat et le nom d'Empire. Ce royaume naguère si bien uni est divisé en trois lots; au lieu de roi on voit des roitelets, et au lieu de royaume des lambeaux de royaume. Le bien général est oublié, chacun s'occupe de ses intérêts. L'État est comme une muraille; tout penche, le ciment est tombé, toutes les parties sont ébranlées. »

DÉMEMBREMENT DES ROYAUMES. LES INVASIONS BARBARES Le désastre devait être plus grand encore que ne l'imaginait le diacre Florus. Les trois morceaux de la muraille qui penchait devaient s'écrouler, disloqués en centaines de moellons et chacun des trois lambeaux de royaume, France, Germanie, Lotharingie, devait à son tour être démembré en de nombreuses principautés. Ces démembrements, particulièrement en France, s'opérèrent comme s'était opéré le démembrement de l'Empire romain, sous l'action des Barbares et de *nouvelles invasions.*

Ces invasions se produisirent sur toutes les frontières à la fois.

A l'est, la Germanie fut attaquée par des peuples slaves, entre autres les *Tchèques* en Bohème, puis par un peuple de race jaune, les *Hongrois*, parents des Huns et des Avars établis dans la grande plaine du Danube. Au dixième siècle, les Hongrois poussèrent jusqu'en Lorraine et en Champagne, jusque dans la Provence et le Languedoc.

Au sud, les *Sarrasins* Musulmans, venant d'Afrique, ravagèrent les pays riverains de la Méditerranée, les côtes d'Italie, la Provence : là, ils s'établirent à demeure dans les montagnes qui s'appellent encore aujourd'hui les *Monts des Maures*. Ils y bâtirent la citadelle de *Fraxinet*, aujourd'hui la Garde-Freinet.

A l'ouest, par la Manche et l'océan Atlantique, s'abattaient sur la France les plus redoutables de tous les envahisseurs, les *Normands.*

LES NORMANDS Les Normands venaient du Danemark et de la presqu'île Scandinave, aujourd'hui la Norvège et la Suède. Ils étaient de race germanique : ce qui a été dit précédemment du type, du costume et de l'armement des

Germains doit leur être appliqué. La *bande de guerre* existait chez eux comme chez les Germains . seulement, les guerriers opéraient par mer. Leur religion était la vieille religion germanique, l'*Odinisme*. On a même proposé d'expliquer leurs incursions en France par le fanatisme religieux et le désir de venger l'Odinisme chassé de la Saxe par Charlemagne. Mais les causes les plus probables de leurs expéditions sont : la pauvreté du pays, une population trop nombreuse et le caractère aventureux des Normands. En effet, ils n'attaquèrent pas seulement l'ancien Empire de Charlemagne : ils ravagèrent aussi l'Angleterre, ils se jetèrent sur la Russie et poussèrent même à travers le continent jusqu'à la mer Noire.   -

Il furent d'intrépides marins. Sur des barques non pontées, longues de vingt-cinq mètres au plus, ils affrontaient la mer du Nord, l'une des plus mauvaises de l'Europe. L'avant de ces grandes chaloupes se terminait par une pointe aiguë ou par une tête d'animal fantastique ; elles portaient un mât, se manœuvraient à la voile ou à la rame, et pouvaient embarquer de soixante à soixante-quinze hommes dont trente rameurs. Les Normands se vantaient de ne pas redouter la tempête ; l'ouragan, disaient-ils, était leur serviteur ; il les poussait là où ils voulaient aller.

A terre, ils devenaient d'excellents soldats. Cachés pendant le jour dans quelque repli du rivage, ils surprenaient à la nuit tombante le plus prochain village. Avec les chevaux qu'ils y trouvaient, ils improvisaient une cavalerie. Ils pouvaient ainsi exécuter des coups de main à longue distance, de véritables *raids*. La soudaineté de leur apparition épouvantait les populations et paralysait la défense. Ils passaient, pillant et incendiant, puis revenaient à leurs bateaux et s'en allaient plus loin à la recherche de nouveaux pillages.

Ils excellaient aux ruses de guerre quand ils ne se sentaient pas assez nombreux pour triompher de vive force de leurs adversaires. Un de leurs chefs les plus célèbres, *Hastings*, ne pouvait forcer les murailles d'une petite ville d'Italie, Luna, dont l'évêque faisait bonne garde. Les compagnons d'Hastings annoncèrent à l'évêque que leur chef était mort en se convertissant au christianisme et en demandant qu'on l'ensevelît dans l'église de Luna. L'évêque consentit à célébrer les funérailles. A peine le cercueil était-il déposé devant l'autel, Hastings, soulevant le couvercle, se dressa l'épée à la main ; ses compagnons tirèrent les armes cachées sous leurs vêtements. L'évêque et les assistants furent massacrés et les Normands mirent à sac la ville.

Au début, l'expédition ou, comme ils disaient, « la moisson d'été » terminée, les bateaux chargés de butin, les Normands regagnaient leur pays, comme font aujourd'hui nos marins de Bretagne ou de Normandie, quand ils ont achevé leurs pêches sur les bancs de Terre-Neuve ou en Islande. Dans la suite ils occupèrent des îles ou quelque point facile à fortifier et à défendre aux embouchures des fleuves; ils y créèrent des camps retranchés et s'établirent ainsi d'une façon permanente dans les pays qu'ils ravageaient.

ES NORMANDS EN FRANCE — Les pillards Normands paraissent avoir eu une préférence pour la terre de France. L'un d'eux, *Regnard Lodbrog*, la proclamait « bonne et fertile, et remplie de toutes sortes de biens que les habitants craintifs ne savaient pas défendre ». Nos fleuves, Seine, Loire, Gironde, furent pour eux comme des boulevards qui leur donnaient accès fort loin dans l'intérieur. Ils débutèrent en 841 par le pillage de Rouen. Dès lors et jusqu'à 912, date à laquelle une partie du territoire français leur fut cédé, ils ne cessèrent pas d'assaillir le pays.

Sur la Loire, ils pillèrent Nantes, Orléans, et poussèrent jusqu'en Auvergne. Sur la Garonne, ils pillèrent Bordeaux et Toulouse. Ils franchirent même le détroit de Gibraltar et ravagèrent les bords du Rhône jusqu'à Valence. Dans le Nord on les vit à Cambrai, à Amiens, à Reims. Sur la Seine, ils s'établirent en permanence dans l'île d'*Oissel*, près de Rouen, et quatre fois en quarante ans (845-856-861-885) remontèrent jusqu'à Paris.

LE SIÈGE DE PARIS — Les trois premières fois on acheta la retraite des Normands à prix d'argent. Mais en 885 les Parisiens, dirigés par leur évêque *Goslin* et leur comte *Eudes*, refusèrent de payer rançon et se mirent en devoir de barrer aux envahisseurs le passage vers la haute Seine et la Marne. Les Normands mirent le siège devant la place : ils étaient trente mille, montés sur sept cents barques. La ville se réduisait à *l'île de la Cité*. Deux ponts en bois élevés sur l'emplacement du pont au Change et du pont Saint-Michel la reliaient à la terre. Chacun était défendu par une tour. Contre la tour de la rive droite, les Normands épuisèrent en vain toutes les ressources de l'art des sièges au moyen âge. Ils essayèrent de la faire crouler par la *mine*, c'est-à-dire en creusant le sol au-dessous des fondations; ils voulurent ouvrir une brèche à l'aide de *béliers*; ils tentèrent l'assaut à l'aide de tours roulantes à trois étages. Ils poussèrent contre les ponts des barques chargées de paille enflammée. Tout échoua. Les assiégés saisirent et soulevèrent les béliers avec des chaînes, versèrent sur les assaillants de l'huile bouillante et de la poix fondue et les écartèrent à coups de flèches. Les Normands restèrent inutilement plus d'un an sous les murs de la place. En 886 une armée vint au secours de Paris. Mais Charles le Gros, roi de Germanie et empereur, qui la commandait, au lieu de livrer bataille donna sept cents livres d'argent aux Normands pour leur faire lever le siège; en outre il les autorisa à aller piller la Bourgogne. Les Parisiens se refusant toujours à livrer le passage sous les ponts, les Normands durent tirer leurs barques à terre pour contourner Paris et regagner la Seine plus haut.

ÉTABLISSEMENT DES NORMANDS EN FRANCE — Vingt-cinq ans plus tard, plus de vingt mille Normands étaient établis à l'embouchure de la Seine. Leur chef *Rollon* s'était emparé de Rouen et se trouvait en fait maître du cours inférieur de la Seine et de la plus grande partie du pays, depuis la presqu'île du Cotentin jusque vers la Somme. Le roi *Charles le Simple*, petit-fils de Charles le Chauve, offrit à Rollon de lui donner tout ce territoire, le titre de duc, sa fille en mariage, à condition qu'il se convertît au Christianisme et qu'il reconnût le roi de France pour son souverain. Rollon accepta dans une entrevue qui eut lieu à Saint-Clair sur les bords de la petite rivière de l'Epte.

Le traité de *Saint-Clair-sur-Epte* mit fin aux invasions normandes. Les Normands vinrent désormais s'établir pacifiquement dans le pays cédé à Rollon et qui s'appela du nom de ses conquérants la **Normandie**. Ce fut bientôt l'une des régions les plus prospères de la France. Rollon se montra un chef habile, fit régner l'ordre et rendit à tous une exacte justice. Les Normands se convertirent au christianisme et ne tardèrent pas à oublier la langue de leur première patrie. Devenus Français, ils gardèrent pourtant un caractère original, l'esprit entreprenant, le goût des aventures et des expéditions lointaines. Ils devaient dans la suite conquérir l'Angleterre, la Sicile, le sud de l'Italie, et dans les Croisades ils jouèrent en Orient un rôle très important.

CONSÉQUENCES DES INVASIONS NORMANDES

Les invasions n'eurent pas seulement pour conséquence l'établissement des Normands en France. Les princes de la famille carolingienne, dans la lutte contre les envahisseurs, se montrèrent faibles, incapables, et parfois même firent preuve de lâcheté.

Au lieu de combattre, Charles le Chauve acheta moyennant sept mille livres d'argent la retraite des Normands, quand en 845 ils se présentèrent pour la première fois devant Paris. On a vu que Charles le Gros, fils de Louis le Germanique, agit de même en 886.

Cette faiblesse et cette lâcheté des rois contribuèrent à modifier l'organisation de la société, provoquèrent des transformations politiques et aboutirent à un changement de dynastie.

LES CHATEAUX FORTS, LES SEIGNEURS

Les rois ne s'occupant pas de la défense, les grands propriétaires se mirent en devoir de se défendre eux-mêmes. Chacun organisa une troupe de soldats et se construisit un ou plusieurs camps retranchés, *castella*, dont les fortifications étaient encore très simples, mais constituaient un asile suffisant pour le maître, sa famille, ses serviteurs et ses richesses. Le pays commença ainsi à se couvrir de *châteaux forts*.

Les petits propriétaires, trop faibles pour se défendre seuls, et les paysans, qui en certaines régions, dans la peur du pillage, n'osaient même plus cultiver la terre, vinrent naturellement se grouper dans le voisinage des châteaux forts et demandèrent aux grands propriétaires de les protéger. Cela s'appelait se *recommander*. La protection était accordée moyennant certains engagements. Le protégé promettait au protecteur de lui obéir, de le servir soit par les armes, soit en travaillant la terre, et de lui être fidèle. Le protégé devenait ainsi un véritable sujet du protecteur que l'on appelait le **seigneur**. *On obéissait du seigneur à qui l'on avait prêté serment de fidélité avant d'obéir au roi auquel on n'avait prêté aucun serment, et on n'obéit plus au roi que par l'intermédiaire du seigneur.*

L'autorité directe du roi sur ses sujets se trouva ainsi supprimée. Il est à remarquer que Charles le Chauve, ne pouvant empêcher cette transformation, autorisa, puis *obligea* ous ceux de ses sujets qui ne l'avaient pas encore fait à se choisir un seigneur.

DÉMEMBREMENT DU ROYAUME LES FIEFS, LE RÉGIME FÉODAL

Dans le même temps, les fonctionnaires royaux, comtes et ducs, s'efforçaient d'échapper le plus possible à l'autorité du roi, et de transformer les comtés et les duchés dont ils étaient gouverneurs en de véritables petits royaumes dont ils seraient les rois. Dès le règne de Charles le Chauve, leurs fonctions étaient en fait devenues héréditaires : l'usage était que le fils succédât au père. Dès lors, le roi n'eut plus d'autorité réelle sur des fonctionnaires qu'il n'avait pas le pouvoir de révoquer.

Le roi resta cependant de nom maitre des comtés et des duchés; il était censé en avoir seulement abandonné la *jouissance*, comme fait un propriétaire qui nous loue sa maison. Les territoires ainsi cédés étaient appelés **bénéfices** ou **fiefs**. Celui qui donnait le fief s'appelait le **suzerain**, celui qui le recevait le **vassal**.

En échange de la jouissance du fief, le comte ou le duc devait, comme celui qui s'était choisi un seigneur, rendre *hommage* au roi, lui jurer fidélité et s'engager à le servir : à l'*armée* comme soldat, dans les *procès* comme juge. Ces services n'étaient pas dus en tout temps, ni selon le bon plaisir du *roi*, comme les aurait dus un *sujet*. Ils étaient dus seulement dans des conditions fixées à l'avance par un véritable *contrat* passé entre le *suzerain* et le *vassal*. Par exemple, le roi était en droit d'exiger chaque année du comte de Champagne le service à l'armée ou *service d'ost* pendant un nombre de jours déterminé, trente ou quarante jours : son temps de service accompli, le comte avait le droit absolu de se retirer et de rentrer chez lui, fût-ce au milieu d'une expédition.

Dans son fief, le comte commandait l'armée, rendait la justice, percevait les redevances; il était roi. Comme le roi il avait le droit de guerre, le droit de battre monnaie. A son tour, il avait au-dessous de lui des gens auxquels il concédait des parties du fief ou bien qui lui avaient demandé protection. Ils lui étaient liés et il leur était lié par un contrat; ils lui devaient l'hommage; ils étaient ses vassaux.

On aboutit de la sorte et à la longue à une nouvelle organisation de la société, dans laquelle tous les hommes étaient subordonnés les uns aux autres et formaient comme une échelle. Leurs droits et leurs devoirs réciproques étaient définis et fixés par des contrats. Cette organisation est connue dans l'histoire sous le nom de **Féodalité** ou **Régime féodal. Ce** *régime ne fut pas particulier à la France : il a existé dans toute l'Europe.* Les derniers restes ne disparurent chez nous qu'à la Révolution, en 1789.

LES GRANDS FIEFS   Vers la fin du dixième siècle, les principaux fiefs étaient au Nord de la Loire, dans *la France proprement dite* :

Le Comté de Flandre ;
Le Duché de Normandie ;
Le Comté, plus tard Duché de Bretagne ;
Le Comté d'Anjou ;
Le Comté de Blois ;
Le Comté de Champagne ;
Le Duché de Bourgogne.

Au Sud de la Loire, dans *l'ancienne Aquitaine*, on trouvait :

Le Comté de Poitiers, dit encore Duché d'Aquitaine ou de Guyenne ;
Le Duché de Gascogne ;
Le Comté de Toulouse ;
Le Comté de Barcelone.

Il y avait, en outre, un certain nombre de *fiefs ecclésiastiques*, c'est-à-dire dont les possesseurs étaient des évêques. Les plus importants étaient les évêchés-comtés de Tournai, de Beauvais, de Noyon, de Laon, de Châlons, de Langres, de Reims.

DISPARITION DES CAROLINGIENS   Tout ce que les Carolingiens perdirent de popularité pendant les invasions, une famille nouvelle le gagna par l'énergie qu'elle mit à combattre les envahisseurs. Le premier personnage connu de cette famille, *Robert le Fort*, était un riche propriétaire des bords de la Loire. Charles le Chauve le nomma duc et le chargea en cette qualité de la défense du pays entre les cours inférieurs de la Seine et de la Loire. Robert fut pour les Normands un adversaire redoutable. Son nom était déjà célèbre quand il fut tué par une flèche normande en attaquant l'église de *Brissarthe*.

Son fils **Eudes** était comte de Paris quand les Normands vinrent assiéger la ville en 885. Son rôle fut héroïque : il traversa les lignes des assiégeants pour aller chercher des secours ; puis, sa mission remplie, il traversa de nouveau l'armée normande pour venir reprendre sa place au danger dans Paris. Aussi la couronne de France se trouvant vacante, en 887,

Eudes fut-il *élu roi*, bien qu'il y eût encore des princes de la famille carolingienne.

Cette élection mit fin pour un temps à la monarchie héréditaire telle qu'elle existait depuis Pépin le Bref. Les grands, à la mort de chaque roi, prétendirent désormais disposer de la couronne et en disposèrent en fait pendant un siècle. Depuis la mort d'Eudes (898) jusqu'à 987 la couronne passa et repassa d'une dynastie à l'autre. Eudes eut ainsi pour successeur un Carolingien, Charles le Simple. C'est que les Carolingiens avaient conservé des partisans. C'est aussi que les comtes trouvaient profitables ces changements de dynastie qui achevaient de ruiner l'autorité royale. L'un d'entre eux, *Hugues* surnommé *le Grand*, neveu de Eudes, pouvant se faire donner la couronne, jugea plus avantageux d'en disposer et de la faire à deux reprises attribuer à des princes carolingiens. Ceux-ci durent chaque fois payer son concours en lui abandonnant quelques territoires et les rares villes qui leur appartenaient encore. Le dernier d'entre eux, Louis V, disait qu'il ne lui restait plus même une pierre où reposer sa tête. Il mourut sans enfant en 987.

Alors les évêques et les comtes se réunirent à *Noyon* pour nommer son successeur. Il y avait encore un prince carolingien, Charles de Lorraine, oncle de Louis V. Mais comme les Carolingiens étaient ruinés et qu'on ne pouvait plus rien espérer d'eux, on écarta Charles et l'on élut un fils de Hugues le Grand, **Hugues Capet**. Ce fut le vrai fondateur de la dynastie Capétienne.

NAVIRE NORMAND. — Photographie de la tapisserie de Bayeux.

Le navire aborde. En avant à droite un homme, jambes nues, s'est mis à l'eau pour jeter l'ancre. A gauche, en arrière le gouvernail, tenu par un autre homme. L'avant et l'arrière sont terminés par des têtes de dragons : d'où le nom de « dragons » donné aux bateaux normands.

CHAPITRE X

LA FRANCE — LES CAPÉTIENS
EXTENSION DU DOMAINE ROYAL DE 987 A 1328
PHILIPPE AUGUSTE

De 987 à 1328, la couronne de France a appartenu à la *dynastie capétienne*. Cette dynastie a compté quatorze rois : Hugues Capet, Robert le Pieux, Henri Ier, Philippe Ier, Louis VI le Gros, Louis VII le Jeune, **Philippe Auguste** (1180-1223), Louis VIII, **Louis IX** (1226-1270), Philippe III le Hardi, **Philippe IV le Bel** (1285-1314), Louis X le Hutin, Philippe V le Long, Charles IV le Bel.

Trois de ces rois, Philippe Auguste, Louis IX, Philippe le Bel, eurent une importance exceptionnelle. Mais tous les rois capétiens travaillèrent d'un effort persévérant à une même œuvre qui fut considérable, **l'unification de la France**, morcelée en grands fiefs depuis la fin de la dynastie carolingienne.

LE ROYAUME A L'AVÈNEMENT DES CAPÉTIENS

En 987, le royaume de France avait pour limites : au Nord, la mer du Nord et les embouchures de l'Escaut; au Sud, le Llobregat en territoire espagnol et les Pyrénées; à l'Est, la frontière suivait à peu près l'Escaut, la Meuse depuis Mézières jusqu'à sa source, la Saône, les Cévennes, l'Ardèche et la branche occidentale du delta du Rhône.

C'était, avec un quart de la Belgique actuelle et un fragment de l'Espagne, toute la France de l'Atlantique et le Languedoc, environ soixante-trois de nos départements.

Le royaume était composé de principautés héréditaires, duchés et comtés, les *grands fiefs* dont on a vu la liste précédemment. Les principautés étaient indépendantes les unes des autres. Dans chacune d'elles le duc ou le comte était souverain. Ducs et comtes étaient les *vassaux* et non les *sujets* du roi.

LE DOMAINE ROYAL

Le roi était un seigneur élu par d'autres seigneurs. Comme eux il possédait des terres, des châteaux, des villes qu'il avait hérités de ses ancêtres; c'est ce qu'on appelait le **domaine royal**. Ce domaine consistait en une étroite bande de terre, une sorte de cou-

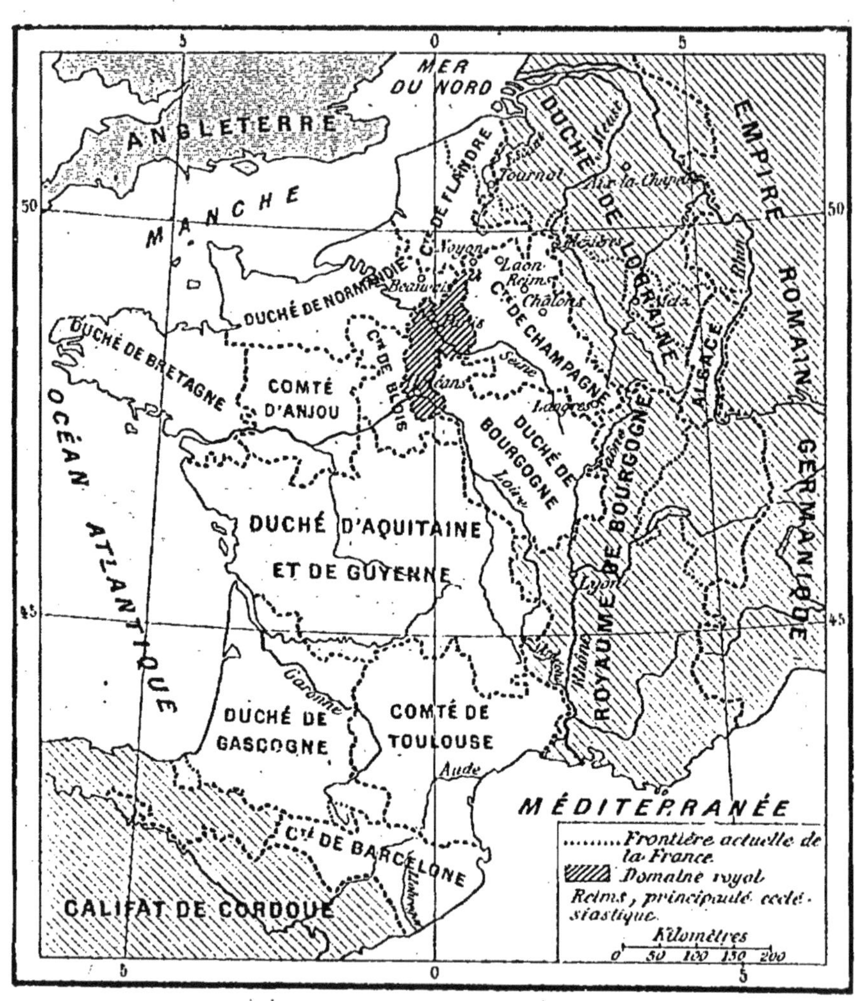

LE ROYAUME ET LE DOMAINE ROYAL A L'AVÈNEMENT DES CAPÉTIENS.

loir resserré entre le duché de Normandie et le comté de Blois, le comté de Champagne et le duché de Bourgogne. Il allait de Compiègne à Orléans, et comprenait un fragment de l'Ile de France et de l'Orléanais. On y trouvait deux villes importantes : Paris, Orléans. Le domaine royal équivalait à peine à *deux* de nos départements. Encore y avait-il, enclavées au milieu du domaine, des seigneuries dont les possesseurs, vulgaires brigands, empêchaient le roi de circuler librement sur ses terres. Le domaine royal était *le plus petit* des grands fiefs. *Le roi était le moins riche et le moins puissant des grands seigneurs.*

Il n'y avait ni gouvernement ni administration du royaume. Il n'y avait pas de fonctionnaires comme au temps de Charlemagne. Personne ne représentait le roi dans les grands fiefs; les ordres qu'il donnait n'étaient exécutoires que sur ses terres personnelles. *Le roi ne gouvernait et n'administrait que son domaine.*

LES PREMIERS CAPÉTIENS LE SACRE Hugues Capet (987-996) et ses trois premiers successeurs, Robert le Pieux, Henri Ier et Philippe Ier, furent donc des souverains sans grande puissance, et leur histoire qui occupe cependant un siècle (987-1108) ne renferme aucun fait important. Ce qui ajoutait à leur faiblesse, c'est que la couronne était *élective*. Ceux qui avaient élu Hugues Capet à Noyon pouvaient être tentés à sa mort d'élire un autre que son fils.

Pour échapper à ce danger, Hugues Capet eut l'idée de faire *élire et sacrer* son fils, lui vivant. On sait quelle était l'importance du *sacre*. Celui qui avait été sacré était considéré comme *l'élu de Dieu* et les hommes ne pouvaient désormais refuser la couronne à « l'Oint du Seigneur ». Pendant deux siècles la précaution prise par Hugues Capet le fut aussi par tous ses descendants, jusqu'à Philippe Auguste. Avec celui-ci la dynastie capétienne devint assez puissante pour que personne ne pût penser à lui enlever la couronne et pour que toute précaution devînt inutile.

Pendant le règne de Philippe Ier, deux grands événements se produisirent. En 1066 le duc de Normandie, Guillaume le Bâtard, fit la *conquête de l'Angleterre*. En 1095, la *première croisade* fut prêchée à Clermont, en Auvergne. Philippe Ier n'y prit aucune part.

LOUIS LE GROS LOUIS LE JEUNE Louis VI (1108-1137) surnommé *l'Éveillé*, puis dans la suite *le Gros*, fut un souverain actif et énergique, un vrai soldat intrépide et tenace, payant partout de sa personne. Il passa trente-quatre ans à détruire les brigands installés dans le domaine, notamment les seigneurs de

Montlhéry et du Puiset. A sa mort le domaine royal était unifié et l'autorité du roi y était partout incontestée.

Avec Louis VII le Jeune (1137-1180), la puissance des rois capétiens grandit tout d'un coup. Louis avait épousé Eléonore

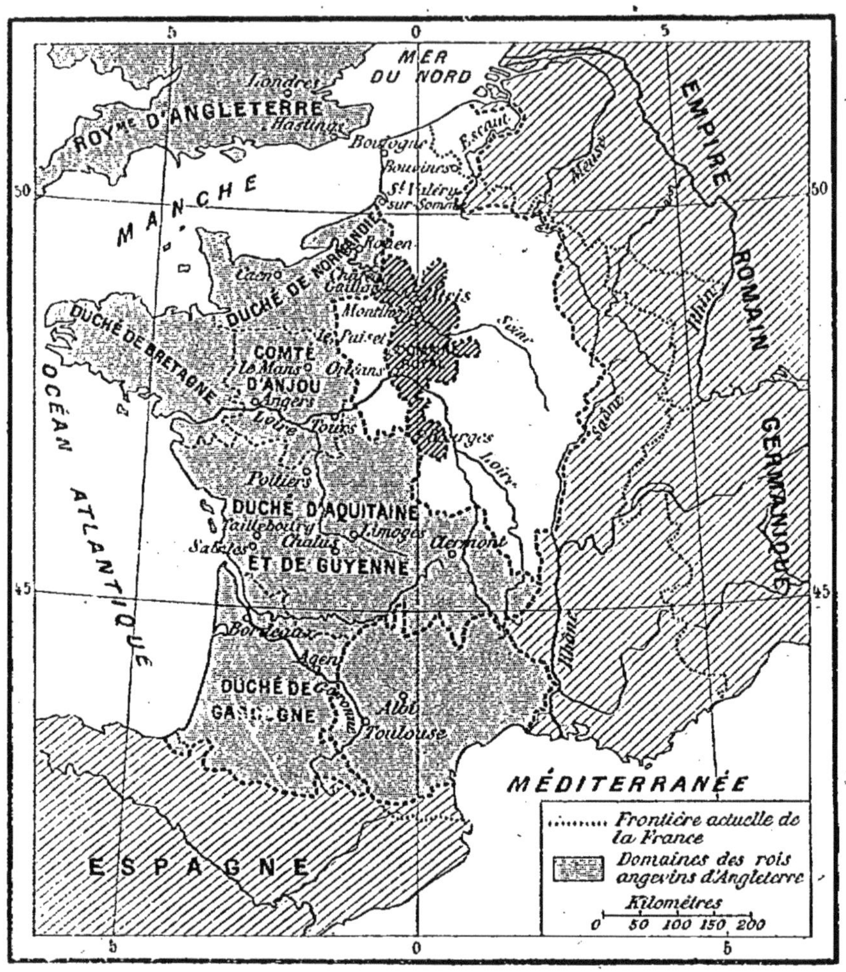

d'Aquitaine, héritière de la plus grande partie du pays compris entre la Loire et les Pyrénées. Par ce mariage le roi était devenu le plus grand et le plus riche propriétaire du royaume. Malheureusement, au retour de la seconde croisade, il répudia Eléonore. Celle-ci reprit ses biens et épousa un vassal du roi de France, *Henri Plantagenet*.

RIVALITÉ DES CAPÉTIENS ET DES PLANTAGENETS

Or, Henri Plantagenet possédait déjà l'*Anjou*, le *Maine*, la *Touraine* et la *Normandie*. En y ajoutant les biens de sa femme il se trouvait maître de toute la France maritime, du cours inférieur de la Seine, de la Loire et de la Gironde : environ trente-cinq de nos départements, *sept ou huit fois le domaine royal*. Deux ans après son mariage Henri Plantagenet devenait roi d'Angleterre (1154) sous le nom d'*Henri II*.

Un vassal aussi puissant était dangereux pour les rois de France. Il fallait l'abaisser : sinon les Capétiens couraient le risque d'être écrasés quelque jour par les Plantagenets. La rivalité entre les deux familles dura près d'un siècle. Elle donna lieu à une guerre qui, commencée sous Louis VII en 1154, ne se termina que sous Louis IX en 1242. Ce fut une *première guerre de Cent ans*. C'est de cette guerre que sortit en grande partie la puissance des Capétiens. Les épisodes les plus importants se sont déroulés pendant le règne de Philippe Auguste.

PHILIPPE AUGUSTE

Philippe Auguste (1180-1223) fut roi à quinze ans. Les historiens de son temps l'ont appelé *prudens* et *sapiens*, avisé et sage. Sa sagesse était souvent ruse et dissimulation. C'était un diplomate raffiné, un politique peu scrupuleux, qui jugeait bon tout acte qui lui paraissait profitable. Il était actif, patient et tenace, très habile à profiter des événements et même à les faire naître. Ses contemporains ont dit *qu'il aimait la paix plus qu'un moine*. En réalité, il était très brave : mais à la différence de ses contemporains, il n'aimait pas la guerre pour elle-même, pour les beaux coups d'épée qu'on y pouvait frapper, pour la réputation de preux chevalier qu'on y pouvait acquérir. Il ne la faisait que par nécessité et pour le profit. Il la fit presque constamment aux Plantagenets. Pendant les quarante-trois années de son règne il ne laissa jamais passer deux printemps sans guerroyer contre eux.

PHILIPPE AUGUSTE ET RICHARD CŒUR DE LION

Philippe Auguste eut d'abord pour auxiliaires les fils même d'Henri II, notamment *Richard Cœur de Lion*. Celui-ci réclamait de son père, qui s'y refusait, la cession immédiate d'une partie de ses possessions de France. Il prit les armes et se réfugia auprès de Philippe Auguste. Celui-ci l'accueillit et le traita en ami intime : suivant l'usage du temps ils couchaient dans le même lit et mangeaient dans la même assiette. Henri II fut vaincu par les deux amis (1189). Il mourut de l'humiliation de sa défaite et de la douleur qu'il éprouva en apprenant que son dernier fils, « son cœur, son bien-aimé » Jean sans Terre était secrètement d'accord avec Philippe Auguste et Richard.

Richard, devenu roi d'Angleterre, et Philippe Auguste partirent ensemble l'année suivante pour la troisième Croisade. Mais en 1191, Philippe Auguste abandonna l'expédition pour rentrer en France. Avant de partir il jura à Richard de protéger ses terres et ses hommes « avec le même soin qu'il mettrait à défendre sa propre ville de Paris ». Richard, revenant à son tour de la Croisade, tomba aux mains de son ennemi le duc d'Autriche, qui le livra à l'empereur Henri VI. Philippe Auguste offrit à l'empereur de grosses sommes pour qu'il gardât Richard prisonnier. En même temps il négociait avec Jean sans Terre; il le reconnaissait roi d'Angleterre, moyennant cession de la Normandie.

Brusquement Richard, remis en liberté contre une forte rançon, reparut. « Le diable était lâché » : Jean s'empressa d'abandonner Philippe. Une guerre de cinq années fut malheureuse pour le roi de France. L'intervention du pape amena la signature d'une trêve (1199). Quelques semaines après, Richard allait se faire tuer misérablement en Limousin devant le château de Chalus, pour la conquête d'un trésor qu'on y disait caché.

CONQUÊTE DE LA NORMANDIE — *Jean sans Terre* lui succéda. Mais Philippe Auguste déclara que les fiefs des Plantagenets en France devaient revenir à Arthur de Bretagne, fils d'un frère aîné de Jean. Il somma donc Jean sans Terre de restituer à Arthur la Normandie, le Maine, l'Anjou, la Touraine et le Poitou. Jean s'y refusa. Alors Philippe Auguste, souverain justicier de ses vassaux, cita Jean à comparaître à jour fixé devant les juges royaux de Paris. Jean ne se présenta pas. Les juges le déclarèrent pour ce seul fait *félon*, c'est-à-dire coupable de trahison et de révolte, et, conformément à l'usage, prononcèrent la confiscation de ses fiefs (avril 1202). Peu après Arthur était battu et pris par l'armée anglaise en Poitou (juillet 1202). Jean le fit transférer à Rouen et le supprima on ne sait à quelle date. La rumeur publique accusa Jean d'avoir lui-même poignardé son neveu, la nuit, sur un bateau au milieu de la Seine.

Philippe Auguste envahit la **Normandie** à l'automne de 1203. Il prit, après six mois de siège, le formidable *Château-Gaillard* sur la Seine, près des Andelys. Il occupa les principales villes et finalement bloqua Rouen. Jean avait fui en Angleterre. Les Rouennais lui demandèrent secours : leurs envoyés le trouvèrent jouant aux échecs; il leur répondit sans même interrompre sa partie : « Impossible de vous secourir dans le délai voulu; faites pour le mieux ». Les Rouennais se rendirent (1204) : Philippe se les attacha par la douceur. Il agit de même dans l'*Anjou*, la *Touraine*, le *Maine* et le *Poitou* (1205) où il paya largement les seigneurs et les villes qui se soumettaient. Jean demanda la paix (1208).

COALITION CONTRE PHILIPPE AUGUSTE, BOUVINES — Six années plus tard Jean essayait de prendre sa revanche. Il organisa contre Philippe Auguste une coalition où entrèrent avec lui des vassaux du roi de France, le comte de Flandre et le comte de Boulogne; la plupart des seigneurs des régions flamande, belge, lorraine; enfin l'empereur Otton IV : c'était une *coalition européenne, la première*. Elle trahissait les inquiétudes que Philippe Auguste causait à ses voisins et par conséquent témoignait avec éclat de la puissance acquise par les Capétiens.

Jean attaqua le premier par l'Anjou. Il fut mis en déroute à la *Roche-aux-Moines*, près d'Angers (2 juillet 1214). Les coalisés du Nord eurent le même sort. Le 27 juillet 1214, non loin de Tournai, ils pensaient surprendre l'armée française très inférieure en nombre, pendant qu'elle passait le *pont de Bouvines*. Les Français prirent cependant l'offensive. Philippe, engagé au plus fort de l'action, fut un moment en danger de mort. L'empereur de son côté faillit être pris. La victoire fut brillamment gagnée par les Français. La nouvelle de ce succès souleva l'enthousiasme dans tout le royaume. Bouvines fut comme une *première victoire nationale*.

Elle eut d'autre part d'importantes conséquences. En Allemagne, elle entraîna la chute d'Otton. En Angleterre, elle amena une révolte contre Jean sans Terre. En France, elle assura la paix jusqu'à la mort de Philippe Auguste en 1223.

SAINT LOUIS, LA PAIX AVEC L'ANGLETERRE — Louis VIII (1223-1226), fils et successeur de Philippe Auguste, fut aussitôt après son avènement attaqué par Henri III, fils de Jean sans Terre. Louis VIII le battit et lui enleva l'*Aunis*, la *Saintonge*, le *Limousin* et le *Périgord*. Henri ne fut pas plus heureux contre Louis IX ou saint Louis. Saint Louis, en juillet 1242, mit en fuite l'armée anglaise sous les murs de *Saintes*, et réduisit Henri à demander une trêve.

En 1258, saint Louis, revenu de la croisade d'Égypte, voulut transformer la trêve en paix définitive, et « mettre amour entre ses enfants et ceux du roi d'Angleterre ». Un traité fut signé à Paris. Henri III renonçait à jamais à tous les territoires conquis par Philippe Auguste. En revanche saint Louis rendait les conquêtes de son père Louis VIII. *Il les rendait quoique victorieux, spontanément, pour le seul amour de la justice et de la paix. Le fait est unique dans l'histoire.* Aussi le pape Innocent IV donna-t-il à saint Louis le surnom mérité d'Ange de la paix.

Le traité de Paris marquait la fin de la première guerre de Cent ans et de la rivalité des Capétiens et des Plantagenets. Ceux-ci ne gardaient plus en France que l'ancienne dot d'Éléonore d'Aquitaine : les pays rendus par saint Louis et le duché de Guyenne au sud de la Garonne. Les Capétiens leur avaient enlevé leurs possessions de l'ouest de la Seine et du nord de la Loire, les deux berceaux de leur puissance, la Normandie et l'Anjou, avec la Touraine, le Maine et le Poitou. Le domaine royal jadis complètement isolé de la mer, s'ouvrait désormais largement sur la Manche et sur l'Atlantique.

CAUSES DE LA VICTOIRE DES CAPÉTIENS — La victoire des Capétiens s'explique d'abord par la valeur des rois qui luttèrent contre les Plantagenets et notamment par l'habileté et l'énergie de Philippe Auguste. Mais elle leur a été facilitée par diverses circonstances. D'abord la puissance des Plantagenets était en réalité moins grande qu'elle ne paraissait. En effet leur empire se composait d'éléments disparates ; ils avaient un État anglais et des États français. Entre ces États il n'y avait aucun lien. Ils avaient trois capitales, Rouen, Bordeaux, Londres, et leurs différents peuples se jalousaient et se détestaient.

Puis les Plantagenets étaient généralement violents ; ils voulaient tout faire plier devant eux. Ils soulevèrent contre eux bien des colères, détachèrent d'eux bien des gens, provoquèrent même, particulièrement en Angleterre, des résistances et des révoltes qui les paralysèrent sur le continent.

Enfin, la famille des Plantagenets fut constamment divisée. « C'est l'usage chez nous, disait Richard Cœur de Lion, que les

fils haïssent le père. » Les haines des frères entre eux étaient
aussi de tradition. On a vu comment les Capétiens exploitèrent
et entretinrent ces haines de famille, comment Philippe Auguste
soutint Richard Cœur de Lion contre Henri II ; Jean sans Terre
contre Richard ; Arthur de Bretagne contre Jean.

EXTENSION DU DOMAINE AU MIDI. CROISADE DES ALBIGEOIS

Le domaine royal, agrandi au Nord et à l'Ouest par la lutte contre les Plantagenets, s'étendit au Sud par la *croisade des Albigeois*. Cette croisade avait été prêchée en France, sous le règne de Philippe Auguste, par ordre du pape Innocent III, contre les hérétiques sujets du comte de Toulouse, l'un des plus puissants seigneurs du royaume (1208). Philippe Auguste, occupé à combattre Jean sans Terre, refusa d'y prendre part. Les habitants du Midi, très civilisés, détestaient les Français du Nord qu'ils jugeaient brutaux et pillards : ils leur opposèrent une résistance acharnée pendant près de dix-huit ans.

Une grande partie des possessions du comte de Toulouse fut néanmoins conquise par *Simon de Montfort*. En 1226 son fils Amaury, incapable de garder ces conquêtes, vendit ses droits à Louis VIII. Le Midi était à bout de forces. Le roi prit sans difficulté possession du pays qui s'est appelé depuis le **Languedoc** et dont Beaucaire et Carcassonne furent alors les capitales. Le domaine royal touchait désormais à la Méditerranée.

DERNIERS ACCROISSEMENTS DU DOMAINE

Les agrandissements ultérieurs du domaine royal résultèrent non plus de la guerre, mais de mariages ou d'achats.
Philippe Auguste avait acquis déjà l'**Artois** et le **Vermandois** en épousant Isabelle de Hainaut. Blanche de Castille, mère de saint Louis, acheta le **comté de Blois**. Elle fit épouser à son second fils, Alphonse de Poitiers, l'héritière du **comté de Toulouse**; Alphonse mourut sans enfants et le comté revint à la couronne sous Philippe III, fils de saint Louis (1271).

Le mariage de Philippe le Bel, petit-fils de saint Louis, avec la fille du comte de Champagne fit entrer le **comté de Champagne** dans le domaine. Philippe acquit encore **Lille** et **Lyon**. Avec lui le royaume de France commença à déborder sur l'ancienne Lotharingie, c'est-à-dire sur la vallée de la Saône et du Rhône et les pays entre Meuse et Rhin qu'il eût été alors facile de conquérir. Par malheur cette politique ne fut pas suivie par les *Valois*, successeurs des Capétiens.

En résumé, les terres directement soumises aux Capétiens à

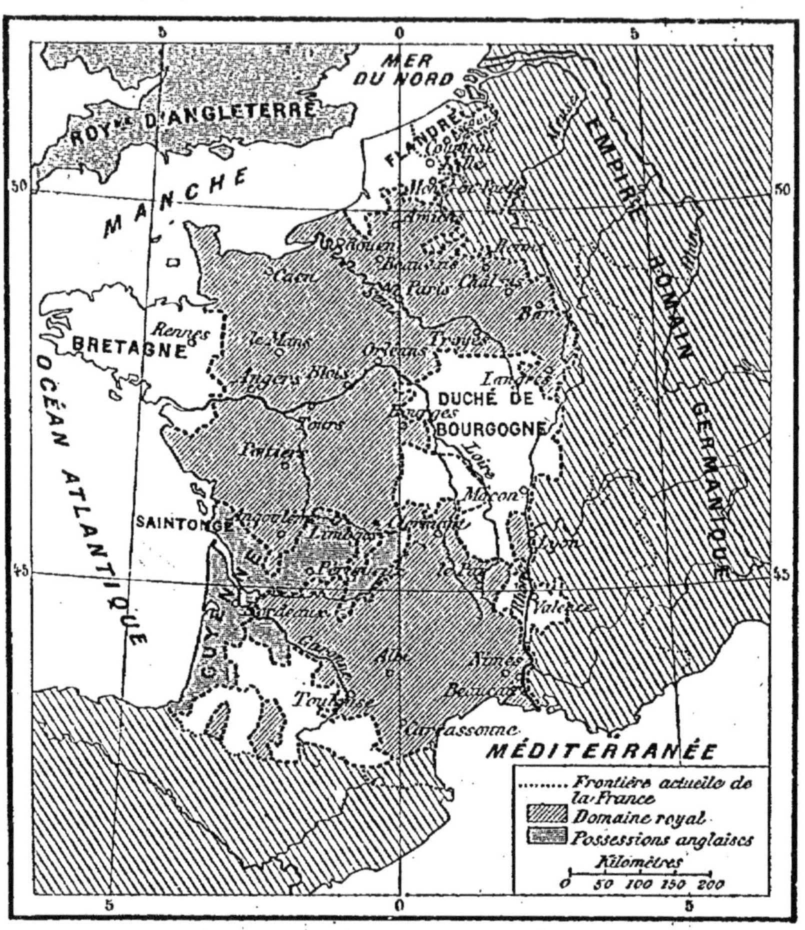

LE DOMAINE ROYAL A LA FIN DE LA DYNASTIE CAPÉTIENNE.

l'avènement de Hugues Capet en 917, représentaient à peine *deux départements* : elles en représentaient *cinquante-neuf* en 1328 à la mort de Charles IV, dernier roi capétien.

A cette date il ne restait plus dans le royaume que quatre grands fiefs, isolés les uns des autres : comté *de Flandre*, duché de *Bretagne*, duché de *Bourgogne*, duché de *Guyenne*, ce dernier au roi d'Angleterre. Le domaine royal embrassait *la plus grande partie du royaume.*

C'était le résultat de deux séries d'événements : la lutte contre les Plantagenets, la croisade contre les Albigeois. Des mariages avaient ensuite complété l'œuvre commencée par la guerre et la conquête.

LES RUINES DU CHATEAU GAILLARD. — Photographie Neurdein.

A droite, les maisons du Petit-Andely et les falaises crayeuses qui bordent la Seine. Au premier plan, le plateau où campa Philippe Auguste, le fossé et la première tour de l'ouvrage avancé. De la premiè. e enceinte, il ne reste qu'un pan de mur à gauche, du côté où était la chapelle. La seconde enceinte, qui semble faite de tours juxtaposées, est mieux conservée : elle se dresse sur le rocher au-dessus du fossé. Les ruines du donjon dominent le tout. Le démantèlement date de 1613.

LE SIÈGE DU CHATEAU GAILLARD

Deux épisodes des luttes de Philippe Auguste, le siège du Château Gaillard et la bataille de Bouvines, offrent cet intérêt particulier qu'ils sont des types d'opérations militaires au Moyen Age. Ils méritent à ce titre d'être étudiés avec quelques détails.

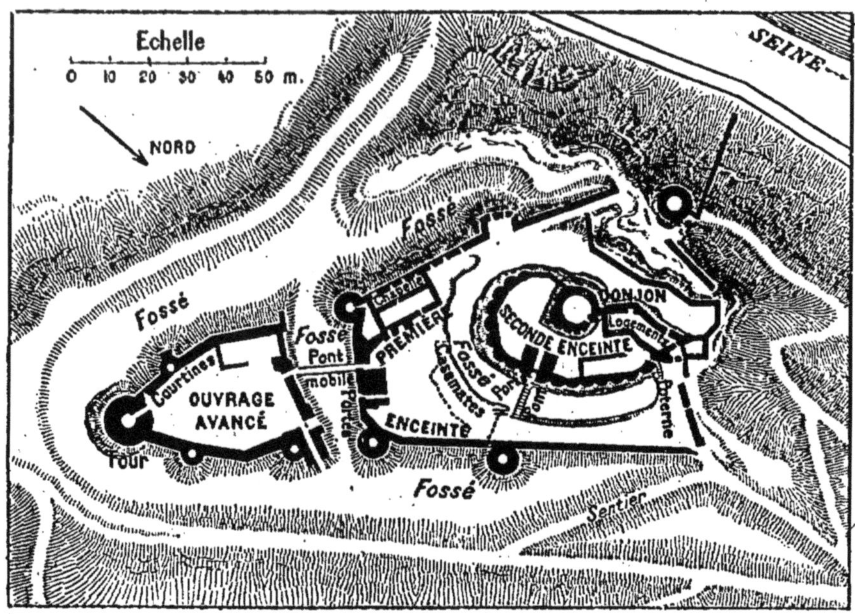

PLAN DU CHATEAU GAILLARD.
D'après le relevé de M. Léon Coutil.

VUE DU CHATEAU GAILLARD.
Photographie communiquée par M. Léon Coutil.

Le **Château Gaillard** était le réduit central d'un vaste camp retranché établi par Richard Cœur de Lion sur une boucle de la Seine, autour des Andelys, pour barrer la route de Rouen. Le château couvrait un éperon de la falaise crayeuse qui domine de plus de cent mètres la ville et la rive droite du fleuve. Les escarpements tombent à pic de tous les côtés, sauf au sud-est, où une langue de terre forme comme un pont et joint le rocher au plateau voisin. Les constructions mesuraient environ cent-soixante mètres de long et près de quatre-vingts mètres dans leur partie la plus large.

Il y avait d'abord un fossé, creusé dans le roc, large de dix mètres, profond de huit. Il enveloppait un *ouvrage avancé* en forme de mitre, composé de quatre tours rondes, reliées par des *courtines*, c'est-à-dire d'épaisses murailles.

Un nouveau fossé, avec pont volant, précédait le château proprement dit. Il se composait de deux enceintes. La première renfermait une cour dite la *basse-cour*, où était construite une chapelle. Des *casemates* étaient creusées sous la cour pour enfermer vivres, munitions ou prisonniers. La seconde enceinte,

PLAN ET VUE DES RUINES DU CHATEAU GAILLARD

Le plan diffère sur bien des points du plan, devenu classique, dressé par Viollet-le-Duc, plan où un érudit normand, M. Léon Coutil, a relevé de très nombreuses et importantes inexactitudes.

Le plan a été orienté de telle sorte que toutes les parties de cette vue horizontale correspondent exactement à toutes les parties de la vue verticale que donne au-dessous la photographie des ruines, prise du nord. A flanc de côteau, la ligne blanche qui descend en diagonale de gauche à droite, — dans la circonstance d'est en ouest, — indique la crête de l'énorme fossé qui enveloppait entièrement le château. A gauche, se dressant au-dessus de l'escarpement du fossé, les ruines de la tour qui formait la pointe de l'ouvrage avancé en forme de mitre; ce fut l'éventrement de cette tour qui permit à Philippe Auguste d'entrer dans l'ouvrage. En arrière, un pan de la courtine, c'est-à-dire du mur d'enceinte, nord du même ouvrage.

La large brèche blanche plus à droite est le fossé creusé dans le calcaire qui séparait l'ouvrage avancé et la première enceinte. — De cette première enceinte rien ne subsiste sur le front nord. Mais on aperçoit les ruines de la courtine sud, celle qui dominait la Seine — voir la photographie de la page 113 —; c'est la partie contre laquelle s'appuyait la chapelle; trois brèches y correspondent à des fenêtres indiquées sur le plan. La seconde enceinte est presque entièrement conservée; on voit à droite — partie ombrée — le talus à pente rapide qui dominait l'escarpement du fossé, taillé à pic dans le roc et que surmontait à son tour la muraille. A peu près au centre, entre deux des demi-tours qui constituent l'enceinte, et juste en face du donjon, la porte — une tache blanche — donnant accès dans la seconde et dernière cour, où se dresse enfin l'énorme donjon qui, étayé par ses contreforts, domine toute la citadelle. Au lointain la plaine de la rive gauche de la Seine; on entrevoit la Seine elle-même à gauche, au-dessous des ruines de la grosse tour.

de forme ovale, consistait en un fossé et une muraille qui semblait faite de moitiés de tours juxtaposées. Enfin, venait le
Donjon, le cœur même de la place, une tour aux murs énormes,
très haute, ayant vingt mètres de diamètre. Tous ces ouvrages
se dominaient les uns les autres, depuis la première tour en
face du plateau, jusqu'au donjon, le point culminant de la place.

CASEMATES DU CHATEAU GAILLARD. — Photographie Neurdein.

*Elles sont creusées dans le roc, sous le sol de la cour de la première enceinte
et s'ouvrent sur le fossé qui précède la seconde enceinte. Elles servaient de
magasin ou de prison.*

La porte entre la première et la seconde enceinte s'ouvrait à
deux mètres au-dessus du fossé. On y accédait par une
arche qu'on avait ménagée dans le roc, en creusant le fossé.
Cette porte consistait en un couloir gardé par deux postes,
fermé aux deux extrémités par des battants, au milieu par une
herse ou grille de fer. Le château tout entier ne communiquait
avec le dehors que par une *poterne*, porte basse ouvrant sur un
sentier abrupt qui descendait au Petit-Andely. Les ingénieurs
avaient épuisé dans la construction de cette citadelle toutes les
ressources de leur art déjà très avancé.

Construit en un an, le château fut enlevé de vive force en un mois (février 1204), après un blocus de cinq mois. Ce blocus coûta la vie à un grand nombre d'habitants des Andelys, réfugiés dans le château. Pour ménager les vivres de la garnison, le gouverneur en expulsa environ 500. Philippe Auguste refusa d'abord de les laisser passer. C'était l'hiver, beaucoup moururent de faim et de froid dans les fossés. A la fin, le roi recueillit les survivants.

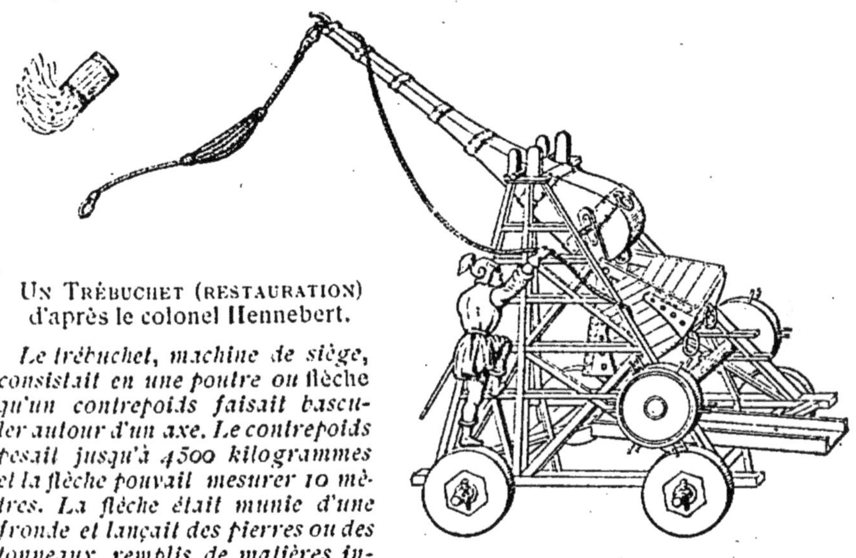

Un Trébuchet (restauration) d'après le colonel Hennebert.

Le trébuchet, machine de siége, consistait en une poutre ou flèche qu'un contrepoids faisait basculer autour d'un axe. Le contrepoids pesait jusqu'à 4500 kilogrammes et la flèche pouvait mesurer 10 mètres. La flèche était munie d'une fronde et lançait des pierres ou des tonneaux remplis de matières incendiaires. La portée pouvait aller jusqu'à 175 mètres. On employait encore les trébuchets au xv° siècle pendant la guerre de Cent ans, au siége d'Orléans.

Philippe Auguste attaqua par le plateau. Il fit édifier sur le bord du fossé, en face de l'ouvrage avancé, des *beffrois*, tours de bois aussi hautes que les tours ennemies. De là, à coups de flèches, l'on écartait les défenseurs de la courtine pendant que l'assiégeant travaillait à combler le fossé. Des mineurs y descendirent, puis parvinrent à se hisser, en taillant des marches dans le roc, jusqu'aux fondations de la première tour. Une galerie rapidement creusée provoqua l'effondrement d'un pan de la tour et l'ouverture d'une *brèche*. Les Normands, sans attendre l'assaut, évacuèrent l'ouvrage et se retirèrent dans le château.

Sur le front sud de la muraille de la première enceinte, du côté de la Seine, une fenêtre servait à éclairer des latrines placées sous la chapelle. Quelques soldats se hissèrent jusque-là, puis débouchèrent brusquement dans la cour. Pour les arrêter, les Normands surpris mirent le feu à la chapelle. Au milieu de la fumée, les Français purent arriver jusqu'au pont volant donnant sur l'ouvrage avancé. Ils l'abaissèrent; les troupes de Philippe Auguste arrivèrent en masse.

Les Normands firent retraite dans la seconde enceinte. Celle-ci fut éventrée à son tour, à la fois par une mine et par les grosses pierres que lançait un *trébuchet*, sorte de catapulte. Les Normands, qui n'étaient plus que 140, n'essayèrent pas de défendre le donjon; ils furent pris en cherchant à fuir par la poterne.

BATAILLE DE BOUVINES Il était midi. L'armée française, au grand soleil de juillet, achevait de traverser sur une ancienne voie romaine un étroit plateau qui borde la rive droite de la Marcq, et avait en grande partie passé le pont de Bouvines. Philippe se reposait sous un frêne, près d'une chapelle et mangeait du pain trempé dans du vin. L'avant-garde ennemie apparut soudain, bousculant la queue des colonnes françaises. Le roi se hâta de monter à cheval et de rappeler les troupes qui avaient déjà passé le pont.

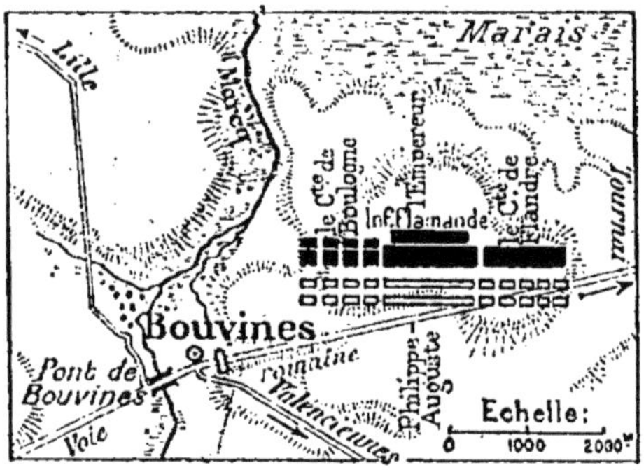

L'armée française se déploya la gauche à la rivière et perpendiculairement à celle-ci. Elle comprenait 25 000 hommes. L'ennemi en avait 80 000. Pour compenser

CHAMP DE BATAILLE DE BOUVINES.

cette infériorité numérique et pour éviter d'être enveloppé, l'évêque de Senlis, Guérin, chef d'état-major général de Philippe Auguste, espaça les corps, allongea les rangs. Les fronts des deux armées se trouvèrent ainsi égaux et parallèles. Philippe et Otton étaient chacun au centre de leur armée.

Les Français commencèrent l'attaque à droite pour couper la route par où venait l'ennemi et menèrent le combat avec une grande vigueur. Au centre, l'infanterie flamande, une masse énorme de 40 000 hommes, parvint jusqu'à Philippe, l'enveloppa. Un fantassin lui porta un coup de pique si violent que le fer traversa les mailles du haubert. Dans un haut-le-corps pour se dégager, Philippe perdit l'équilibre et tomba de cheval. La solidité de son armure et la prompte arrivée de quelques chevaliers le sauvèrent.

A son tour, l'empereur manqua deux fois d'être pris. La première fois, il fut sauvé par un écart de son cheval qui, blessé à l'œil, se cabra et l'emporta au galop. La seconde fois, Guillaume des Barres, l'un des plus célèbres chevaliers français, le tenait déjà par la nuque, quand on le désarçonna en tuant son cheval. L'empereur put s'enfuir. On s'empara de son étendard, un aigle en bronze doré porté sur un char. L'infanterie flamande se fit exterminer pendant trois heures. A gauche, le comte de Boulogne, enfermé au centre d'un cercle de piquiers, d'où il faisait des sorties comme d'une citadelle, tint jusqu'au soir tombé. Il finit par être pris, comme le comte de Flandre, après un corps à corps désespéré.

« Bouvines, a dit un écrivain militaire, est le type de la bataille féodale, du choc de front suivi d'une effroyable mêlée, sans trace de manœuvre. Le combat général se décompose en une infinité de combats singuliers, de duels corps à corps,

UN CAVALIER DU TEMPS DE PHILIPPE AUGUSTE
SCEAU DE RICHARD CŒUR DE LION.

Le guerrier était entièrement enveloppé dans un vêtement de mailles d'acier. La tête était enfermée dans une boîte de métal. On comprend qu'il fût difficile de tuer l'homme ainsi protégé : Ici le cavalier se couvre la poitrine de son bouclier. Il a l'épée à la main droite. On remarquera la selle à dossier, emboîtant les reins pour fournir au cavalier un point d'appui quand il frappait de la lance.

où chacun se rue sur celui qui lui fait face. *Vir virum legit : l'homme choisit son homme*; toute la tactique du temps des croisades est comprise dans ces trois mots. »

Si dans l'art de la fortification, de grands progrès avaient été accomplis depuis l'époque romaine, en revanche, on avait reculé en matière de tactique.

Philippe Auguste rentrant à Paris fut reçu partout en triomphateur. Les façades des maisons étaient décorées de tapisseries et de guirlandes de feuillages. Paysans, nobles, bourgeois, ecclésiastiques, venaient saluer le roi et l'acclamer et raillaient le comte de Flandre, enchaîné sur un chariot. A Paris, les fêtes durèrent sept jours.

COSTUMES MILITAIRES DU TREIZIÈME SIÈCLE
Photographie de la reliure en argent doré de l'Évangéliaire de saint Louis.
(Bibliothèque Nationale.)

Les chevaliers portent la tunique par-dessus la cotte de mailles qui les enveloppe de la tête aux pieds. Le visage seul est découvert. Le chevalier à gauche dort appuyé sur son bouclier, l'écu, sa lance entre les bras. Il a devant lui son épée à garde en forme de croix; le baudrier est enroulé autour du fourreau. Le chevalier au milieu a son bouclier suspendu sur le dos par une courroie.

Ce bas-relief d'argent est une des œuvres les plus parfaites de l'orfèvrerie française au Moyen Age. C'est la partie inférieure d'une plaque dont le haut représente le Christ ressuscité sortant du tombeau.

CHAPITRE XI

EXTENSION DU POUVOIR ROYAL DE 987 A 1328
SAINT LOUIS — PHILIPPE LE BEL

En même temps qu'ils agrandissaient leur domaine par la conquête, les rois Capétiens en organisaient l'administration. D'autre part l'agrandissement du domaine augmentant leurs ressources et les rendant plus forts, ils purent exercer plus énergiquement le pouvoir royal et imposer peu à peu à tous les seigneurs le respect de leur autorité. Cette autorité, ils parvinrent en plusieurs circonstances à l'exercer *directement* sur tout le royaume.

Les progrès de la puissance royale ont été particulièrement marqués sous saint Louis et sous Philippe le Bel.

RÈGNE DE SAINT LOUIS — Saint Louis avait onze ans quand il succéda à son père Louis VIII : sa mère, *Blanche de Castille*, gouverna en son nom jusqu'à ce qu'il fût majeur. Les seigneurs féodaux étaient inquiets du rapide développement de la puissance des Capétiens sous Philippe Auguste et Louis VIII. Ils pensèrent que le gouvernement d'une femme offrait une circonstance favorable pour ruiner cette puissance récente. Ils organisèrent une coalition qui fut vaincue grâce à l'habileté et à l'énergie de Blanche.

Pendant son règne personnel, saint Louis, on l'a vu, triompha du roi d'Angleterre Henri III à Saintes (1242). Au cours d'une maladie qui le mit à la mort, il fit vœu, s'il guérissait, d'entreprendre une croisade. Il s'embarqua pour l'Égypte en 1248. L'expédition échoua et saint Louis fut même pris par les Musulmans. Délivré moyennant rançon, il ne revint en France qu'en 1252. Il signa alors à Paris une paix définitive avec le roi d'Angleterre, et pendant dix-huit ans il s'efforça d'assurer une bonne administration, une exacte justice et la paix intérieure du royaume. C'est ainsi qu'il essaya d'abolir les guerres privées et déclara que la monnaie du roi devrait être acceptée dans toutes les parties du royaume. En 1270 il entreprit une nouvelle croisade et mourut de la peste sous les murs de Tunis.

SAINT LOUIS — Saint Louis est un des personnages que nous connaissons le mieux, grâce en particulier aux récits de Joinville, qui fut son compagnon en Égypte et que le roi honora de son amitié. Il était, dit son biographe, grand, beau *à face d'ange*, avec une physionomie ouverte, l'air à la fois affable et sérieux. Sous les armes, c'était un superbe soldat dont la bravoure tranquille faisait l'admiration de tous ceux qui combattaient à ses côtés.

Saint Louis fut un chrétien qui s'efforça de pratiquer strictement les enseignements du Christ, et de mettre les actes de sa vie politique aussi bien que de sa vie privée d'accord avec ses croyances. Il se mortifiait comme un anachorète. En mémoire des souffrances du Christ, il portait constamment sur la peau une rude ceinture de crin, le *cilice*, et le vendredi, jour de la Passion, il se faisait fouetter les épaules avec des chaînettes de fer. Par humilité, il se contraignait à des besognes répugnantes, comme de laver les pieds à des mendiants. Il y avait dans une abbaye voisine de Paris un moine lépreux, objet d'horreur pour tous. La lèpre avait rongé les yeux, détruit le nez, fendu les lèvres. Le roi allait souvent visiter ce malheureux, qu'il appelait « son malade », et ne se mettait pas à table avant de l'avoir servi et de l'avoir lui-même fait boire et manger.

TÊTE PRÉSUMÉE DE SAINT LOUIS.

Sculpture de la Chapelle du Château de Saint-Germain. Cette sculpture a été faite entre 1235 et 1240. Saint Louis avait alors de vingt à vingt-cinq ans.

LES ENSEIGNEMENTS DE SAINT LOUIS — Il rédigea pour son fils, sous forme « d'enseignements », des règles de conduite dont on doit dire qu'il les avait toutes rigoureusement suivies et qu'elles peuvent servir à d'autres qu'à des fils de roi.

« Cher fils, lui disait-il, aie le cœur doux et pitoyable aux pauvres et à tous ceux que tu croiras avoir souffrance de cœur ou de corps; donne-leur un réconfort selon ton pouvoir et aide-les de quelque aumône. — Si tu viens à régner, efforce-toi d'avoir ce qui convient au roi, c'est-à-dire, tiens-toi rigidement à la justice et à la droiture et sois loyal envers ton peuple, sans tourner à droite ou à gauche, mais toujours droit quoi qu'il puisse advenir. — Si tu détiens le bien d'autrui ou par toi ou par tes devanciers, rends-le sans retard, combien grand que ce soit, terres ou argent. »

On reconnaît ici le roi qui signa le traité de Paris avec Henri III. « A chacun le sien », disait-il souvent. Un jour, il assistait à un sermon en plein air, parmi la foule, simplement assis aux pieds du prédicateur. Comme le bruit qui se faisait en un cabaret voisin empêchait d'entendre, il demanda à qui appartenait le droit de police en cet endroit; et seulement quand on lui eut répondu que c'était à lui, il envoya ses gens pour faire cesser le tapage.

TÊTE PRÉSUMÉE
DE BLANCHE DE CASTILLE.
Chapelle du Château de Saint Germain.

La chapelle renferme six autres bustes où l'on croit retrouver les portraits de la femme et des frères de saint Louis.

SAINT LOUIS ET LES SEIGNEURS

Mais toujours respectueux des droits d'autrui, il exigeait de tous sans exception, le même respect de ses droits et de la justice. Le comte d'Anjou, frère du roi, avait fait jeter en prison un de ses chevaliers qui, comme il en avait le droit, avait appelé au roi d'un jugement rendu par le comte. Le roi contraignit le comte à remettre le chevalier en liberté. « Il ne doit y avoir qu'un roi en France, lui dit-il; ne croyez pas, parce que vous êtes mon frère, que je vous épargnerai contre droite justice. »

Le seigneur de Coucy avait fait pendre sans jugement trois enfants dont le crime était d'avoir tué dans ses bois quelques lapins. Le roi fit arrêter le meurtrier. Il voulait l'envoyer à la potence. L'intercession de tous les nobles finit par sauver le seigneur de Coucy. Comme l'un de ces nobles disait sur un ton ironique : « Si j'étais le roi, j'aurais fait pendre tous les barons; car le premier pas fait, le second ne coûte plus guère. — Vous dites que je devrais faire pendre tous mes barons, reprit le roi; certainement je ne les ferai pas pendre, mais je les châtierai s'ils méfont. »

LA QUARANTAINE LE ROI — Dans ses instructions à son fils il lui recommandait « de se garder de tout son pouvoir de provoquer la guerre et de n'y recourir, si on lui faisait tort, qu'après avoir épuisé tous les autres moyens d'obtenir justice ». Saint Louis fut comme le lointain et glorieux prédécesseur de ceux qui, de nos jours, s'efforcent de faire régler par l'arbitrage les différends entre les nations et ont créé le tribunal international de la Haye. Serviteur du Dieu de paix, il voulait la paix parmi les hommes. Aussi travailla-t-il à restreindre l'un des privilèges auxquels tenaient le plus les seigneurs féodaux, le droit de guerre privée. Il institua la *Quarantaine le Roi* et l'*Asseurement*. Dans les quarante jours qui suivaient une offense, il était interdit d'en poursuivre la réparation par les armes. Ce délai devait permettre au roi de travailler à régler le différend et à réconcilier les adversaires. Ils étaient pendant ce temps placés sous l'*Asseurement*, c'est-à-dire sous la protection royale : si l'un d'eux violait la trêve, il se déclarait du même coup ennemi du roi, qui pouvait le faire arrêter et le châtier.

PRESTIGE DE LA ROYAUTÉ FRANÇAISE — La bonté du roi, l'inépuisable charité de son cœur « transpercé de pitié pour les misérables », selon le mot de son confesseur, son renom de justice, la séduction de ses vertus, l'éclat de sa sainteté contribuèrent plus que des actes politiques à grandir l'autorité royale. L'homme inspirait un respect universel. Henri III se disait fier d'être son vassal « à cause de sa prééminence en chevalerie ». Un historien anglais, Mathieu Paris, l'appelait « le roi des rois de la terre ». Tous, grands et humbles, avaient foi dans son équité, hors de France comme dans son royaume. L'empereur Frédéric II, le roi d'Angleterre le prenaient comme arbitre dans leurs luttes, l'un contre le pape, l'autre contre ses barons. L'on voyait, dit Joinville, des Bourguignons et des Lorrains venir plaider devant lui pour des procès qu'ils avaient entre eux. « Le trône de France resplendissait au regard de tous les autres comme le soleil qui répand ses rayons. »

Quand le roi fut mort, les sentiments des humbles furent ainsi traduits par un poète anonyme :

> Je dis que Droit est mort et Loyauté éteinte,
> Quand le bon roi est mort, la créature sainte.
> Vers qui pourront dès lors les pauvres gens crier
> Quand le bon roi est mort, qui tant les sut aimer?

Vingt-sept ans après sa mort, en 1297, l'Église plaçait au rang des saints ce roi dont Voltaire a dit : « Il n'est pas donné à l'homme de porter plus loin la vertu ».

RÈGNE DE PHILIPPE LE BEL

Dans les quinze années du règne de Philippe III le Hardi (1270-1285) le seul fait important fut l'annexion du comté de Toulouse au domaine royal, par héritage.

Le règne de *Philippe IV*, surnommé *le Beau* ou *le Bel* (1285-1314), fut au contraire extrêmement rempli. Pour achever l'unité du royaume, Philippe essaya d'enlever aux rois anglais leurs dernières possessions de France, et de soumettre les villes du comté de Flandre. Il enleva la Guyenne à Édouard Iᵉʳ puis la lui rendit (1293-1305). Les Flamands furent un moment soumis. Mais opprimés par les représentants du roi, ils se révoltèrent et écrasèrent les Français à Courtrai (1302). Philippe prit sa revanche à Mons-en-Puelle (1304) et garda *Lille, Douai* et *Valenciennes*. Le reste de la Flandre fut seulement vassal du roi.

Pendant ces guerres Philippe était en lutte avec le pape Boniface VIII. Le conflit, commencé en 1296, devint aigu à partir de 1301 quand, à propos de l'arrestation d'un évêque, le pape prétendit intervenir dans l'administration intérieure du royaume. Le pape excommunia le roi ; le roi fit arrêter le pape à Anagni (1303). Le pape fut presque aussitôt délivré, mais mourut quelques jours après l'attentat. Deux ans plus tard Philippe le Bel faisait élire pape l'archevêque de Bordeaux, Clément V qui finit par s'installer à Avignon (1309). Philippe arracha à Clément V l'abolition de l'ordre des Templiers (1312) dont il convoitait les richesses.

L'administration royale acheva de s'organiser sous ce règne Le roi interdit aux nobles les guerres privées ; il commença à percevoir de véritables impôts dans tout le royaume. Mais de nombreuses exactions, des emprunts forcés, les variations dans la valeur des monnaies mécontentèrent la nation et

amenèrent à la veille de la mort de Philippe (1314) la consti-
tution entre nobles, clercs et gens des villes, de ligues destinées à obtenir du roi le respect des anciennes coutumes.
Des tentatives analogues en Angleterre, sous Jean sans Terre
et Henri III, avaient eu, on le verra[1], des conséquences de grande
importance et durables. En France les ligues n'aboutirent à rien.

LES LÉGISTES Sur Philippe le Bel lui-même, on n'a que des renseignements peu nombreux et contradictoires. Ainsi on
l'a dit d'une grande piété comme son grand-père
saint Louis ; et cependant sa politique fut le plus souvent mal-
honnête, hypocrite et il a commis ou laissé commettre des crimes
comme le procès et le supplice des Templiers. Il est certain
que, sous son règne, un rôle considérable a été joué par des
personnages nouveaux, les *légistes*. Mais il est impossible de
dire si les légistes furent simplement les instruments de la
volonté royale, ou si ce ne furent pas les légistes qui gouver-
nèrent et firent agir le roi.

Le légiste, c'est l'homme qui a étudié et qui connaît les lois.
Cette connaissance des lois était fort difficile au Moyen Age.
Il n'y avait pas alors, comme il y avait eu dans l'Empire romain, comme il y a aujourd'hui en France, une loi unique et
générale, un *code* s'appliquant à tous les habitants du royaume.
Chaque grand fief, on pourrait presque dire chaque pays, avait
ses lois particulières, ou *coutumes*. Les juges, qui étaient les
évêques, et les seigneurs, étaient en général assez ignorants ;
les légistes furent leurs auxiliaires et comme leurs *souffleurs*.
Dans les procès les légistes, assis sur un tabouret au pied des
juges, leur disaient, la cause étant entendue, la sentence à prononcer. Un temps vint où évêques et seigneurs se lassèrent
d'un rôle de parade ; ils cédèrent la place aux légistes, qui devinrent ainsi les juges, à peu près sous le règne de saint Louis.

Les légistes ne tardèrent pas à jouer un rôle politique. En
même temps que les mille coutumes du pays de France, ils
étudiaient la loi Romaine. Cette loi, en face des coutumes qui
souvent se contredisaient, leur apparaissait comme un modèle
d'ordre et de logique dont il fallait s'inspirer et se rapprocher :
ils l'appelaient la *raison écrite*. Or la loi romaine, rédigée sous
les Empereurs souverains absolus, proclamait que *la volonté du
souverain est la loi*, qu'il est lui-même *la loi vivante*.

1. Voir ci-dessous page 149.

Dans le régime féodal, au contraire, la volonté du souverain était limitée strictement par les contrats entre suzerain et vassaux. Les légistes, pénétrés des idées romaines, essayèrent de les faire prévaloir sur les idées féodales, et déjà sous saint Louis un légiste, Philippe de Beaumanoir, posait en principe que « *ce qui plaît à faire au roi doit être tenu pour la loi* ». C'est le principe de la monarchie absolue qui devait triompher en France trois cents ans plus tard et durer jusqu'à la Révolution.

Les hommes qui soutenaient de pareilles théories ne pouvaient qu'être bien accueillis de rois ambitieux. On trouve des légistes dans toutes les grandes affaires du règne de Philippe le Bel, particulièrement dans sa lutte contre le pape Boniface VIII et dans le procès des Templiers.

LES CAPÉTIENS ET L'ÉGLISE — Il y avait toujours eu une étroite entente entre l'Église et les rois Capétiens. Les papes leur donnèrent le titre de *rois très chrétiens*. Michelet les a appelés *les rois du Bon Dieu*. Les rois protégeaient le clergé de France. Le clergé mettait à la disposition des rois une bonne partie de ses ressources en hommes et en argent : elles étaient considérables, car les terres appartenant au clergé représentaient environ le tiers du royaume.

Mais les rois protecteurs de l'Église ne se laissèrent jamais dominer par elle. En particulier ils n'admirent jamais que les papes intervinssent dans les affaires intérieures du royaume. Le pape Innocent III ayant voulu lever des impôts sur le clergé de France, saint Louis interdit aux évêques de rien envoyer au pape.

Les papes au Moyen Age ont eu de très grandes ambitions : ils se sont proclamés supérieurs à tous les rois et ont prétendu, comme chefs spirituels, les juger et les déposer. Ces prétentions ont amené, on le verra, de terrible luttes entre les empereurs et les papes. Le dernier épisode de ces luttes fut la querelle entre ***Boniface VIII*** et Philippe le Bel.

BONIFACE VIII ET PHILIPPE LE BEL — En 1294, Philippe, ayant besoin d'argent, leva un impôt sur le clergé. Le pape, l'ayant su, interdit à tous les rois de lever des impôts sur le clergé, et au clergé de les payer sans son autorisation. Philippe riposta en prohibant toute exportation d'or et d'argent hors de France. D'autre part les évêques écrivirent au pape pour le prier de les autoriser d'urgence à verser au roi l'argent dont il avait besoin. Le pape céda.

Mais en 1301 le pape, sans demander le consentement du roi, créa un nouvel évêché dans le royaume de France, à Pamiers, et y établit un de ses protégés, Bernard de Saisset. Le roi fit arrêter l'évêque sous prétexte de haute trahison. L'accusation formulée par un légiste, *Guillaume de Nogaret*, était fausse.

Le pape intima à Philippe l'ordre de remettre l'évêque en liberté. En même temps il annonçait la volonté d'examiner la façon dont Philippe gouvernait son royaume, et convoquait à Rome les évêques français, « afin de traiter, faire et ordonner ce qui conviendra à la réformation du royaume et à la correction du roi ». Dans une lettre ou *bulle* adressée à Philippe, Boniface disait : « Ne te laisse pas persuader que tu n'es pas soumis au chef de la hiérarchie ecclésiastique. Pour te ramener dans le droit chemin, nous serions en droit d'employer contre toi les armes. Mais nous aimons mieux délibérer avec les ecclésiastiques de ton royaume avant d'ordonner ce qui convient pour sa paix, son salut et sa prospérité. »

Philippe, pour résister, sentit que l'appui de la nation lui était indispensable et, pour soulever la nation, publia une fausse bulle, brève et impérieuse, où il exagérait encore les prétentions pontificales.

Indigné de la falsification de sa lettre, le pape déclara « qu'il aurait le chagrin de déposer le roi, comme un mauvais garçon, s'il ne se repentait pas. » Au mois d'avril 1303, il l'excommuniait, et le 15 août il déliait ses sujets du serment de fidélité. A cette date, le pape était à la veille d'une catastrophe.

Philippe le Bel, sous l'influence de Nogaret et d'un autre légiste, Guillaume de Plaisians, préparait un coup de force depuis plusieurs mois. Guillaume de Nogaret avait imaginé d'accuser Boniface VIII, qu'il appelait « maître de mensonges, blasphémateur, pestiféré, loup dévorant », de toutes sortes de crimes imaginaires. Le pape, disait-il, ne croyait pas à l'immortalité de l'âme ; il se faisait élever des statues pour se faire adorer ; il avait un diable pour conseiller ; il avait fait tuer son prédécesseur ; il avait dit qu'il aimerait mieux être chien que Français, et que, pour abaisser le roi et les Français, il ruinerait, s'il le fallait, le monde, l'Église et lui-même. Nogaret demandait donc que le pape, dans l'intérêt de l'Église, fût mis en jugement devant un concile et que le roi, par précaution, le fît arrêter (12 mars 1303).

L'acte d'accusation rédigé par les légistes fut lu dans une assemblée d'évêques et de seigneurs, puis dans une réunion publique, tenue en présence du roi dans le jardin de son palais à Paris (13-24 juin 1303). On invita les auditeurs à donner leur adhésion à la demande de mise en jugement : ceux qui la refusèrent furent emprisonnés.

ATTENTAT D'ANAGNI. Nogaret avait déjà gagné l'Italie. Là il s'était entendu avec les ennemis du pape, en particulier la famille des Colonna. Il avait réuni une bande de seize cents aventuriers. Le pape était à Anagni, sa ville natale, où il était venu passer l'été. Le 7 septembre, à l'aube, Nogaret entrait par trahison dans la ville. La populace se joignit aux envahisseurs qui commencèrent par piller les maisons des amis du pape. Celui-ci, abandonné de tous, attendit l'ennemi dans son palais, assis sur le trône pontifical, revêtu de la chasuble, la tiare en tête, les clefs de saint Pierre et la croix en mains. Sous les injures de la soldatesque, ce vieillard de près de quatre-vingts ans demeura impassible. A Sciarra Colonna qui voulait le tuer, il répondait : « Voici mon cou, voici ma tête ». A Nogaret qui le sommait d'abdiquer : « S'il me faut mourir, je mourrai pape ». Alors Nogaret lui déclara qu'il l'arrêtait « en vertu des règles du droit public, pour la défense de la foi et l'intérêt de notre Sainte Mère l'Église ». Deux jours après, le peuple d'Anagni, brusquement changé, se soulevait aux cris de : « Vive le pape ! mort aux étrangers ! » Nogaret était contraint de s'enfuir ; le pape, délivré, rentrait à Rome pour y mourir un mois plus tard, presque fou d'humiliation.

La mort de Boniface donnait la victoire à Philippe le Bel. Le nouveau pape Benoît XI, doux et pacifique, leva l'excommunication lancée contre Philippe, mais refusa d'absoudre Nogaret. Nogaret le fit empoisonner. Philippe réussit alors à faire élire l'archevêque de Bordeaux, Bertrand de Goth, qui prit le nom de Clément V (1305) et vint s'établir à Avignon (1309). Il y fut aux ordres du roi de France. Il eut la lâcheté d'absoudre Nogaret et de déclarer que, dans toute cette affaire, Philippe n'avait agi que « par un zèle bon et juste ».

L'attentat d'Anagni et l'établissement des papes à Avignon doivent être rangés parmi les faits les plus importants du Moyen Age : ils n'intéressent pas seulement la France, mais l'Europe entière. Par là ont été ruinés au début du quatorzième siècle les

ambitions politiques des papes, leurs rêves de domination sur
tous les souverains et sur tous les peuples. Par là l'indépendance des princes et des États s'est trouvée assurée. Mais aussi
toute puissance morale, capable de servir d'arbitre et de modé-
rateur, a disparu ; toute force capable de refréner les ambitions
et les violences a été détruite.

**ABOLITION
DE L'ORDRE
DES TEMPLIERS** — L'influence des légistes et particulièrement de No-
garet se retrouva dans l'affaire des *Templiers*.

L'ordre des Templiers, ou chevaliers du Temple,
ordre de moines soldats, avait été fondé après la première Croisade à Jérusalem, pour la défense de la Palestine. Jérusalem et la Palestine perdues, les Templiers étaient rentrés en
Europe où ils possédaient, dit-on, neuf mille maisons. Ils étaient
en grand nombre en France. A Paris, ils avaient un château fort,
le Temple, dont le donjon existait encore à la Révolution. L'ordre
était fort riche. Philippe le Bel était toujours à court d'argent
et avait fait des emprunts considérables aux Templiers. De là le
projet de faire disparaître l'ordre, afin de s'emparer de ses biens.

On procéda contre les Templiers comme on avait procédé
contre Boniface VIII : Nogaret les accusa de mille crimes imaginaires : hérésie, sacrilèges, mœurs infâmes, adoration d'une
idole, profanation de la croix. Le 13 octobre 1307 ils furent
arrêtés en masse par toute la France. Pour leur faire avouer
leurs prétendus crimes on les mit à la torture. La plupart
« dirent ce que voulaient les tourmenteurs ». « J'avouerais tout,
déclarait un Templier au souvenir des supplices endurés ; j'avouerais que j'ai tué Dieu si on voulait. »

Beaucoup, la torture terminée, revinrent sur leurs aveux.
Cinquante-quatre furent brûlés ensemble à la porte Saint-An-
toine, à Paris : ils moururent intrépidement en protestant de
leur innocence et de la pureté de l'ordre. La même protestation
fut renouvelée sur le bûcher par le Grand Maître de l'ordre,
Jacques Molai, la dernière victime de cette abominable affaire
(1312).

Mais pour s'emparer des biens de l'ordre, il fallait qu'il fût
aboli partout. Il y avait en effet des Templiers dans les pays
voisins de la France, et les souverains n'étaient nullement
décidés à imiter Philippe le Bel. Philippe s'adressa au pape ; il
se rendit auprès de lui à Valence avec une armée. Sous la
menace Clément V se fit le complice du roi et prononça l'aboli-

tion de l'ordre. Le roi garda tout l'argent qu'on avait trouvé dans les maisons des Templiers et les deux tiers de leurs biens. Le reste fut attribué à l'ordre des Hospitaliers.

L'abolition de l'ordre des Templiers est en elle-même d'importance secondaire ; mais elle est caractéristique de la rapacité, de l'hypocrisie, de l'absence de tout scrupule et de la froide cruauté de Philippe le Bel et de son entourage.

L'ADMINISTRATION DU DOMAINE ROYAL — A l'avènement de Philippe le Bel l'administration du domaine royal était à peu près complètement organisée, et ce roi n'y a apporté aucune modification importante. En revanche, c'est sous son règne que les organes du gouvernement du royaume achèvent de se constituer.

Sous les premiers Capétiens l'administration du domaine était extrêmement simple. Elle avait avant tout pour objet de fournir au roi le moyen de vivre : c'était l'administration du propriétaire qui tire de ses biens sa subsistance et celle des siens. Pour administrer ses propriétés, surveiller l'exploitation, percevoir les redevances des paysans, le roi capétien avait des régisseurs, comme Charlemagne avait des intendants pour ses villas. Ces régisseurs s'appelaient les *prévôts*. Mais en même temps qu'ils géraient les propriétés, les prévôts étaient chargés d'y faire exécuter les ordonnances du roi, d'y assurer le maintien de l'ordre, d'y rendre la justice, d'y organiser et d'y diriger en cas de besoin la défense. Ces régisseurs étaient donc à la fois des serviteurs privés et des administrateurs politiques, des gérants de propriétés et des fonctionnaires, chefs de la police, juges, généraux, trésoriers.

Quand le domaine royal s'agrandit, en particulier sous Philippe Auguste, l'importance des prévôts augmenta ainsi que leur nombre. En même temps le roi ne put plus les surveiller directement lui-même. Philippe Auguste plaça donc au-dessus d'eux de nouveaux fonctionnaires, les *baillis*. Ceux-ci centralisaient les recettes des prévôts, rendaient la justice en appel et venaient quatre fois par an rendre compte au roi de leur administration.

Après l'acquisition des provinces du Midi par Louis VIII et saint Louis, les deux rois y établirent des *bailes*, analogues aux prévôts ; des *sénéchaux* analogues aux baillis. Enfin il fallut surveiller à leur tour sénéchaux et baillis, et saint Louis et Philippe le Bel créèrent des inspecteurs généraux, les *enquêteurs*, nommés « pour corriger tout ce qui est à corriger », véritables *missi*, chargés de protéger les administrés contre les administrateurs.

Il y avait donc au temps de Philippe le Bel une véritable hiérarchie de fonctionnaires dans le domaine royal, c'est-à-dire dans la plus grande partie du royaume; en bas *bailes* et *prévôts* administraient les divisions territoriales les plus petites; au-dessus *baillis* et *sénéchaux* avaient chacun sous leur autorité un certain nombre de prévôtés; enfin les *enquêteurs* surveillaient les uns et les autres.

L'ADMINISTRATION CENTRALE Dès le début, les rois capétiens, comme avant eux les Mérovingiens et les Carolingiens, eurent leur *Palais*, on dit aujourd'hui leur *maison*, c'est-à-dire un certain nombre de personnes dirigeant les différents groupes de serviteurs du roi. Les principaux de ces chefs de service ou *officiers* étaient le bouteillier, le chambrier, le connétable, le sénéchal, le chancelier. Celui-ci, véritable secrétaire du roi, confident de ses pensées, était le plus important des officiers. Les officiers réunis formaient le **Conseil du Roi :** c'était devant eux que les prévôts devaient rendre compte de leur administration. Ils n'avaient à l'origine d'autorité *que dans le domaine du roi* et pour les affaires du domaine.

Quant aux affaires *du royaume* elles ne pouvaient être examinées que par ceux dont les États réunis constituaient le royaume, ceux qui avaient élu Hugues Capet, c'est-à-dire les possesseurs des grands fiefs, comtes, ducs et évêques. Réunis, ils formaient la **Cour du Roi.**

Quand la puissance des rois capétiens commença à se développer, les possesseurs des grands fiefs tinrent à honneur d'entrer dans le service d'un roi puissant et de devenir ses officiers. Dès l'avènement de Philippe Auguste, les fonctions de sénéchal étaient remplies par le comte de Champagne, et celles de chancelier par l'archevêque de Reims. Dès lors, les mêmes personnes siégèrent dans le Conseil du Roi et dans la Cour du Roi, et les *deux assemblées se confondirent.* La Cour du Roi devint un instrument docile des volontés du Roi, qui put faire appliquer dans tout le royaume, c'est-à-dire même dans les grands fiefs, les ordonnances qui n'étaient d'abord applicables que dans le domaine.

Après les grandes annexions, les membres de la Cour se trouvèrent chargés de tant d'affaires qu'ils furent obligés de procéder à ce que nous appelons *la division du travail* : ils se parta-

gèrent la besogne d'une façon permanente d'après leurs apti-
tudes. Sous le règne de saint Louis, en 1250, une partie des
membres de la Cour fut ainsi chargée de tout ce qui regardait la
justice. Ils formèrent le *Parlement*. Le Parlement accompagnait
d'abord le roi dans tous ses déplacements. Philippe le Bel l'établit à demeure à Paris dans le Palais royal, construit par saint
Louis, aujourd'hui le Palais de Justice.

Sous Philippe le Bel, les affaires de finances furent confiées à
une commission spéciale, la *Chambre des Comptes*, chargée de
contrôler toutes les recettes et toutes les dépenses. Les affaires
administratives et politiques, le choix des fonctionnaires, furent
confiés au *Grand Conseil*.

Ainsi la Cour du Roi, qui était à l'origine une assemblée
unique à compétence universelle, se trouva, au temps de Philippe
le Bel, démembrée et remplacée par trois cours spéciales :
Grand Conseil, Cour des Comptes, Parlement, dont
l'autorité s'étendait non plus seulement sur le domaine, mais
sur le royaume entier. C'étaient les trois rouages essentiels du
gouvernement : ils subsistèrent jusqu'à la Révolution.

LES PREMIERS IMPOTS — Deux sortes de faits montrent bien les progrès de
l'autorité du roi dans le royaume : ils se rapportent
tous deux au règne de Philippe le Bel. Ces faits
sont : l'établissement et la perception d'*impôts*; la
réunion des *grandes assemblées* de 1302, 1308 et 1314.

Jusqu'à Philippe le Bel, les rois avaient payé de leur bourse,
sur leur argent et leurs revenus personnels toutes leurs dépenses, leurs serviteurs, leurs soldats, leurs juges, etc. Mais le
domaine agrandi nécessitait plus de fonctionnaires et coûtait
plus cher à administrer; la politique plus active nécessitait plus
d'argent. Les revenus du roi ne furent plus suffisants et le roi
dut chercher des ressources nouvelles : on les trouva dans les
impôts. On les appela des *aides*. Philippe le Bel à plusieurs
reprises, pour entretenir ses armées, leva *les aides de l'ost*, ou
impôts pour l'armée. Ces impôts étaient perçus non seulement
dans le domaine, mais aussi dans tous les fiefs. Partout ils
étaient levés directement par des agents du roi. C'est là le commencement d'une nouveauté fort importante : *les finances d'État*.
Désormais dans le royaume de France comme jadis dans l'Empire
romain, la charge des dépenses politiques et administratives devait retomber sur les sujets.

LES GRANDES ASSEMBLÉES

A trois reprises, dans la lutte contre Boniface VIII en 1302, dans l'affaire des Templiers en 1308, enfin lors d'une guerre contre les Flamands en 1314, le roi voulut paraître soutenu par la France entière.

Il réunit donc des assemblées où siégèrent des représentants du clergé, de la noblesse et des villes. Ces représentants étaient réunis « pour délibérer sur certaines affaires qui intéressent au plus haut point le roi, le royaume, tous et chacun ». Mais il ne faut pas se les représenter comme des députés *élus* par la nation,

Le Louvre. — Photographie d'une miniature de Pol de Limbourg (vers 1411) dans les « Très riches heures du duc de Berri ». Château de Chantilly.

Le Louvre sous Charles VII. C'est le Louvre de Philippe Auguste, mais suré-levé d'un étage par Charles V. C'était une forteresse plus qu'un palais. Au centre le toit pointu de la grosse tour qui servait de trésor et de dépôt d'archives. Cette citadelle, qui occupait l'emplacement de la cour Jean Goujon, fut rasée au seizième siècle sous François Ier pour la construction du palais actuel. Plusieurs des salles basses subsistent.

ayant mission et pouvoir de discuter avec le roi. Ils se réunis-saient *par ordre*; ils étaient avertis qu'on les faisait venir « pour entendre les ordres du seigneur roi, pour ouïr et rapporter ses volontés ». Leur réunion prouve que dans les fiefs comme dans le domaine tout le monde commençait à reconnaître le prin-cipe romain de l'autorité absolue du roi, préconisé par les légistes

LE PALAIS DE SAINT LOUIS, vu de l'ouest. — Miniature de Pol de Limbourg.

Vue prise de l'extrémité ouest de la cité, alors un jardin, aujourd'hui la place Dauphine. A droite la Sainte-Chapelle; à gauche, les toits des tours de la Conciergerie, en façade sur la Seine et le bâtiment de la Cour de Cassation. La tour plus élevée est la tour de l'Horloge, à l'angle du pont au Change. La tour au milieu n'existe plus. Le Parlement fut établi au Palais par Philippe le Bel.

LE PALAIS DE SAINT LOUIS, vu du nord. — Photographie Neurdein.

Façade le long de la Seine : on en voit le profil et les toits, à gauche dans la miniature. A droite les tours de la Conciergerie, à gauche la tour de l'Horloge.

PARIS CAPITALE Ce fut sous les Capétiens que Paris devint la capitale de la France. Les premiers rois n'avaient là qu'une résidence ni plus ni moins importante que leur résidence d'Orléans. Mais à partir de Philippe Auguste, les Capétiens firent de Paris leur principal établissement. Philippe entoura la ville d'un mur d'enceinte dont il subsiste quelques fragments. Il fit paver les deux plus grandes rues; celles qui coupaient la ville du nord au sud et de l'est à l'ouest et formaient ce que l'on appelait la *croisée* de la ville. Il éleva, sur la rive droite de la Seine, un peu en dehors de l'enceinte, un château fort, le *Louvre*. La tour centrale, vrai donjon, n'avait pas moins de trente-deux mètres de haut et de cinquante mètres de circonférence; il y enferma ses trésors et ses archives.

Saint Louis, à l'extrémité de l'île de la Cité, construisit un somptueux palais, aujourd'hui le *Palais de Justice*, enveloppant le joyau de l'architecture ogivale, la *Sainte-Chapelle*. Enfin sous Philippe le Bel les trois grands conseils, qui avaient jusqu'alors suivi les rois dans leurs déplacements, furent établis à demeure à Paris. Les organes du gouvernement étaient ainsi fixés; Paris était bien dès lors la capitale, c'est-à-dire la tête qui dirige.

L'ŒUVRE DES CAPÉTIENS Les rois capétiens ont droit à une place à part dans notre histoire. Ils ont, en effet, accompli une œuvre considérable que l'on peut ainsi résumer :

À leur avènement, la France était morcelée en États indépendants, les grands fiefs, qui avaient chacun leur gouvernement. Les rois ont refait l'*unité politique* de la France en occupant un à un la plupart de ces grands fiefs.

Ils ont préparé son *unité administrative* en créant les organes d'un gouvernement général commun à tous. La France, *État féodal* en 987, était en voie, en 1321, de devenir *un État à la romaine*.

Les deux dynasties précédentes, Mérovingienne et Carolingienne, après des débuts éclatants, avaient fini misérablement. Tout autre fut la destinée des Capétiens, modestes à l'origine, très puissants à la fin. C'est qu'ils avaient eu une idée, *unifier le royaume*, qu'ils avaient tous travaillé à la réaliser, qu'ils eurent de l'esprit de suite, avec la sagesse de mesurer leurs ambitions à leurs moyens. Les ambitions grandirent avec les moyens; mais ils surent toujours ce qu'ils voulaient, et ils ne voulurent jamais que ce qu'ils pouvaient.

CHAPITRE XII

L'ANGLETERRE — LA CONQUÊTE NORMANDE
LA GRANDE CHARTE — LE PARLEMENT

**L'ANGLETERRE
LE PAYS**   L'Angleterre est la plus grande des îles qui constituent l'archipel des *îles Britanniques*. Elle est placée un peu en avant de l'Europe vers l'Ouest, entre l'océan Atlantique et la mer du Nord, qui la sépare des Pays-Bas, de l'Allemagne, du Danemark et de la presqu'île Scandinave. Elle est au Nord de la France, dont la séparent à peine la mer de la Manche et le Pas de Calais. Sa superficie, 230 000 kilomètres carrés environ, équivaut à un peu moins de la moitié de la superficie de la France.

La plus grande partie du territoire est plate. Les montagnes sont rejetées au Nord et à l'Ouest dans ce que l'on appelle l'Écosse, le pays de Galles et la Cornouailles. Les plus élevées, les Grampians, n'atteignent nulle part la hauteur de nos Cévennes. L'île, extrêmement découpée, pénétrée de tous côtés par la mer, reçoit une grande quantité de pluie. Aussi a-t-elle des rivières nombreuses, courtes, mais très régulières et abondantes, dont la *Tamise* est le type parfait. Le sol est fertile. Mais l'humidité du climat est peu favorable à la culture des céréales et rend impossible la culture de la vigne. En revanche elle est excellente pour le développement des prairies et de l'élevage; l'Angleterre au Moyen Age fut un immense marché de moutons et de laines. Comme dans la Gaule primitive, de vastes forêts s'étendaient sur les montagnes et couvraient aussi la plaine du Sud.

**LES INVASIONS
CELTIQUES**   Bien que protégée par la mer, l'Angleterre n'a pas plus que la Gaule échappé aux invasions, et la population anglaise actuelle est, comme notre population de France, le produit de nombreux croisements de peuples. Avant l'ère chrétienne, elle fut, comme sa voisine l'*Irlande*, envahie par les **Celtes** venus de Gaule à deux reprises. Les

Gaëls, arrivés les premiers, furent poussés vers le Nord par les *Bretons*. Les uns et les autres sont les lointains ancêtres des populations qui occupent aujourd'hui d'une part la Haute-Écosse, de l'autre le pays de Galles et la Cornouailles.

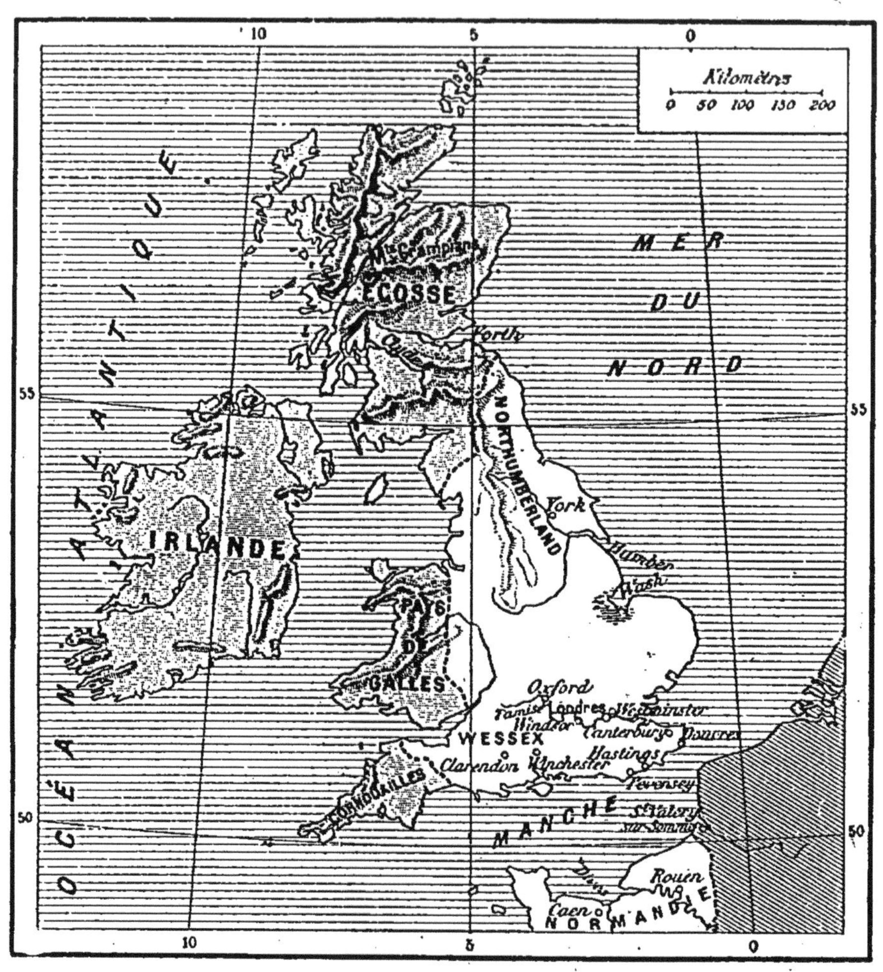

L'ANGLETERRE.

    Les Bretons donnèrent leur nom à l'île entière que les Romains appelaient la *Bretagne*. Ils avaient les mêmes mœurs et les mêmes institutions que leurs frères de Gaule. Leur pays était même comme une sorte de séminaire où venaient s'instruire les futurs Druides Gaulois, et les relations étaient constantes d'une rive à l'autre de la Manche. Ces relations et la crainte que les

Gaulois ne pussent tirer des secours de la Bretagne, déterminèrent César, pendant la guerre des Gaules, à tenter deux expéditions successives, en 55 et en 54. Ce fut le premier acte de la conquête Romaine.

LA CONQUÊTE ROMAINE

Deux cent cinquante ans plus tard elle n'était pas achevée. Les Romains étaient obligés de s'arrêter au pied des monts Grampians, où ils désespéraient de forcer les Gaëls, surnommés par eux les *Picti*, c'est-à-dire les hommes qui se peignent le corps. Pour les enfermer dans leurs montagnes, l'empereur Septime Sévère fit construire d'une mer à l'autre, du golfe de la Clyde à celui du Forth, une colossale ligne de retranchements. Les Romains n'eurent du reste pas en Bretagne le même succès qu'en Gaule. Ils ne parvinrent pas à assimiler les vaincus. Quand les Barbares commencèrent à donner l'assaut à l'Empire, les Romains rappelèrent leurs légions : il ne subsista à peu près rien de leur domination.

LES INVASIONS ANGLO-SAXONNES

Les Romains partis, les Pictes voulurent descendre des montagnes et gagner la plaine et les pays plus riches du Sud, occupés par les Bretons. Ceux-ci, pour se défendre, appelèrent à l'aide des auxiliaires Germains, venus des pays voisins de l'Elbe, *Angles* et *Saxons*. Ce fut le point de départ d'une invasion germanique qui à la fin du cinquième siècle, à l'époque où Clovis s'établissait en Gaule, avait rendu les *Anglo-Saxons* maîtres de tout le plat pays. Il prit alors le nom de terre des Angles ou *Angleterre*. L'Écosse et le pays de Galles restèrent indépendants aux mains des Celtes. Dans le même temps, des missionnaires, envoyés de Rome par le pape Grégoire Ier, commençaient à évangéliser les Anglo-Saxons.

LES INVASIONS DANOISES

Deux siècles plus tard, les mêmes Barbares qui attaquaient le royaume de Charles le Chauve, apparurent sur les côtes d'Angleterre. Les *Danois* étaient frères des Normands. Souvent même les chefs qui opéraient en France opéraient également en Angleterre. C'était le cas de *Regnard Lodbrog*, qui finit par être pris en Angleterre et fut jeté vivant dans un tonneau rempli de vipères. Les Danois s'en tinrent d'abord au pillage comme en France; puis ils créèrent des établissements permanents et s'emparèrent du pays au nord du fleuve Humber, le *Northumberland*. Cependant l'énergie du roi *Alfred le Grand* (871-901), et de ses successeurs, parvint à arrêter les invasions pendant plus d'un siècle. Mais au moment même où en France Hugues Capet était élu roi (987), les Danois reprirent avec plus de vigueur leurs attaques, et ce fut la conquête même de l'Angleterre qu'ils entreprirent et qu'ils opérèrent avec *Kanut le Grand*. Le roi saxon Ethelred se réfugia en France (1013) auprès du duc de Normandie Richard, dont il avait épousé la fille Emma.

SEIGNEURS SAXONS.
Phot. de la tapisserie de Bayeux.

La tapisserie de Bayeux est une bande de toile longue de 70 mètres, large de 50 centimètres, sur laquelle on a brodé avec des fils de couleur 72 scènes se rapportant à l'histoire de la conquête de l'Angleterre. Elle passe pour avoir été faite sous la direction de la reine Mathilde, femme de Guillaume le Conquérant. Le dessin est tout à fait naïf, mais aussi très fidèle. Aussi cette tapisserie fournit-elle les plus précieux renseignements sur les costumes, l'armement, la manière de combattre des Normands et des Saxons. Des légendes en latin expliquent chaque scène. Ici sont représentés des nobles saxons, armés de la grande hache. Les costumes, pèlerine, tunique, pantalon, rappellent beaucoup ceux du temps de Charlemagne.

Kanut gouverna l'Angleterre avec la sagesse de Rollon en Normandie. Les Anglo-Saxons ne furent pas traités comme des vaincus, et moins de dix ans après la mort de Kanut (1036), ils purent placer de nouveau sur le trône un prince de leur race, un fils d'Ethelred et d'Emma, *Édouard* surnommé le *Confesseur* à cause de sa piété.

ÉDOUARD LE CONFESSEUR

Édouard le Confesseur, Normand par sa mère et élevé en Normandie, se plut modérément au milieu des Saxons demeurés assez sauvages, et appela autour de lui de nombreux Normands du duché. Ce fut une véritable invasion pacifique : toutes les charges importantes étaient données aux Normands ; un Normand avait été nommé archevêque de Cantorbery, ce qui faisait de lui le chef du clergé d'Angleterre. La langue française avait même remplacé la langue saxonne dans le palais du roi. Tout cela n'allait pas sans mécontenter vivement les seigneurs saxons qui, dirigés par l'un d'eux, Godwin, le beau-père même du roi, contraignirent Édouard à chasser les Normands. Godwin fut dès lors tout-puissant. A sa mort son fils *Harold* hérita de son influence et gouverna réellement sous le nom d'Édouard. Quand celui-ci mourut, comme il ne laissait pas d'enfant, Harold, qui était son beau-frère, lui succéda. Tous les Saxons le considérèrent comme le roi légitime (1066).

GUILLAUME DE NORMANDIE ET HAROLD

A peine Harold était-il sacré, le duc de Normandie Guillaume réclama la couronne.

Guillaume était le fils du duc *Robert* surnommé le *Diable*, à cause de sa méchanceté, et d'Arlette, fille d'un tanneur de Falaise. Il était gros, chauve, d'une force extra-ordinaire, chasseur intrépide, brave soldat, politique habile et dissimulé, rusé, violent, souvent cruel. Il fit couper les pieds et les mains aux défenseurs d'une redoute qu'il venait de prendre, parce qu'avant l'attaque, pour se moquer de son grand-père le tanneur, ils avaient crié du haut des murs : La peau! La peau!

Guillaume était cousin d'Édouard. Il lui avait autrefois (1051) rendu visite en Angleterre, et prétendait qu'Édouard au cours de ce voyage lui avait promis sa succession. Bien plus il pré-tendait qu'Harold lui-même s'était engagé par serment à la lui faire obtenir. Jeté par la tempête sur les côtes de France, retenu prisonnier selon l'usage du temps par le seigneur du pays où il avait échoué, Harold avait été racheté par Guil-laume qui le garda un certain temps à sa cour, le traitant en ami.

Un jour il lui fit promettre de l'aider à recueillir plus tard la succession d'Édouard. Pour rendre la promesse plus solennelle, il la fit renouveler sur deux petits reliquaires. Harold jura sans hésiter. Aussitôt on découvrit la table où les reliquaires étaient placés, et Harold vit avec épouvante une cuve remplie des osse-ments de tous les saints de la Normandie. L'anecdote est carac-téristique, parce qu'elle montre ce qu'il y avait de rusé chez Guillaume, et le singulier Christianisme de ces hommes qui mesuraient au volume et au nombre des reliques le degré de respect dû au serment.

Guillaume en appela au jugement du pape; il accusa Harold de parjure et envoya à Rome l'abbé Lanfranc pour exposer l'af-faire. Le pape Alexandre II condamna Harold, l'excommunia et déclara que le royaume d'Angleterre devait appartenir à Guillaume. Il lui envoya en signe d'investiture un étendard bénit, et un anneau où était enfermé un cheveu de saint Pierre. Guillaume avait déjà commencé ses préparatifs.

CARACTÈRES DE L'EXPÉDITION DE GUILLAUME — Les seigneurs normands se montraient peu disposés à suivre leur duc au delà de la Manche. Mais l'intervention du pape, l'excommunication lancée contre Harold, donnaient à l'expédition le caractère d'une guerre religieuse, d'une croisade; ce qui amena à Guillaume des guerriers de tous les pays voisins, des Français, des Flamands,

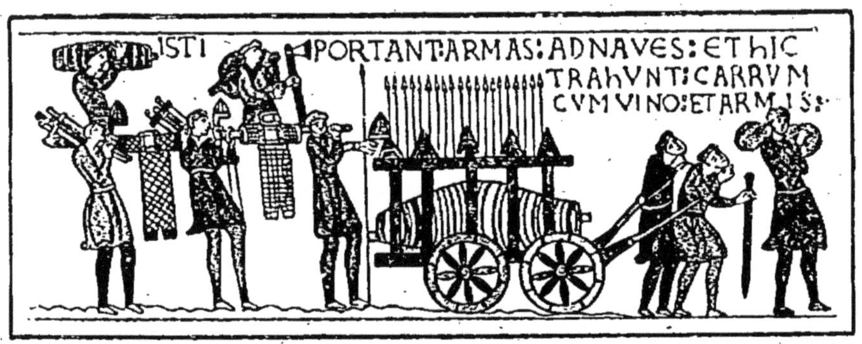

COSTUMES CIVILS NORMANDS. — PRÉPARATIFS DE L'EXPÉDITION.
Photographie de la tapisserie de Bayeux.

La légende signifie : Ceux-ci portent des armes aux navires et ceux-là traînent un char chargé de vin et d'armes. A gauche trois personnages avec des épées en paquet sur l'épaule et un casque à la main. Une barre de bois passée dans les manches leur sert à porter les hauberts, vêtements de mailles d'acier ayant la forme d'un costume de bain. Les deux personnages, dessinés au-dessus — par ignorance de la perspective, comme sur les monuments égyptiens, — portent l'un un tonneau, l'autre une outre et une hache. Sur le chariot que deux hommes tirent à la bricole, sont placés un tonneau, des lances et des casques fixés sur les pieux.

des Bourguignons, des Bretons, des Aquitains; il en vint même de Sicile.

D'autre part Guillaume promettait à qui s'engageait à combattre pour lui une large récompense après la victoire, une part du butin proportionnée à l'importance du concours fourni. Ainsi, à un moine de Fécamp qui amenait un navire et vingt soldats, il promettait un évêché en Angleterre. Cette expédition fut, comme on dit aujourd'hui, une affaire en participation : chacun dut toucher un dividende proportionné aux capitaux engagés.

BATAILLE DE HASTINGS

Dès le mois de juin 1066, Guillaume avait réuni 14 000 cavaliers, 45 000 fantassins, 1400 navires à l'embouchure de la Dive. Quand il mit à la voile, les vents le poussèrent le long de la côte de France jusqu'à l'estuaire de la Somme : il dut s'abriter au port de Saint-Valéry où quatre mois il attendit un vent favorable. A la fin de septembre, le vent souffla du sud, et après deux jours de traversée, l'armée de Guillaume prit terre à *Pevensey*, le 28 septembre 1066. Elle ne trouva personne pour s'opposer au débarquement. Harold avait été obligé de courir dans le Nord pour repousser une invasion des Norvégiens alliés de Guillaume. Victorieux, il revint en hâte s'établir sur la colline de *Senlac*, près d'Hastings, derrière de solides palissades.

Son armée se composait uniquement de fantassins, soldats médiocres et presque tous mal équipés. Il avait cependant un corps d'élite, ses gardes, les *house-earls*, qui, tout en ayant la solide armure des chevaliers, combattaient à pied, armés d'une hache énorme. La principale force de l'armée de Guillaume consistait en cavaliers. La bataille s'engagea le 14 octobre. Les cavaliers normands s'élancèrent en chantant. Ils exécutèrent sur les pentes de la colline une série de charges qui

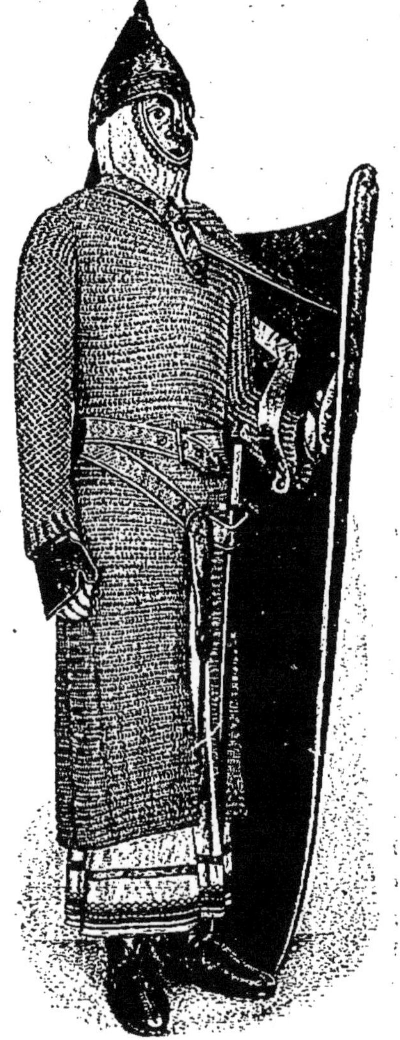

CHEVALIER DES XIe ET XIIe SIÈCLES.
Musée d'Artillerie.

Le casque conique, le heaume, est prolongé devant par une plaque de métal, le nasal, qui descend jusqu'à hauteur de la bouche. Un capuchon de cuir enveloppe la tête : il fut plus tard remplacé par un capuchon en mailles d'acier (voir page 120). La tunique de mailles d'acier est le haubert. Les mains sont couvertes de cuir. Le grand bouclier montant jusqu'à l'épaule, l'écu, est suspendu au cou par une courroie et tenu par le bras et la main gauche. L'épée droite, à large lame, à garde en croix, est portée par un double ceinturon.

toutes vinrent se briser contre les palissades saxonnes. Guil-

HASTINGS. — L'ASSAUT DE LA COLLINE.
Photographie de la tapisserie de Bayeux.

Deux cavaliers normands portant l'armure com-
plète. Sur le flanc de la colline trois Saxons, dont
deux tombent morts. Ils n'ont pas d'armure, mais seu-
lement le bouclier et la lance. La légende dit : les
Français au combat.

laume avait heu-
reusement des ar-
chers : leurs flè-
ches lancées en tir
plongeant, blessè-
rent nombre de
fantassins saxons
à la tête et com-
mencèrent à jeter
le désordre dans
leurs rangs. D'au-
tre part une fuite
simulée de la cava-
lerie normande
amena les Saxons
à sortir des retran-
chements. Les

cavaliers en eurent dès lors bon marché, et purent pénétrer

dans le camp. Les gar-
des, au milieu desquels
était Harold frappé d'une
flèche à l'œil, résistè-
rent désespérément à
coups de haches, de trois
à six heures du soir. A
la fin ils furent enfoncés;
Harold fut achevé. On
eut de la peine le len-
demain à le retrouver dé-
figuré sous un tas de ca-
davres.

HOUSE-EARL ET CHEVALIER NORMAND.
Photographie de la tapisserie de Bayeux.

Les Houses-earls, gardes d'Harold, portaient
l'armure des chevaliers, mais combattaient à
pied, armés d'une énorme hache. Les cavaliers
normands se servaient de leur épée comme d'un
sabre pour tailler. Le bouclier pour charger
est porté relevé. Les Normands sont toujours
représentés rasés, les Saxons avec de grandes
moustaches rousses.

**SOUMISSION
DE
L'ANGLETERRE**

L'histoire
n'enregistre
pas de ba-
taille plus dé-
cisive. La seule victoire
d'Hastings suffit à Guil-
laume pour être maître de l'Angleterre. C'est qu'à peu près
tout ce qui avait une valeur militaire chez les Saxons était

tombé sur le champ de bataille, et que l'Angleterre n'avait pas de places fortes. Quelques seigneurs saxons, au Nord, tinrent bon pendant cinq années dans les marais du Wash. Mais cette résistance locale fut sans importance. Il en fut de même des efforts individuels de ceux qu'on appela les *outlaws*. Ils continuèrent assez longtemps pour leur propre compte dans les forêts, comme font actuellement en Macédoine les *haïdouks*, une guerre de coups de main qui à la longue dégénéra en purs brigandages. Guillaume, pour y mettre fin, recourut à des mesures rigoureuses. Il promulgua en particulier la loi dite d'*anglaiserie*. Toute personne trouvée assassinée était jusqu'à preuve contraire, tenue pour française. Si le meurtrier n'était pas livré, les habitants du canton où le corps avait été trouvé étaient condamnés à payer en commun une lourde amende. Nous avons appliqué aux indigènes d'Algérie ce système de la responsabilité collective.

ORGANISATION DE LA CONQUÊTE Trois mois après la victoire d'Hastings, Guillaume avait été couronné roi d'Angleterre, le jour de Noël, dans l'abbaye de Westminster, près de Londres.

Guillaume s'occupa aussitôt de régler les comptes de l'expédition. Il s'empara de tous les biens du domaine royal saxon, puis confisqua les biens d'Harold, ceux de sa famille et de tous ceux qui avaient combattu à Hastings.

Il garda pour sa part les villes, la plupart des forêts et quinze cents *manoirs*, c'est-à-dire quinze cents grandes propriétés. Aucun roi n'était aussi riche. Dans le même temps Philippe Ier, suzerain de Guillaume, possédait deux villes entre lesquelles le petit seigneur de Montlhéry ne le laissait pas circuler librement. Le reste des terres confisquées fut partagé en plus de soixante mille fiefs et distribué aux soldats de l'expédition. Les simples soldats, la veille encore charretiers, tailleurs, bouviers — nous avons leurs noms — furent transformés en *chevaliers* : les chefs devinrent *barons* ou *comtes*. Dans la hiérarchie féodale, ils demeurèrent subordonnés les uns aux autres comme ils l'étaient à l'armée. Ainsi l'armée, en bloc, constitua la nouvelle noblesse d'Angleterre, et la nouvelle noblesse anglaise constitua une armée.

Les principales dignités ecclésiastiques furent enlevées aux Saxons et données à des Normands. Lanfranc reçut l'archevêché de Cantorbery et l'autorité sur tout le clergé d'Angleterre.

Quand la distribution des fiefs fut achevée, Guillaume fit dresser l'inventaire des propriétés, ce que nous appelons le *cadastre*. Pendant l'année 1086 des commissaires parcoururent toute l'Angleterre, demandant pour chaque manoir le nom du possesseur et le nom du manoir, le nombre des personnes de toute condition qui y vivaient, le nombre des charrues, des moulins, des étangs, l'étendue des bois, des prairies, la valeur du manoir au temps du roi Édouard et sa valeur présente.

L'enquête devait permettre à Guillaume de connaître exactement les ressources de son royaume, et en particulier de déterminer de façon précise le nombre de soldats que lui devait chaque fief. Quand elle fut achevée, il réunit dans une plaine à Salisbury tous les possesseurs de terres : ils durent lui faire hommage et lui prêter serment de fidélité. Les renseignements recueillis par les commissaires furent classés dans un registre, connu sous le nom de *Domesday-book*, le *livre du Jugement*. Il est conservé aux Archives nationales d'Angleterre. C'est un document précieux, qui n'a son pareil dans aucun autre pays, et qui permet de connaître l'état de l'Angleterre au Moyen Age aussi exactement que l'on connaît l'état de la France aujourd'hui.

MORT DE GUILLAUME LE CONQUÉRANT La fin de la vie de Guillaume fut troublée par la révolte d'un de ses fils, auquel le roi de France Philippe Ier prêta secours. Guillaume, en 1087, vint incendier Mantes. Son cheval fit une chute au milieu des décombres ; Guillaume, grièvement blessé, fut transporté à Rouen où il mourut.

LES FILS DE GUILLAUME LE CONQUÉRANT La destinée des fils de Guillaume le Conquérant fut tragique. Ils étaient trois. L'aîné, *Robert*, surnommé *Courte-Heuse* ou Courtes Bottes, eut à la mort de son père le duché de Normandie. Le second, Guillaume le Roux, fut roi d'Angleterre et mérita le surnom de « protecteur des bêtes fauves » ; il finit assassiné dans une forêt à la chasse (1100). Le troisième, *Henri*, surnommé *Beauclerc*, c'est-à-dire le bien instruit, profita de l'absence de Robert parti pour la première croisade, et s'empara à la fois de la couronne d'Angleterre et du duché de Normandie. A son retour Robert essaya bien de combattre ; mais il fut pris fit enfermé sur l'ordre d'Henri ; on dit même que son frère lui et crever les yeux. En 1120, Henri revenant de Normandie en

Angleterre, le bateau qui portait ses deux fils, la *Blanche Nef*, s'ouvrit sur un rocher et les deux princes périrent.

LES PLANTAGENETS La succession d'Henri Beauclerc, mort en 1135, donna lieu par suite à une longue guerre entre sa fille *Mathilde*, qui avait épousé le comte d'Anjou *Geoffroy Plantagenet*, et son neveu *Étienne de Blois*, fils d'une fille de Guillaume le Conquérant. A la fin Étienne de Blois reconnut pour héritier le fils de Mathilde, Henri, qui en 1154 devint roi sous le nom d'Henri II.

Henri, on l'a vu, était déjà maître par son père de l'Anjou, du Maine, de la Touraine; par sa mère, de la Normandie; par sa femme Éléonore, de l'Aquitaine; c'était à peu près la moitié du royaume de France. Son règne, fort long (1154-1189), fut presque entièrement occupé par la lutte en France contre Louis VII et Philippe Auguste et par les révoltes de ses fils.

Son fils et successeur Richard Cœur de Lion (1189-1199), célèbre par sa bravoure, passa la moitié de son règne à la troisième Croisade, l'autre moitié à guerroyer contre Philippe Auguste.

Le frère de Richard, Jean sans Terre (1199-1215), perdit la Normandie, le Maine, l'Anjou (1201-1202). Au même moment il entrait en lutte avec le pape Innocent III à propos de l'archevêché de Cantorbery. Excommunié, déclaré déchu du trône, il jura d'abord qu'il se ferait musulman plutôt que de se soumettre. Il se soumit cependant et se reconnut même le vassal du pape, auquel il promit de payer une redevance, quand il apprit que Philippe Auguste préparait une expédition contre l'Angleterre (1213). Battu à la Roche-aux-Moines, en même temps que ses alliés étaient battus à Bouvines (1214), il se vit imposer par les seigneurs et les évêques d'Angleterre la **Grande Charte**, qui limitait l'autorité royale (1215). Il viola aussitôt le serment qu'il avait prêté; les seigneurs se soulevèrent et proclamèrent roi le fils de Philippe Auguste.

La mort de Jean sans Terre (1216) amena un revirement chez les Anglais, qui reconnurent pour roi son fils Henri III, un enfant de neuf ans. A sa majorité, Henri III (1216-1272) révoqua la Grande Charte. Mais, vaincu à Taillebourg et à Saintes, il se trouva, en face des barons anglais, dans la même situation que son père. Ceux-ci lui imposèrent les **Statuts d'Oxford**

(1258), qui complétaient la Grande Charte et assuraient aux Anglais une part importante dans l'administration des affaires du royaume. Le **Parlement** d'Angleterre est sorti de la Grande Charte et des statuts d'Oxford.

Dans la suite Henri III abrogea les statuts d'Oxford; de là une guerre civile où il fut vaincu et pris (1265). Un an plus tard Henri était délivré par son fils Édouard.

Sous le règne de celui-ci (1272-1307) acheva de s'organiser le Parlement. Au règne d'Édouard Ier se rattache également la conquête du *pays de Galles*. Le prince héritier d'Angleterre porta désormais le nom de *prince de Galles*

LA MONARCHIE EN FRANCE ET EN ANGLETERRE — La dynastie des Plantagenets a, dans l'histoire de l'Angleterre, la même importance que la dynastie Capétienne dans l'histoire de France. Les destinées des deux dynasties ont été cependant tout à fait différentes.

En France, à la mort de Philippe Ier (1108) l'autorité royale était encore à peu près nulle; à la mort de Philippe le Bel (1314) l'on commençait à dire avec les légistes dans presque tout le royaume que la *volonté du roi était la loi*.

En Angleterre, Guillaume le Conquérant avait bien constitué une féodalité de toutes pièces. Mais les fiefs donnés à ses soldats n'étaient nulle part d'un seul tenant comme en France, et leur étendue était toujours assez faible. En outre les seigneurs, comtes et barons — on les a appelés plus tard les *lords* — n'avaient ni le droit de guerre, ni le droit de justice. ni le droit de battre monnaie.

Enfin les fiefs ne constituaient pas toute l'Angleterre, comme ils constituaient toute la France : ils étaient enclavés dans les *comtés*, divisions administratives du royaume et en faisaient partie. Or le roi dans chaque comté était représenté par un fonctionnaire, le *shérif*, nommé par lui, révocable par lui. Il était en résumé plus puissant qu'aucun autre roi dans toute l'Europe à cette époque et rien en pratique ne limitait sa volonté.

Au contraire, à la mort d'Édouard Ier (1307) on disait que le roi *était sous la loi*, c'est-à-dire qu'il était obligé de respecter la loi qu'il avait jurée et que ses sujets avaient imposée à son père et à son grand-père.

Ainsi tandis que la France tendait à devenir une *monarchie absolue*, l'Angleterre devenait une *monarchie limitée*.

CAUSES
DE L'AFFAI-
LISSEMENT DE
LA PUISSANCE
ROYALE
EN ANGLETERRE

L'affaiblissement de la puissance royale en Angleterre est résultée en grande partie de ce que les rois anglais étaient en même temps propriétaires d'immenses domaines en France. Ces domaines, on a vu comment et pourquoi les Capétiens se sont efforcés de s'en emparer. Les Plantagenets les ont défendus avec d'autant plus d'énergie qu'ils étaient princes français bien plus que rois anglais. Henri II, sur trente-cinq années de règne, n'en passa pas seize en Angleterre. Les Plantagenets considérèrent leurs domaines de France comme leur bien principal, la couronne d'Angleterre comme l'accessoire. On verra au dix-huitième siècle d'autres rois d'Angleterre, en même temps électeurs de Hanovre, placer dans leurs préoccupations leur principauté allemande bien au-dessus de l'Angleterre. Les Plantagenets ne virent dans leur royaume qu'une réserve d'hommes et d'argent pour leurs guerres de France. Henri II et Richard Cœur de Lion purent y puiser presque comme ils voulurent, parce qu'ils étaient énergiques et victorieux, et qu'ils inspiraient de la crainte à leurs sujets. Mais les Anglais ne supportèrent plus un pareil régime quand ils se trouvèrent en face de Jean sans Terre.

JEAN SANS TERRE

Jean sans Terre était intelligent, mais profondément corrompu, débauché, hypocrite, cupide, sanguinaire, prêt à toutes les trahisons, insolent et brutal avec les faibles, lâche en face des puissants : « Quelque souillé que soit l'enfer, disait un de ses contemporains, la présence de Jean y serait une souillure. »

Dans le même temps il humilia la couronne d'Angleterre devant le pape (1213), et il se fit battre par Philippe Auguste (1214). A ce roi méprisable et vaincu les seigneurs anglais imposèrent des conditions.

Le 24 mai 1215, les seigneurs occupèrent Londres ; sept chevaliers seulement restèrent fidèles à Jean qui dut, le 15 juin, se rendre au milieu des révoltés et jurer la **Grande Charte.**

LA
GRANDE CHARTE

Les dispositions les plus importantes de la Grande Charte étaient les suivantes :

Le roi ne pouvait lever *aucun impôt* sur ses sujets que du *consentement du grand conseil du royaume.*

Ce grand conseil se composait des archevêques, évêques,

comtes, barons, convoqués par lettres quarante jours à l'avance, chaque fois qu'il serait besoin.

Le roi s'engageait à ne rien faire prendre par ses officiers sans en payer le prix fixé par les propriétaires eux-mêmes.

Aucun homme libre ne serait arrêté, ni emprisonné, ni atteint en aucune façon, si ce n'est en vertu d'un jugement régulier rendu par ses pairs et selon la loi du pays.

Pour assurer l'exécution des conventions arrêtées, vingt-cinq barons seraient élus comme gardiens et conservateurs. Si le roi violait la Charte, ceux-ci pourraient s'emparer des châteaux et des terres du roi jusqu'à ce que le mal fût réparé d'après leur jugement.

La Charte donnait donc aux Anglais à la fois des garanties de *liberté individuelle* et des garanties d'*ordre politique*. Elle leur donnait même le droit de *résistance légale* si ces garanties n'étaient pas respectées par le roi.

L'obligation de jurer la Grande Charte mit Jean sans Terre dans une indicible fureur : « Il grinçait des dents, dit un contemporain, tournait des yeux égarés, rongeait des morceaux de bois. » Son premier soin, après avoir prêté serment, fut de demander au pape l'autorisation de ne pas le tenir. Le pape la lui accorda. Mais les seigneurs anglais prirent les armes, et la couronne eût échappé à la famille des Plantagenets, si Jean sans Terre n'était mort fort à propos d'un accès de fièvre et d'une indigestion de petits pois.

HENRI III   Henri III valait mieux que son père. Il était d'humeur agréable, gai, pieux, dévot même. Saint Louis l'honora de son amitié. Mais il était de caractère faible ; ceux qui l'entouraient eurent sur lui une grande influence, et ce furent presque constamment des Français : Poitevins amenés et protégés par sa mère, Provençaux amenés et protégés par sa femme. Tous ne venaient en Angleterre que pour faire fortune, et ne considéraient l'Angleterre que comme un pays à exploiter. Un oncle de la reine amena de Provence une centaine de jeunes filles pauvres, et on obligea des seigneurs anglais à les épouser. Quand on opposait aux caprices des favoris les prescriptions de la Grande Charte : « Nous ne sommes pas Anglais, répondaient-ils, nous ne savons ce que signifient ces lois. »

Cette exploitation de leur pays par des étrangers devait exaspérer les Anglais. D'autre part la politique extérieure d'Henri III était malheureuse. Il avait de grandes ambitions : il était partout malheureux. Il était vaincu en France par saint Louis, il échouait en Allemagne où il voulait faire de son frère un empereur, en Sicile où il voulait faire de son second fils un roi. Toutes ces tentatives coûtaient beaucoup d'argent : Henri III le demandait au *Grand Conseil* qu'il réunissait à peu près tous les ans et qui depuis 1239 s'appelait le *Parlement*. A la fin le Parlement se lassa de donner.

En 1257, les récoltes avaient été détestables, la famine sévissait par tout le pays. Quand en 1258 le roi réunit le Parlement, les seigneurs arrivèrent en armes. Dirigés par Simon de Montfort, le fils du chef de la croisade des Albigeois, ils imposèrent à Henri III le renvoi de ses favoris étrangers, puis une série de dispositions qui complétaient la Grande Charte, et qui sont connues sous le nom de **Statuts** ou **Provisions d'Oxford.**

LES STATUTS D'OXFORD — Le Parlement devait être réuni trois fois par an. « Pour conseiller le roi en toutes choses, amender et redresser tout ce qui avait besoin d'être amendé et redressé », le Parlement nommerait quinze personnes qui constitueraient le Conseil du roi. Il nommerait de même les grands officiers de la couronne, ceux que nous appellerions les ministres, grand justicier, trésorier, chancelier ; ces ministres lui devraient des comptes à leur sortie de charge. Les fonctionnaires royaux, les shériffs, devraient être choisis dans le comté. Dans chaque comté quatre chevaliers élus recueilleraient quand il y aurait lieu les plaintes portées contre les shériffs et viendraient en rendre compte au Parlement.

Les statuts d'Oxford remettaient en fait le gouvernement du royaume aux mains des seigneurs.

LE PARLEMENT — Quand Henri III, ayant violé les statuts, eut été fait prisonnier par Simon de Montfort, celui-ci convoqua un Parlement extraordinaire (1265). Il ne se contenta pas d'y appeler les évêques et les barons : pour se faire de nouveaux partisans, il convoqua deux chevaliers par comté et invita le *commun peuple*, c'est-à-dire les bourgeois habitant les villes ou bourgs, à nommer des députés. La réunion de ces députés et des chevaliers constitua la **Chambre des Communes** ou *Chambre basse* à côté de la **Chambre des lords** ou

Chambre haute, composée des comtes, des barons et des évêques. Ce sont ces deux Chambres qui constituent aujour-d'hui le **Parlement** d'Angleterre. Toutefois ce fut seulement trente ans plus tard (1295), sous le règne d'Édouard Ier, que l'institution de la Chambre des Communes devint régulière, et que s'établit définitivement le gouvernement représentatif, c'est-à-dire un gouvernement auquel la nation elle-même participe par ses représentants.

Ouvriers normands. — Phot. de la tapisserie de Bayeux.

Deux charpentiers travaillant à la construction d'un bateau pour l'expédition de Guillaume. Ils sont vêtus d'une longue blouse de couleur marron, serrée à la taille par une ceinture.

CHAPITRE XIII

L'ALLEMAGNE — OTTON LE GRAND
FRÉDÉRIC Ier BARBEROUSSE
L'ANARCHIE EN ALLEMAGNE

LE PAYS — L'Allemagne est comme la France sortie du démembrement de l'empire de Charlemagne. Elle s'appela au traité de Verdun la *Francie Orientale* et dans la suite le *royaume de Germanie*. Il est à remarquer que, tandis que la France est plus petite que l'ancienne Gaule, l'Allemagne actuelle est beaucoup plus grande que l'ancienne Germanie. Celle-ci avait pour frontières primitives, le Rhin à l'Ouest, les Alpes au Sud, à l'Est les montagnes de Bohême, le Fichtelgebirge, la Saale et l'Elbe. Au delà de ce fleuve la plaine était occupée par des peuples slaves.

La portion de territoire ainsi délimitée présente depuis les Alpes jusqu'à la mer du Nord des successions de terrasses ou de plateaux étagés en gradins. Les hauteurs qui les séparent sont de faible relief et beaucoup moins hautes que nos Cévennes. Elles ont suffi toutefois, aussi bien que les hautes montagnes de Grèce, à constituer des cantons bien distincts, des cadres de petites patries où les Germains purent se diviser en peuples ayant chacun son originalité et ses caractères propres.

Les plus importants de ces peuples étaient au Sud, le long des Alpes et du Danube et depuis le Rhin jusqu'aux monts de Bohême, les *Souabes* ou *Alamans* et les *Bavarois*. Le Lech les séparait. Au centre les bassins du Neckar et du Main et la haute vallée du Weser formaient le domaine des *Franconiens*. Au Nord dans la plaine jusqu'à la mer était le pays des *Saxons*.

LA CONQUÊTE FRANQUE — La Franconie était le pays primitif des Francs. Les autres régions de la Germanie furent successivement conquises par eux après leur établissement en Gaule.

La conquête commencée par Clovis fut poursuivie par ses fils, par Dagobert, puis par Charles Martel et Pépin le

Bret. Charlemagne la termina. Parallèlement à l'œuvre de conquête s'était opérée, à dater de Charles Martel, l'œuvre de la

LE ROYAUME DE GERMANIE ET LE SAINT-EMPIRE ROMAIN GERMANIQUE.

conversion. Saint Boniface, qui sacra roi Pépin le Bref, fut l'apôtre de la Germanie et y organisa l'Église. La conquête et la conversion donnèrent aux peuples germains les premiers éléments de civilisation : mais elles n'effacèrent pas les distinctions entre les peuples. Tous étaient soumis à Charlemagne ; chacun cependant conserva ses lois particulières et sa personnalité. Les quatre régions formèrent dans la suite quatre duchés :

duché de Souabe,
duché de Bavière,
duché de Franconie,
duché de Saxe.

Chacun de ces duchés eut son chef national, *Herzog*, le duc.

LE ROYAUME DE GERMANIE Au partage de Verdun, en 843, les quatre duchés constituèrent le gros de la part de Louis le Germanique. Il eut en outre les *Marches* créées à l'Est pour couvrir la Germanie contre les invasions des barbares Slaves ou Avars : entre autres les Marches qui par la suite s'appelèrent la Marche de Brandebourg et la Marche d'Autriche. Quand le royaume de Lothaire se fut disloqué, la région de la Moselle et de la Meuse, bien que les habitants fussent de race et de langue françaises, vint s'ajouter sous le nom de **duché de Lorraine** au royaume de Germanie ; ce duché se divisa plus tard en duché de *Basse-Lorraine* et duché de *Haute-Lorraine*.

Les villes étaient peu nombreuses en Germanie et se trouvaient presque uniquement dans la vallée du Rhin. *Mayence*, siège d'un archevêché, était le principal centre religieux. *Francfort*, sur le Main, était la résidence préférée des souverains.

La couronne royale resta dans la famille Carolingienne jusqu'en 911, date à laquelle mourut Louis l'Enfant, dernier descendant de Louis le Germanique. Les ducs et les évêques disposèrent alors de la royauté, qui se trouva élective en Allemagne comme en France. Comme les forces des ducs étaient à peu près égales, et qu'ils tenaient à sauvegarder le plus possible leur indépendance, ils maintinrent le système de l'élection et ne laissèrent pas s'établir, comme cela se fit en France, une dynastie. La couronne passa d'un duché à un autre et fut successivement portée par des princes *Saxons*, *Franconiens*, *Souabes*. Le résultat fut que l'Allemagne, au lieu de marcher à l'unité comme la France, se divisa de plus en plus, s'émietta pour ainsi dire et tomba à l'anarchie. Les Allemands ont été les derniers en Europe à pouvoir se réunir en un État. Leur unité ne date pas de quarante ans.

LES INVASIONS
EN ALLEMAGNE
LES HONGROIS

Le royaume de Germanie à peine formé subit comme la France les invasions barbares. Il fut attaqué au Nord par les *Danois*, à l'Est par les *Tchèques* établis en Bohême ; mais ses adversaires les plus redoutables furent les **Hongrois**.

Campés dans la grande plaine qu'avaient successivement occupée leurs parents, les Huns et les Avars, les Hongrois débouchèrent vers l'an 900 dans le duché de Bavière, et bientôt ils chevauchèrent à travers toute la Germanie. C'étaient d'infatigables cavaliers qui, montés sur des chevaux rapides, combattaient de loin à coups de flèches, opéraient de brusques surprises, vrais Normands de terre ferme, pillant, incendiant, massacrant tout sur leur passage.

**LA DYNASTIE
SAXONNE**

Le royaume de Germanie en fut réduit à leur payer tribut jusqu'au jour où la couronne eut été donnée à un prince énergique, *Henri*, duc de **Saxe**, surnommé l'*Oiseleur* (919-936). Celui-ci força les paysans à se réunir dans des villes et, selon l'expression d'un contemporain, « fabriqua pour le salut du pays » un certain nombre de places fortes, Erfurt, Gotha, Mersebourg, destinées à lui servir de bases d'opération. Puis il organisa une armée, disciplina les chevaliers allemands, et vainquit les Hongrois à *Mersebourg* (933).

La défaite des Hongrois ne devait cependant être complète que vingt ans plus tard. Le fils d'Henri l'Oiseleur, Otton le Grand, les écrasa en Bavière sous les murs d'*Augsbourg* en 955. Dès lors les invasions hongroises cessèrent.

Les invasions hongroises avaient eu en Allemagne les mêmes conséquences que les invasions normandes en France. Elles avaient contribué au démembrement du royaume et à la destruction de toute autorité royale. Le successeur d'Henri l'Oiseleur, son fils Otton, essaya de réparer le mal et réussit en partie dans sa tentative. Aussi les historiens l'ont-ils appelé **Otton le Grand**.

**OTTON LE GRAND
EN ALLEMAGNE**

Otton (936-973) était un cavalier intrépide et un chasseur passionné : « Ses yeux s'ouvraient et se fermaient avec rapidité, a dit un de ses contemporains, comme s'il guettait une proie. Sa poitrine était velue comme celle du lion. Son visage était rouge et garni d'une grande barbe flottante. » Il était très brave, violent et rusé ; il ne savait pas lire et ne parla jamais que le saxon. Son activité était extrême, il passa son règne à parcourir son royaume en tous sens. On a dit qu'il fut un roi ambulant.

Quand il eut été couronné à Aix-la-Chapelle, les ducs de Lorraine, de Bavière et de Franconie se soulevèrent contre lui. Otton les vainquit. Puis il eut cette bonne fortune que les ducs moururent. A leur place il établit des membres de sa famille, fit son frère duc de Bavière, son fils duc de Souabe, son gendre duc de Franconie. Mais en même temps dans chaque duché, il plaçait un fonctionnaire à lui, le *Palatin* ; il favorisa le développement des petites seigneuries, de façon à affaiblir la puissance des ducs. Il favorisa de même le développement des seigneuries ecclésiastiques parce que ces seigneuries n'étaient pas héréditaires. Cette politique était néfaste pour l'avenir, puisqu'elle devait augmenter encore le morcellement de l'Allemagne. Elle fut utile pour Otton, dont l'autorité se trouva assez solidement établie pour qu'il lui fût possible de s'occuper des affaires extérieures à l'Allemagne, et en particulier des affaires d'Italie.

OTTON LE GRAND ET L'ITALIE — L'Italie au partage de Verdun avait été comprise dans le royaume de Lothaire. Depuis lors elle s'était démembrée. Au centre, il y avait des principautés féodales comme le duché de Spolète et les comtés de Toscane. A Rome, la papauté était devenue pour ainsi dire la chose des familles nobles romaines, et l'on voyait nommer papes des enfants de dix-sept ans, comme Jean XII. Au nord, dans la plaine du Pô il y avait un *royaume des Lombards* dont Pavie était la capitale, et que plusieurs prétendants se disputaient. Du temps d'Otton, les Lombards avaient partagé le titre de roi entre deux princes : ayant deux maîtres, ils pouvaient n'en servir aucun. Mais l'un des rois, Bérenger, fit empoisonner son collègue Lothaire et jeta en prison, dans une tour au milieu du lac de Garde, *Adélaïde*, veuve de Lothaire. Adélaïde appela Otton à son secours. Celui-ci accourut et délivra Adélaïde qu'il épousa. Il n'enleva pas cependant la couronne à Bérenger (951).

Plus tard, Bérenger s'attaqua au pape Jean XII. Celui-ci appela Otton (962). Cette fois Otton prit à Pavie la *couronne de fer* des Lombards, puis descendit à Rome avec son armée. Là, il obtint du pape d'être couronné **empereur**, comme l'avait été Charlemagne. La cérémonie eut lieu le 2 février 962.

LE SAINT-EMPIRE ROMAIN GERMANIQUE — **C'**est à cette date que commence le ***Saint-Empire Romain de nationalité germanique***. Il devait durer jusqu'en 1806, époque à laquelle Napoléon Ier le détruisit. Désormais les rois de Germanie portèrent trois couronnes : pour la Germanie, la *couronne d'argent* qu'ils recevaient à Aix-la-Chapelle ; pour l'Italie, la *couronne de fer* qu'ils prenaient à Monza près de Milan; pour l'Empire la *couronne d'or* qu'ils ceignaient à Rome. Ils ne pouvaient porter le titre d'empereur, du moins pendant les premiers siècles, qu'après le couronnement à Rome. Aussi une fois élus rois de Germanie, prenaient-ils avec une armée le chemin de l'Italie. Ils franchissaient les Alpes au col du Brenner; c'était la *route du couronnement*. Le passage des Allemands demi-barbares à travers l'Italie était régulièrement marqué par de sauvages dévastations.

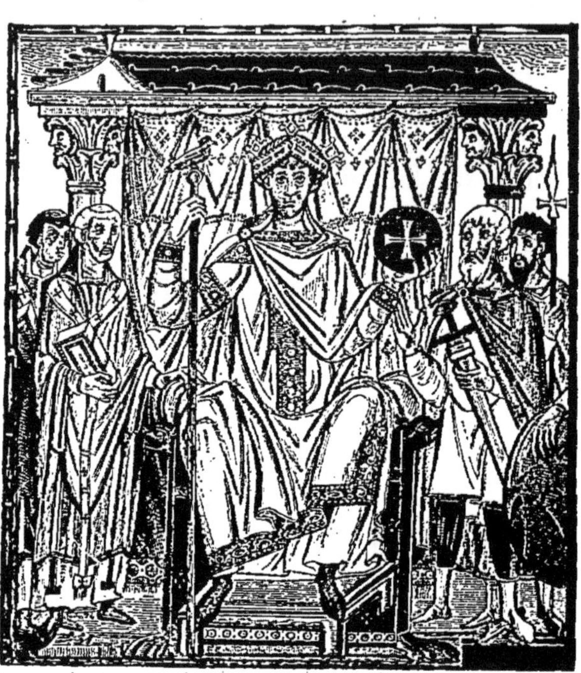

Un empereur. — Photographie d'une miniature de l'Évangéliaire de Bamberg (Allemagne).

L'empereur représenté est Otton III, petit-fils d'Otton le Grand et contemporain d'Hugues Capet. L'empereur assis sur un trône s'appuie sur un sceptre surmonté de l'aigle impériale. Dans la main gauche il tient le globe orné de la croix, symbole de la domination sur le monde chrétien. Il porte la couronne d'or. Il est revêtu du manteau sous lequel apparaît une tunique richement brodée. Les costumes des autres personnages sont identiques aux costumes des personnages qui entourent Charles le Chauve dans la miniature reproduite page 88.

En 1034, le *royaume d'Arles* revint aux Empereurs qui, étant déjà souverains de la Lorraine et de l'Italie, réunirent ainsi pour trois cents ans tout l'ancien royaume de Lothaire à leur royaume de Germanie.

Otton revint une troisième fois en Italie parce que le pape Jean XII intriguait contre lui. Il le déposa et fit installer lui-même un nouveau pape. Ce fut la première tentative des Empereurs pour se soumettre les papes.

LA DYNASTIE FRANCONIENNE — La descendance d'Otton le Grand s'éteignit en vingt-cinq ans (1002). Les Allemands donnèrent alors la couronne à un prince **Bavarois**, parent des Ottons, Henri le Saint, puis à un **Franconien** Conrad II. Celui-ci fut la souche d'une dynastie qui dura un siècle (1024-1125) et compta quatre empereurs. L'un d'eux, *Henri IV* (1056-1106), s'engagea, à propos de la nomination des évêques, dans un redoutable conflit avec le pape Grégoire VII. C'est la célèbre *querelle des investitures* [1] Henri IV vaincu dut venir s'humilier devant le pape à *Canossa* (1077). Cette querelle servit de prétexte à une insurrection de la noblesse allemande, qui saisissait toute occasion d'affaiblir l'autorité impériale. Les troubles se continuèrent sous le fils d'Henri IV, Henri V, avec lequel finit la dynastie franconienne (1125).

LA DYNASTIE SOUABE — LES HOHENSTAUFEN — La couronne passa à un prince de **Saxe**. A sa mort (1137) deux prétendants furent en présence : un Bavarois, *Henri Welf*; un Souabe, *Conrad* de Hohenstaufen, seigneur de *Weiblingen*. Conrad fut élu et fonda la dynastie **Souabe** ou maison de **Hohenstaufen** (1137-1250). Mais il eut à combattre Henri Welf. La rivalité entre les Weiblingen et les Welf se prolongea longtemps et divisa l'Allemagne. Elle eut son contre-coup dans l'Italie, qui faisait partie de l'Empire, et où l'on appela *Gibelins* les partisans de l'autorité impériale, *Guelfes* ses adversaires. Cette autorité, le successeur de Conrad, Frédéric Ier devait vainement essayer de l'établir en Italie.

FRÉDÉRIC BARBEROUSSE — **Frédéric Ier** (1152-1190) avait trente et un ans quand il succéda à son oncle Conrad. Il était de taille bien prise, vigoureux, avec une belle figure colorée, qu'encadraient de longs cheveux et une barbe blond ardent : de là son surnom de **Barberousse**. Il avait la physionomie calme et riante avec des yeux très clairs et bleus. Il était d'esprit vif, de résolution prompte, fort brave. Ce fut un mo-

1. Voir ci-dessous, page 170.

dèle de chevalier et de héros féodal. Surtout il avait une très haute idée de la dignité impériale et il voulait être réellement l'Empereur, c'est-à-dire le maître.

LES RÉPUBLIQUES ITALIENNES — En Italie, on ne voulait pas de maître. D'importantes transformations s'y étaient opérées dans le cours du onzième et au début du douzième siècle, particulièrement dans la région lombarde. Les habitants des villes, enrichis par le commerce et l'industrie, avaient voulu pouvoir jouir en toute sécurité de la fortune acquise et n'avoir plus à redouter l'arbitraire des seigneurs et des évêques. Ils s'étaient constitués en *républiques*.

Les habitants se réunissaient en assemblée générale, nommaient un conseil de notables, des *consuls* chargés d'administrer la ville. Ils formaient une *milice* pour défendre par les armes leur indépendance. Ils avaient leur drapeau, généralement une bannière au-dessus d'un autel placé sur un char ou *caroccio* attelé de quatre bœufs. Ce *caroccio* suivait la milice sur les champs de bataille. Milan, Côme, Plaisance, Parme, Lodi étaient les plus importantes de ces républiques.

FRÉDÉRIC A ROME — A l'exemple des habitants du Nord, les Romains avaient essayé de s'organiser en République. Ils avaient rétabli le Sénat et placé sur les étendards la fameuse devise de la Rome antique S. P. Q. R. *le sénat et le peuple romain*. En 1154, Frédéric arriva devant la ville où il venait prendre la couronne impériale. Une députation du Sénat vint au-devant de lui et lui proposa de le couronner au nom du peuple romain, s'il reconnaissait les anciennes coutumes et promettait cinq mille livres d'argent pour les frais de couronnement. « L'Empire que vous voulez me donner, répondit Frédéric, mes ancêtres l'ont conquis. Je suis le maître légitime. Mon bras tient la massue d'Hercule; qui donc oserait me l'arracher? » Il entra dans Rome, se fit couronner et comme les Romains avaient pris les armes, il y eut combat et un millier d'entre eux fut tué.

LA DIÈTE DE RONCAGLIA — Quatre ans plus tard Frédéric, à la tête d'une puissante armée, descendait en Lombardie pour soumettre les républiques. Il voulut d'abord faire reconnaître et proclamer solennellement qu'il était le maître et qu'on lui devait l'obéissance. Il convoqua une assemblée générale ou *diète de Roncaglia*, près de Plaisance : tous les possesseurs de fiefs avaient dû s'y rendre sous peine d'être déchus de leur fief. En leur présence, il fit proclamer par l'archevêque de Milan que, empereur et héritier des Empereurs romains, il en avait tous les droits et que, par conséquent, *sa volonté était la loi*. Fort de cette déclaration, Frédéric envoya dans chaque ville un gouverneur, le *podestat*, chargé d'administrer en son nom. Côme seule essaya de résister ; elle fut détruite.

LA LIGUE LOMBARDE — Quand Frédéric fut rentré en Allemagne, *Milan* se souleva. Frédéric vint l'assiéger. Milan résista deux ans et demi (avril 1159-février 1162). Les Milanais implorèrent vainement la pitié de l'Empereur ; ils furent dispersés dans quatre villages ; la ville fut rasée ; on sema du sel sur l'emplacement de ses murs. L'Empereur assista impassible à cette destruction : « Son visage demeura de pierre. » Il put se croire maître de l'Italie.

Mais bientôt le pape Alexandre III, avec lequel Frédéric s'était brouillé, et qui redoutait la puissance de l'Empereur, réunit contre lui toutes les villes du Nord. Ce fut la *ligue Lombarde*. La ligue créa une ville nouvelle, qu'on appela *Alexandrie* en l'honneur du pape, et reconstruisit Milan. Une première expédition (1167) tourna mal pour Frédéric. Une seconde fois (1174), il assiégea vainement Alexandrie pendant huit mois. Enfin, il fut complètement défait par l'armée de la ligue à *Legnano* (1176). Un moment même il passa pour mort.

PAIX E CONSTANCE — Il ne s'obstina pas. Il se réconcilia avec le pape à l'entrevue de Venise. Puis il signa avec les villes Lombardes la paix de *Constance*. Il leur rendait le droit de s'administrer elles-mêmes, le droit de justice, le droit de battre monnaie et d'avoir leur milice. Il se contentait du droit purement honorifique de confirmer les magistrats choisis par les villes. L'indépendance des républiques italiennes était reconnue en fait, et le titre de roi d'Italie n'était plus désormais qu'un vain titre.

FRÉDÉRIC I ALLEMAGNE — Vaincu en Italie, Frédéric fut plus heureux en Allemagne. La défaite de Legnano avait été en partie provoquée par le plus puissant de ses vassaux, le duc de Saxe et de Bavière, *Henri Welf*, surnommé *le Lion*. Celui-ci, à la veille de la bataille, avait refuse à l'Empereur les renforts qui lui étaient nécessaires.

Henri s'était fait par ses violences beaucoup d'ennemis parmi les seigneurs et les évêques. Frédéric accueillit leurs plaintes et cita Henri à comparaître devant la *Diète*, c'est-à-dire devant l'assemblée des princes allemands. Henri, cité à trois reprises, dédaigna de répondre. Alors il fut condamné au bannissement et à la confiscation de ses fiefs et de ses biens personnels (1180). Frédéric donna la Bavière à la famille de *Wittelsbach*, qui y règne encore aujourd'hui. La Saxe fut donnée à Albert l'Ours, qui était déjà maître de la Marche de Brandebourg. Plus tard Henri fit sa soumission. Frédéric lui rendit une partie de ses biens. Mais il le contraignit à s'exiler. Henri alla mourir en Angleterre.

Frédéric, qui avait pu briser le plus puissant des princes allemands, sut faire régner l'ordre dans toute l'Allemagne. Il fit une guerre acharnée aux brigands féodaux, prenant et détruisant leurs châteaux forts, les *Burgs*. Il protégea dans une certaine mesure les paysans, assura la sécurité des routes, et l'Allemagne connut, grâce à lui, une ère de tranquillité et de paix.

Aussi le nom de Frédéric Barberousse resta-t-il populaire en Allemagne, et longtemps après qu'il eut péri au cours de la troisième croisade, noyé dans un torrent d'Asie Mineure (1190), les Allemands se refusaient à croire à sa mort[1].

LES PAPES ET LES HOHENSTAUFEN Frédéric Barberousse avait fait épouser à son fils Henri l'héritière du royaume normand des *Deux-Siciles*. Les Hohenstaufen devinrent ainsi maîtres de l'Italie du Sud. Ils pouvaient dès lors prendre à revers les États du pape qu'ils menaçaient déjà au Nord. Les papes, ainsi pris entre deux feux, ne se sentirent plus en sûreté. Ils firent les plus grands efforts pour briser la puissance des Hohenstaufen, et après une terrible lutte ils finirent par écraser ceux que, dans la fureur de la bataille, le pape Innocent IV appela *une race de vipères*.

L'hostilité des papes se manifesta d'abord à la mort d'Henri VI. Henri laissait un fils, âgé de quatre ans, *Frédéric* : il hérita naturellement de la couronne de Sicile. Mais en Alle-

---

1. On a à tort, au seizième siècle, rapporté à Frédéric Barberousse une légende relative à son petit-fils Frédéric II. Selon cette légende Frédéric n'était pas mort ; il était seulement enfermé dans un vieux château désert sur une haute montagne. Il devait dormir là, accoudé sur une table de pierre, jusqu'à ce que sa barbe eût fait trois fois le tour de la table. Alors il se réveillerait et viendrait rétablir l'ordre et faire l'unité de l'Allemagne.

magne une partie des princes préféra à cet enfant son oncle, le frère d'Henri VI, *Philippe de Souabe*. D'autres opposèrent à Philippe *Otton de Brunswick*, de la famille Welf. Le pape pris comme arbitre se prononça en faveur d'Otton, qui fut fait Empereur, sous le nom d'*Otton IV*.

Plus tard Otton devint l'ennemi du pape qui l'excommunia et lança contre lui le jeune roi de Sicile, Frédéric. Otton, que Philippe Auguste venait de battre à Bouvines, succomba et Frédéric fut Empereur, sous le nom de *Frédéric II* (1218-1250).

FRÉDÉRIC II — ***Frédéric II*** fut l'un des personnages les plus singuliers du Moyen Age. Il était Allemand par son père, Normand-français par sa mère, et il avait reçu une éducation italo-grecque. Il a beaucoup frappé ses contemporains, parce qu'il avait des façons de penser et d'agir différentes des leurs, et qu'il ne partageait pas beaucoup de leurs passions. Il avait le goût de la science; il était indifférent en matières religieuses; il avait dans son entourage des médecins juifs et arabes, et à son service des troupes musulmanes pour lesquelles il avait fait construire une mosquée. C'était un homme d'une remarquable intelligence, un politique très fin, mais sans aucune moralité.

Avant de lui donner la couronne impériale, le pape lui avait fait prendre l'engagement de partir pour la croisade, et de céder immédiatement le royaume des Deux-Siciles à son fils, dont le pape serait tuteur. Frédéric ne tint pas ses promesses. Ce fut le point de départ d'une guerre sans merci, où les villes italiennes soutinrent le pape. Saint Louis essaya vainement de s'entremettre. Le pape Innocent IV fut inflexible, et quand Frédéric II fut mort (1250), il poursuivit la ruine de son fils *Conrad*.

LE GRAND INTERRÈGNE — Une partie des Allemands, poussés par le pape, avaient élu Guillaume de Hollande. Conrad lui disputa vainement la couronne pendant quatre ans. Après la mort de Conrad (1254) et celle de Guillaume de Hollande (1257), les princes et les évêques mirent littéralement la couronne royale en vente. Elle trouva deux acheteurs, deux princes étrangers : Richard de Cornouailles, frère d'Henri III d'Angleterre, et Alphonse X, roi de Castille. Ils furent élus tous les deux; mais Alphonse ne vint jamais en Allemagne, et Richard n'y fit qu'une courte apparition. En fait il n'y eut plus de rois en Allemagne de 1250 à 1273. C'est ce qu'on appelle le *Grand Interrègne*.

**L'ANARCHIE
EN ALLEMAGNE**

Pendant cette période, toute trace d'autorité souve-
raine et d'État allemand acheva de disparaître. L'Allemagne tomba à l'*anarchie*, c'est-à-dire à l'*absence de
tout gouvernement*. Chacun, grand ou petit, duc ou
simple chevalier, archevêque ou abbé, travailla à se rendre
indépendant, à se transformer en roi dans son domaine. Tous
y parvinrent. Nombre de villes s'émancipèrent aussi. L'Allemagne s'émietta en près de **quatre cents** États, et dès lors
on dit en France non plus l'Allemagne, mais **les Alle-
magnes.**

Naturellement aussi il n'y eut plus ni ordre, ni droit, ni
justice. A l'époque où saint Louis en France réussissait presque à supprimer les guerres privées, triomphait en Allemagne
le *Faustrecht*, le droit du poing, la loi du plus fort.

MANTEAU IMPÉRIAL. — Conservé au trésor de Vienne.

*Ce manteau en soie brodée était porté par les Empereurs le jour de leur cou-
ronnement. C'est un tissu d'art remarquable. A droite et à gauche un lion
terrasse un chameau. Au milieu, un palmier avec ses fruits. Dans la bordure
est brodée une longue inscription en arabe coufique. Elle indique que le manteau fut tissé « dans la capitale de la Sicile, l'an 528 de l'Hégire ». Ce manteau
fut donc fait en 1133 à Palerme, capitale du royaume normand de Sicile, dans
des ateliers qui employaient des ouvriers musulmans.*

Tableau synchronique

du traité de Verdun (843) jusqu'à la fin de la dynastie capétienne (1322).

[Pour l'Allemagne et l'Angleterre les souverains les plus importants sont seuls indiqués.]

	France.	Allemagne.	Angleterre.
843		*Traité de Verdun.*	
843	CHARLES LE CHAUVE.	LOUIS LE GERMANIQUE.	
871			ALFRED LE GRAND.
887	EUDES, premier roi Capétien		
898	Derniers rois Carolingiens.		
899		LOUIS L'ENFANT, dernier roi Carolingien.	
901			
911			
919		HENRI L'OISELEUR.	
936		**Otton le Grand.**	
987	HUGUES CAPET.		
996	ROBERT LE PIEUX.		
1002			
1015			KANUT LE GRAND.
1031	HENRI Ier.		
1039			
1042			ÉDOUARD LE CONFESSEUR
1056		HENRI IV.	
1060	PHILIPPE Ier.		
1066			**Guillaume le Conquérant.**
1087			
1106			
1108	LOUIS LE GROS.		
1137	LOUIS LE JEUNE.		
1152		**Frédéric Barberousse.**	
1154			**Henri Plantagenet.**
1180	**Philippe Auguste**		
1189			**Richard Cœur de Lion.**
1190			
1198		OTTON IV.	
1199			**Jean sans Terre.**
1215		*Bouvines.*	
1216			**Henri III.**
1218		FRÉDÉRIC II.	
1223	LOUIS VIII.		
1226	**Saint Louis.**		
1250		Le grand interrègne.	
1270	PHILIPPE LE HARDI.		
1272			ÉDOUARD Ier.
1273			
1285	**Philippe le Bel.**		
1307			ÉDOUARD II.
1314	LOUIS X LE HUTIN.		
1316	PHILIPPE V LE LONG.		
1322	CHARLES IV LE BEL.		

CHAPITRE XIV

L'ÉGLISE AU MOYEN AGE

LA PAPAUTÉ — GRÉGOIRE VII

INNOCENT III — BONIFACE VIII

La papauté, c'est-à-dire le *gouvernement de l'Église*, s'est organisée pendant le Moyen Age. C'est l'un des faits les plus considérables de l'histoire et dont les conséquences se font encore sentir.

Les papes ont d'abord réussi à rendre le gouvernement de l'Église absolument *indépendant* de tout souverain.

Puis ils ont prétendu transformer leur autorité religieuse en une *autorité politique universelle*. Ils ont pour ainsi dire voulu régner sur les Empereurs et les rois, comme les Empereurs et les rois régnaient sur leurs peuples.

Naturellement, ces prétentions ont été combattues par les souverains, en particulier par les empereurs. De là, pendant trois siècles, en Allemagne et en Italie, les longues luttes connues sous le nom de *Querelle du Sacerdoce et de l'Empire*. Le dernier épisode a eu pour théâtre la France, pour acteur principal Philippe le Bel et s'est terminé par la ruine des prétentions pontificales.

LE PAPE — Le pape, à l'origine, c'est l'*évêque de Rome*. L'évêque de Rome, dès les commencements de l'Église, a été considéré comme le premier des évêques. Cette prééminence s'explique d'abord parce que Rome était la ville par excellence, la capitale de l'Empire romain. Mais elle s'explique avant tout parce que l'Église de Rome avait eu pour fondateur **Saint Pierre**, le *prince*, c'est-à-dire le premier, des Apôtres. Au témoignage de l'évangéliste saint Mathieu, le Christ a placé lui-même saint Pierre à la tête de ses disciples en lui disant : « Tu es Pierre et sur cette Pierre j'édifierai mon Église ». L'évêque de Rome, successeur de saint Pierre, était l'héritier de sa primauté. On attachait parmi les chrétiens une importance particulière à son opinion, et quand un différend s'élevait entre évêques, on le prenait volontiers pour arbitre.

Néanmoins l'évêque de Rome n'était pas élu autrement que les autres évêques : il était choisi par les prêtres et les fidèles de la ville, et non pas par l'universalité des chrétiens.

LES PAPES ET EMPEREURS DE CONSTANTINOPLE

Tant que les Empereurs de Constantinople restèrent en possession de Rome, le pape ne fut considéré par eux que comme un fonctionnaire religieux : pour prendre possession de son siège, il fallait au pape l'autorisation impériale. A côté de lui, un préfet nommé par l'Empereur administrait la ville.

Cette situation présentait de graves inconvénients. Les Empereurs prétendaient intervenir dans les questions de foi, où ils n'avaient rien à voir, et dicter les croyances des chrétiens. Les papes résistaient et aspiraient à se rendre indépendants dans Rome, pour assurer leur indépendance spirituelle.

Le premier qui approcha du but fut *Grégoire Ier*, surnommé *le Grand* : il fut pape au temps où se poursuivait en France la lutte de Brunehaud et de Clotaire II (590-604); il acheva la conversion au christianisme de tous les peuples de l'Occident, depuis les Wisigoths d'Espagne jusqu'aux Anglo-Saxons de Grande-Bretagne. Grâce aux richesses dont il disposait, grâce à l'affaiblissement de la puissance des Empereurs de Constantinople, il devint en fait le véritable maître de Rome, parce que seul il subvint aux divers besoins des habitants.

PAPES ROIS

Toutefois, ses successeurs restèrent, pendant plus d'un siècle encore, les sujets apparents des Empereurs. Ils durent l'indépendance à l'intervention des Francs et de Pépin le Bref. Celui-ci, on l'a vu précédemment [1], enleva aux Lombards, en 756, les territoires italiens qu'ils avaient eux-mêmes pris aux Grecs : il les donna au pape Étienne II. Les papes furent désormais des souverains temporels, vrais rois du *patrimoine de saint Pierre*, appelé plus tard les *États de l'Église*.

1. Page 72.

DÉSORDRES ET ANARCHIE A ROME

L'acquisition de la puissance temporelle fit courir à la papauté de nouveaux périls. Dès qu'être pape ce fut en même temps être roi, bien des ambitieux cherchèrent à se faire élire. A beaucoup d'entre eux la religion était indifférente; plusieurs n'étaient même pas prêtres. Pendant près de trois cents ans, du neuvième au onzième siècle, un grand nombre d'élections furent une occasion de scandales. Les seigneurs féodaux de Rome et des environs se disputaient le trône pontifical, l'achetaient, le vendaient. Des femmes même en disposèrent. En 1033, un seigneur de la campagne romaine, le comte de Tusculum, établit pape son fils Benoît : Benoît avait douze ans. Le désordre était au comble dans Rome qui, disait un écrivain ecclésiastique, n'était plus qu'un « cimetière abandonné, visité par des hyènes ».

Les Empereurs, à partir d'Otton le Grand[1] et à son exemple, intervinrent à diverses reprises pour chasser les papes indignes. Mais cette intervention aboutit régulièrement à l'installation d'un nouveau pape désigné par l'Empereur lui-même. En sorte que la papauté, après avoir péniblement échappé à l'autorité des Empereurs byzantins, semblait destinée à tomber sous l'autorité des Empereurs germaniques.

LA CORRUPTION ECCLÉSIASTIQUE LA SIMONIE

Les désordres dont Rome était le théâtre se reproduisaient dans la plupart des Églises d'Occident. En effet les Empereurs, les rois, les seigneurs féodaux disposaient des dignités ecclésiastiques, comme les seigneurs de Rome disposaient du trône pontifical. Les inconvénients étaient les mêmes. Les évêchés étaient souvent donnés à des personnages indignes. En 928, le roi de France, Raoul, donnait l'archevêché de Reims à un enfant de douze ans, fils du comte de Vermandois.

Plus souvent encore ils étaient mis en vente. Les acquéreurs, parfois des laïcs, pour rentrer dans leurs déboursés, vendaient à leur tour les cures et même les sacrements. Le commerce des dignités ecclésiastiques et des choses saintes constituait le crime de *simonie*, ainsi nommé de Simon le Magicien qui avait voulu acheter aux Apôtres le pouvoir de faire des miracles. Enfin beaucoup de prêtres étaient mariés et s'occupaient plus de leurs affaires de famille que de la direction spirituelle des fidèles. On en vit qui donnaient leur cure en dot à leur fille.

1. Voir ci-dessus, page 359.

NÉCESSITÉ D'UNE RÉFORME Cette corruption de l'Église affligeait les hommes sincèrement chrétiens. Tous estimaient qu'une *réforme* était absolument indispensable, qu'elle devait être générale et uniforme, par conséquent qu'elle devait partir du pape. Il était donc nécessaire de réformer d'abord la papauté elle-même. Pour cela il fallait modifier le mode d'élection des papes. Il fallait établir des règles telles qu'aucune personne étrangère à l'Église, aucun souverain, aucun seigneur, ne pût participer à la nomination du Souverain pontife.

Les promoteurs les plus énergiques de la réforme étaient les moines de Cluny. L'ordre de Cluny avait été créé en France, près de Mâcon, en 910. Il était célèbre par la sévérité de sa règle et par la vie irréprochable de ses moines. Ce fut par l'un d'eux, *Hildebrand*, plus tard pape sous le nom de **Grégoire VII**, que la réforme fut opérée.

HILDEBRAND Hildebrand était fils d'un paysan de Toscane. Un frère de sa mère, qui était abbé d'un grand monastère à Rome, l'y fit élever. Plus tard, Hildebrand vint en France, à l'abbaye de Cluny. Il était très brun, petit, avec un gros ventre. C'était un homme intrépide, d'une indomptable énergie, d'esprit net, et prompt à agir. Il se faisait la plus haute idée du rôle que le pape devait jouer dans la chrétienté; il estimait qu'il y devait tenir la première place, y exercer une véritable souveraineté, être selon son mot *l'évêque universel.*

L'ÉLECTION DES PAPES PAR LES CARDINAUX Pendant près de vingt ans, Hildebrand fut à Rome le conseiller des papes. Il fit condamner par Étienne IX la simonie et le mariage des prêtres. Au pape Nicolas II il inspira la célèbre bulle de 1059 qui règle le mode d'élection des papes. Désormais le pape devait être élu par les *cardinaux seuls.* Les cardinaux étaient les personnages les plus importants du clergé romain, généralement les curés des principales paroisses de Rome. Leur nom signifiait étymologiquement les *Pivots.* En cas de troubles, les cardinaux pouvaient procéder à l'élection hors de Rome. A défaut de candidat romain « digne et capable », les cardinaux pouvaient choisir dans le personnel de l'Église tout entière.

Deux cents ans plus tard (1271), l'usage s'établit d'enfermer les cardinaux pendant tout le temps que durait l'élection : on appela dès lors *conclave* la réunion des cardinaux en corps électoral.

Nulle décision ne fut plus importante pour l'avenir de l'Église. La bulle de Nicolas II, en donnant uniquement à des dignitaires ecclésiastiques le droit de nommer le pape, assurait l'indépendance des élections. D'autre part elle devait dans la suite permettre de faire du pape *l'élu de la chrétienté* et non plus seulement l'élu du clergé romain, puisque la dignité de cardinal fut conférée à des prélats de tous les pays.

GRÉGOIRE VII En 1073 le trône pontifical étant vacant, le peuple cria dans les rues « Hildebrand pape! » Les cardinaux ratifièrent sur l'heure l'élection populaire. Hildebrand prit le nom de Grégoire VII.

Il avait soixante ans environ. Son élection l'effraya et l'attrista parce qu'il prévoyait les difficultés qu'il rencontrerait dans l'accomplissement de ses desseins. C'est ce qu'il expliquait lui-même ainsi dans une lettre : « Une douleur profonde et une tristesse universelle m'étreignent. C'est à peine si je vois quelques évêques dont l'élévation à l'épiscopat et la vie soient conformes aux lois de l'Église. Parmi les Princes je n'en vois pas qui préfèrent l'honneur de Dieu au leur et la justice au lucre. »

LA RÉFORME DU CLERGÉ Il entreprit immédiatement la réforme du clergé. Il renouvela les condamnations qu'il avait fait prononcer par Etienne IX contre la simonie et les évêques et les prêtres mariés. Il déclara exclus de l'Église ceux qui avaient acheté leur charge, exclus de l'Église ceux qui ne se sépareraient pas de leur femme. Il interdit à tout chrétien d'entendre la messe et de recevoir les sacrements d'un prêtre marié. La résistance fut vive parmi les exclus. Mais presque partout les gens du peuple prirent parti contre eux, et chassèrent ceux qu'un réformateur appelait dans un discours « des bœufs gras et des veaux en révolte », et dont il traitait les femmes de « louves et de sangsues insatiables ».

LA QUESTION DES INVESTITURES Il ne suffisait pas de chasser les simoniaques; il fallait rendre impossible la simonie. Pour cela il fallait enlever aux princes la possibilité de nommer aux évêchés, comme Nicolas II avait enlevé aux féodaux romains la possibilité de prendre part à l'élection du pape. Il fallait remettre en vigueur l'usage de l'élection des évêques par le clergé et le peuple.

En 1075 Grégoire VII déclara exclu de l'Église tout prêtre qui recevait d'un laïc un évêché ou une abbaye. Il excommuniait « tout empereur, roi, duc, marquis, comte, toute puissance ou personne laïque qui aurait la présomption de donner l'investiture des évêchés et d'une dignité ecclésiastique ».

IMPORTANCE POLITIQUE DES INVESTITURES

Il était impossible que les souverains consentissent à accepter cette interdiction d'intervenir en quoi que ce fût dans la nomination des évêques. Chaque évêché comportait en effet des territoires étendus sur lesquels l'évêque n'avait pas seulement le pouvoir spirituel, mais exerçait aussi l'autorité temporelle. Ces territoires n'en faisaient pas moins partie de l'État où ils se trouvaient, et comme les autres parties de l'État ils devaient être soumis à l'autorité suprême du souverain, empereur ou roi. Par exemple l'évêque de Laon en France, chef spirituel des habitants de Laon, était en même temps leur comte ; il donnait les sacrements ; en même temps il rendait la justice, prélevait des redevances, avait des soldats comme un souverain. Mais l'évêché faisait partie du royaume et l'évêque était le vassal du roi.

Les souverains ne pouvaient pas consentir de bonne grâce à se désintéresser absolument du choix des hommes qui disposeraient d'une partie de leurs États. Ils ne pouvaient se soumettre sans résistance à une décision dont le résultat final serait de soustraire à leur influence toutes les terres qui dans leurs royaumes constituaient les biens des évêchés et des abbayes. Il devait donc y avoir des conflits entre les souverains et le pape. On a appelé *querelle des investitures* le conflit qui s'éleva entre l'Empereur Henri IV et Grégoire VII, et dura de 1076 à 1122.

LE CONFLIT AVEC L'EMPEREUR

Henri IV ne tint pas compte des prohibitions de Grégoire VII. Il nomma un nouvel évêque à Milan, un autre à Spolète non loin de Rome, et il mit en vente la dignité d'abbé de Fulda. Le pape lui écrivit pour le sommer de respecter les décisions pontificales.

L'Empereur répandit alors faussement le bruit que le pape l'avait cité à comparaître à Rome sous peine d'excommunication. Puis au mois de janvier 1076 il réunit à Worms un concile composé surtout d'évêques simoniaques et dont plusieurs étaient excommuniés. Le concile déclara Grégoire VII indigne du pontificat. L'Empereur écrivit alors au pape : « Henri, roi non par usurpation mais par la volonté de Dieu, à Hildebrand, désormais faux moine et non pape. Condamné par le jugement de nos évêques et par le nôtre, descends, quitte la place que tu as usurpée. Que le siège de saint Pierre soit occupé par un autre. Descends ! Descends ! »

La lettre de l'Empereur fut remise au pape au milieu d'un concile réuni dans l'Église de Saint-Jean de Latran. Dès que la lecture fut achevée, Grégoire se leva invoquant saint Pierre : « Bienheureux Pierre, dit-il, comme ton représentant j'ai reçu de Dieu le pouvoir de lier et de délier dans le ciel et sur la terre. Pour l'honneur et la défense de ton Église, au nom du Dieu Tout-puissant, Père, Fils et Saint-Esprit, par ton pouvoir et ton autorité, je défends au roi Henri, qui s'est insurgé avec un orgueil inouï contre ton Église, de gouverner l'Allemagne et l'Italie. Je délie tous les chrétiens du serment de fidélité qu'ils lui ont prêté ou lui prêteront ; je défends que personne ne le serve comme on sert un roi. Je le charge d'anathèmes, afin que les peuples apprennent, ô Prince des Apôtres, que tu es Pierre, et que sur cette Pierre le fils du Dieu vivant a édifié son église et que les portes de l'enfer ne prévaudront jamais contre elle. »

La question des investitures se trouvait donc singulièrement dépassée. Il ne s'agissait plus de savoir si l'Empereur aurait ou non le droit de nommer les évêques dans ses États. L'Empereur prétendait être supérieur au pape et s'arrogeait le droit de déposer le chef de l'Église. A cette prétention insoutenable, le pape opposait des prétentions semblables et tout aussi insoutenables. Déposé par l'Empereur, il ripostait en déposant l'Empereur, comme s'il avait le droit de disposer des couronnes.

CANOSSA Dès que la sentence pontificale fut connue en Allemagne, la plupart des ducs et des seigneurs, heureux de toute circonstance qui permettait d'affaiblir la puissance impériale, se déclarèrent contre Henri IV. Ils lui signifièrent que si, dans le délai d'un an, il n'était pas réconcilié avec le pape, ils lui nommeraient un successeur Henri IV se résigna à venir demander l'absolution au pape en Italie.

Au cours de l'hiver, au mois de janvier 1077, emmenant sa femme et son petit enfant, l'Empereur entreprit le passage des Alpes au col du Mont-Cenis. Il n'y avait pas de chemin tracé. La descente fut terrible parmi les neiges et les glaciers. L'impératrice et son fils furent transportés dans un traîneau fait de peaux de bœufs, que l'on retenait à force de bras avec des cordes. Henri pendant une bonne partie de la descente dut ramper sur les mains et les genoux.

Le pape qui s'était mis en route pour l'Allemagne, s'arrêta en apprenant l'arrivée d'Henri IV. Par crainte de quelque surprise il vint l'attendre dans une solide forteresse à triple enceinte, dressée sur un éperon de l'Apennin, le château de *Canossa* [1].

Le dimanche 25 janvier, Henri IV, en costume de pénitent,

RUINES DU CHATEAU DE CANOSSA. — D'après une photographie.

Le château de Canossa, où, en 1077, l'Empereur Henri IV dut s'humilier devant le pape Grégoire VII, est aujourd'hui en ruines. Il est situé au nord de l'Apennin au bord de la plaine du Pô, sur un rocher fait de gros blocs calcaires et haut de 50 mètres environ. L'accès n'était possible que par le côté gauche, comme le montre la photographie. Le château était assez grand; l'enceinte mesurait 80 mètres de long sur 30 de large.

tête nue, pieds nus dans la neige, se présenta devant la seconde enceinte. Il resta là à jeun, tout le jour, implorant miséricorde : le pape ne parut pas connaître sa présence. Il revint le lendemain et le surlendemain ; le pape demeurait inflexible. Enfin, dans la nuit du mardi au mercredi, Grégoire VII, cédant aux instances de son entourage, consentit à pardonner et à admettre le lendemain Henri IV à la pénitence. Mais l'Empereur dut auparavant jurer

1. Voir, pour toutes les indications géographiques du chapitre, la carte p. 15

de se soumettre au jugement d'un tribunal formé des princes
allemands, de ne porter aucun insigne royal et de ne faire aucun
acte de gouvernement jusqu'au jugement, enfin d'être en toutes
circonstances le défenseur du pape.

Le mercredi, le pape reçut le pénitent à la porte de la chapelle.
L'Empereur s'était prosterné les bras en croix dans la neige.
Grégoire le releva, lui donna le baiser de paix. Ensuite il célé-
bra la messe. D'après plusieurs chroniqueurs, le pape à la communion proposa à l'Empereur de se soumettre au jugement de
Dieu. « Depuis longtemps, dit-il, toi et les tiens vous m'accusez
de simonie et d'avoir souillé ma vie par des crimes qui me
rendent indigne d'être prêtre Voici le corps du Christ, je vais
communier. Que Dieu tout-puissant, si je suis innocent, m'absolve
du soupçon de tout crime. Si je suis coupable qu'il me frappe
de mort sur l'heure. » Il rompit l'hostie et communia; puis il
présenta à l'Empereur l'autre moitié de l'hostie. Celui-ci, épou-
vanté, recula, se jeta la face contre terre et se couvrit la tête
d'un pan de son manteau. On vit dans cette attitude l'aveu de
la culpabilité de l'Empereur.

Cette anecdote n'est pas certaine. Mais il est certain que le
jour même Grégoire VII adressait aux évêques et aux princes
d'Allemagne une lettre, où il racontait longuement l'humiliation
infligée à Henri et les conditions qu'il lui avait imposées.

**MORT
DE GRÉGOIRE VII**

Huit ans plus tard (1084) Henri IV prit sa revanche.
Il avait écrasé ses ennemis en Allemagne et les alliés
du pape en Italie. Il s'empara de Rome. Grégoire
avait dû s'enfermer dans la citadelle du Château
Saint-Ange, tandis qu'Henri installait dans la basilique de Saint-
Jean de Latran, un *antipape*. Grégoire fut sauvé par l'intervention des Normands établis en Sicile. Ceux-ci le délivrèrent,
mais ils mirent Rome au pillage et incendièrent totalement
plusieurs quartiers. Quand ils évacuèrent la ville en ruines,
Grégoire les suivit. Il mourut quelques mois plus tard à Salerne,
disant : « J'ai aimé la justice et haï l'iniquité : c'est pourquoi
je meurs en exil. »

La fin d'Henri IV fut misérable. Vaincu par son fils révolté,
fait prisonnier, contraint d'abdiquer, il fut réduit pour vivre à
solliciter de l'évêque de Spire une place de chantre à la cathédrale; elle lui fut refusée. Il mourut à peu près dans la misère à
Liège (1106).

LE CHATEAU SAINT-ANGE, A ROME. — Photographie Brogi.

Le château Saint-Ange, qui sert de citadelle à Rome et où Grégoire VII se réfugia, en 1084, quand l'Empereur Henri IV s'empara de Rome, est l'ancien tombeau, ou mausolée, de l'Empereur Adrien. Il est placé sur la rive droite du Tibre. C'est une énorme tour ronde haute de 5o mètres environ et ne mesurant pas moins de 64 mètres de diamètre : là-dessus, au onzième siècle, on construisit un donjon, une véritable citadelle. La partie romaine est celle qui est au-dessous de la galerie formée par les mâchicoulis. Le château est surmonté d'une statue de saint Michel, d'où le nom de château Saint-Ange. Les constructions actuelles datent du quinzième siècle.

CONCORDAT DE WORMS
La lutte entre le pape et l'Empereur avait continué après la mort de Grégoire VII, sous le pontificat d'Urbain II, un Français. Elle continua encore après la chute d'Henri IV, sous son fils Henri V. En 1122 le pape et l'Empereur firent la paix. Le *Concordat de Worms* stipula qu'à l'avenir les évêques, en Allemagne et en Italie, seraient élus par le clergé et le peuple sans intervention de l'Empereur. Mais les évêques n'entreraient en possession des

terres de leurs évêchés qu'avec le consentement de l'Empereur,
qui leur en donnerait l'investiture.

ALEXANDRE III ET FRÉDÉRIC BARBEROUSSE — Le Concordat de Worms terminait la querelle des investitures, mais ne supprimait pas la cause essentielle du conflit entre les papes et les Empereurs : à savoir leurs prétentions rivales, celle des Empereurs de dominer les papes, celle des papes d'être au-dessus des Empereurs, d'être les souverains absolus du monde chrétien, ayant pour lieutenants révocables les empereurs et les rois.

La confiance des papes en leur force fut accrue par le succès de la première croisade, où l'on vit les chrétiens de tous les États de l'Europe répondre à l'appel d'Urbain II et abandonner les rois pour aller en Palestine. Aussi au temps de Frédéric Barberousse (1152-1190) le pape Alexandre III déclara-t-il en termes exprès que la couronne impériale était un *fief de la papauté*, par conséquent l'Empereur un vassal du pape. Frédéric, vaincu à Legnano[1], sembla presque reconnaître cette prétention lors de l'entrevue de Venise (1177), juste cent ans après Canossa. Il se prosterna devant le pape assis sous le porche de l'église Saint-Marc ; il lui baisa les pieds et, comme un simple écuyer, lui tint l'étrier quand il monta à cheval ; enfin il jura solennellement de traiter le pape comme un père aimé et respecté dont il serait le fils soumis et fidèle. Le triomphe du pape parut d'autant plus complet et plus éclatant que Frédéric Barberousse était un souverain plus puissant.

INNOCENT III — Vingt ans plus tard Innocent III (1198-1216) parut pour un temps réaliser le rêve de domination universelle des papes.

Il était de noble famille Romaine. Il avait fait une partie de ses études à l'Université de Paris, et son savoir et son esprit de justice lui valurent le surnom de Salomon de son temps. Il avait trente-sept ans quand il fut élu.

Peu après son élection il écrivait : « La main du Seigneur nous a élevé sur le trône, non seulement pour que nous jugions les peuples, d'accord avec les princes, mais aussi pour que nous jugions les princes eux-mêmes à la face des peuples ». Il définissait le pape « l'oint du Seigneur, plus petit que Dieu, plus grand que l'homme, juge de tous, jugé par Dieu seul ».

[1] Voir page 161.

L'ÉGLISE SAINT-MARC, A VENISE.
Photographie Alinari.

C'est sous le porche de Saint-Marc qu'eut lieu, en 1177, la réconciliation de l'Empereur Frédéric Barberousse et du pape Alexandre III. Trois dalles rouges encastrées dans le pavé marquent la place où le pape attendait l'empereur. La façade n'était pas tout à fait ce qu'elle est aujourd'hui. Mais les coupoles qui couvrent l'église étaient construites. L'église, édifiée pour conserver les reliques de l'Évangéliste saint Marc, date surtout du onzième siècle. Elle offre un mélange d'art roman et d'art byzantin ; on y compte plus de 500 colonnes de marbres précieux ; l'intérieur est entièrement couvert de marbres et de mosaïques à fond d'or. Saint-Marc est d'une extraordinaire richesse.

A droite, le Campanile, ou clocher de Saint-Marc, complètement isolé de l'église. Effondré en 1902, il a été reconstruit (1912). Il y avait déjà un campanile à la même place, en 1177. Mais celui qui est représenté ici datait de 1329 et sa pointe en marbre avait été construite en 1417. Il était haut de 98 mètres. A droite, on aperçoit le commencement du Palais des Doges ; ce palais n'existait pas encore au temps de Frédéric Barberousse.

INNOCENT III ET LES ROIS — Il fit sentir son autorité à tous les rois. En France, Philippe Auguste avait sans raisons avouables répudié sa femme Ingeburge pour épouser Agnès de Méranie; il le força à renvoyer celle-ci.

En Allemagne, il disposa de la couronne impériale en faveur d'Otton IV; puis il la lui enleva pour la donner à Frédéric II.

En Angleterre il déposa Jean sans Terre, donna son royaume à Philippe Auguste et ne le rendit à Jean que lorsque celui-ci se fut reconnu le vassal du pape et se fut engagé à lui payer tous les ans une redevance (1213).

Il disposa de même de la couronne de Hongrie, de celles de Danemark, de Castille, d'Aragon. Il organisa deux croisades : la quatrième croisade, qui aboutit à la prise de Constantinople, et en France la croisade des Albigeois.

INNOCENT III ET LE CLERGÉ — Son activité était prodigieuse; il voulait tout voir et tout décider par lui-même. Il ne nous reste pas moins de quatre mille lettres de lui. Dans cette énorme correspondance on trouve traitées aussi bien les plus graves questions politiques, celles qui se rattachaient aux affaires d'Allemagne, de France et d'Angleterre, à la lutte de Philippe Auguste et de Jean sans Terre, que des questions relatives au costume des moines ou aux réparations d'une cathédrale. Toutes les affaires de la chrétienté venaient aboutir à lui. Les évêques faisaient approuver par lui leur élection et lui soumettaient le jugement de toutes les questions difficiles.

Des *légats*, véritables inspecteurs généraux du pape, revêtus de ses pleins pouvoirs comme jadis les *missi* de Charlemagne, parcouraient sans cesse les États de l'Europe, portant au clergé et faisant exécuter partout les décisions et les volontés du souverain pontife. Innocent III, le premier entre les papes, réalisa pleinement l'idéal de Grégoire VII et put s'appeler à bon droit l'*évêque universel*.

Son œuvre politique n'eut pas de durée et les royaumes, celui d'Angleterre excepté, ne furent jamais réellement soumis au pape. Mais son œuvre ecclésiastique subsiste encore, et c'est à lui qu'il faut faire remonter la soumission du clergé catholique tout entier à l'autorité du pape et l'organisation de ce que l'on a appelé la *monarchie pontificale*

INNOCENT IV ET FRÉDÉRIC II

La puissance politique des papes parut encore grandir dans les cinquante années qui suivirent la mort d'Innocent III. Une fois de plus on vit un pape déposer un empereur. En 1245 Innocent IV (1243-1254) déposait Frédéric II et déliait ses sujets de leur serment de fidélité, parce que l'Empereur n'avait pas tenu les engagements pris envers Innocent III[1]. Dans la lutte sans pitié qui suivit, la famille des Hohenstaufen fut écrasée : elle perdit la couronne impériale et la couronne des Deux-Siciles. Les papes disposèrent de la dernière en faveur d'un prince Français, Charles d'Anjou, frère de saint Louis, qui se reconnut vassal de la papauté (1265). Ce fut la dernière manifestation importante de la puissance des papes.

BONIFACE VIII ET PHILIPPE LE BEL

Moins d'un demi-siècle après, la papauté, victorieuse des Empereurs, s'attaquait aux rois de France. Comme Grégoire VII avait déposé Henri IV, comme Innocent IV avait déposé Frédéric II, Boniface VIII (1294-1303) déposait Philippe le Bel. Vieillard de près de quatre-vingts ans, Boniface fut néanmoins le plus intransigeant des papes, celui dont les prétentions furent les plus démesurées. Il exagéra encore les doctrines de Grégoire VII et d'Innocent III. Il alla jusqu'à vouloir les ériger en dogme auquel tout chrétien devait croire, sous peine de damnation éternelle. « Il y a deux glaives, disait-il le jour où il déposa Philippe le Bel (15 août 1303), le spirituel et le temporel. Tous les deux appartiennent à l'Église. L'un est dans la main du pape, l'autre est dans la main des rois; mais les rois ne peuvent s'en servir que pour l'Église, selon l'ordre et avec la permission du pape. Si la puissance temporelle dévie, elle doit être redressée par la puissance spirituelle.... Donc nous déclarons, nous disons, nous décidons, nous prononçons que, pour toute créature humaine, être soumise au pontife romain est absolument de nécessité de salut. »

On a vu[2] comment quelques jours plus tard (7 septembre 1303) l'attentat d'Anagni brisait Boniface VIII et faisait éclater la faiblesse réelle de cette papauté si forte en apparence. Les prétentions des papes à la suprématie temporelle furent dès lors à jamais ruinées.

1. Voir page 163.
2. Page 129

LE SCHISME GREC — Dans le temps même où les papes, sous l'influence d'Hildebrand, entreprenaient la réforme des mœurs et se préparaient à bien établir leur autorité sur le clergé, l'unité de l'Église était détruite. Les chrétiens d'Orient constituèrent une Église à part dont le centre fut à Constantinople. On la nomma l'*Église grecque* par opposition à l'Église de Rome dite *Église latine*. Cette séparation ou *schisme* eut pour causes des divergences de croyance sur des détails de petite importance; puis l'orgueil des patriarches de Constantinople qui supportaient mal d'être inférieurs en dignité aux papes; enfin les intérêts politiques des Empereurs grecs : ceux-ci ne voulaient pas que le clergé de leur Empire dépendît d'autres que d'eux-mêmes. En 1045, les Grecs déclarèrent donc rejeter l'autorité du pape. Le schisme dure encore malgré les efforts répétés des papes pour y mettre fin.

COSTUME PONTIFICAL AU TREIZIÈME SIÈCLE.

Statue du portail sud de la cathédrale de Chartres. — Photographie Giraudon.

Cette statue, qui représente Grégoire le Grand (570-604), donne le costume des papes du treizième siècle. Le pape est vêtu de la chasuble et, par-dessous, de la dalmatique; il a les épaules ceintes du pallium, bande de laine blanche, ornée de croix noires, qui retombe sur le devant du costume. La coiffure, la tiare, est pointue et non pas ronde comme aujourd'hui; elle est ornée d'une seule couronne au lieu de trois.

CHAPITRE XV

L'ÉGLISE DANS LA SOCIÉTÉ

Dans la société du Moyen Age, le clergé a tenu une place et joué un rôle considérables. Pour comprendre l'importance de ce rôle, il faut se représenter aujourd'hui le clergé maître, non seulement de l'*église*, mais de la *mairie*, du *tribunal*, de l'*école*. Au milieu des violences et souvent de l'anarchie, le clergé, malgré les faiblesses de certains de ses membres et l'indignité de quelques-uns, a représenté le principe d'ordre; il a sauvegardé les restes de la civilisation; il s'est efforcé d'adoucir la brutalité des mœurs et de venir en aide aux faibles et aux petits.

SÉCULIERS ET RÉGULIERS
L'EXCOMMUNICATION; LES PÉNITENCES, LES PÈLERINAGES

ORGANISATION DE L'ÉGLISE LES SÉCULIERS — L'organisation de l'Église était restée, à l'époque féodale, à peu près la même qu'à la fin de l'Empire romain. Dans chaque cité il y avait à l'origine un évêque, chef du clergé de la cité. Mais le nombre des édifices consacrés au culte s'était accru, et, par conséquent, le nombre des prêtres. Au début, il n'y avait d'églises que dans les villes et qu'une église par ville. Les paysans devaient venir en ville pour remplir leurs devoirs religieux.

Mais à côté de l'église primitive que l'on appela la *cathédrale*, c'est-à-dire l'église de l'évêque, la foi des fidèles ou les nécessités du culte amenèrent la construction d'églises nouvelles; on les appela *paroisses*, c'est-à-dire *maisons à côté*. Des paroisses furent également créées dans les campagnes. Le mot paroisse servit ensuite à désigner la portion de ville, le groupe de villages pour qui l'église nouvelle était construite. Le prêtre placé à la tête d'une paroisse reçut le nom de *curé*, c'est-à-dire celui qui a le soin des âmes. Le curé vivait du produit des terres données à son église et de la dîme des récoltes prélevée sur les habitants de la paroisse ou *paroissiens*.

Les deux costumes sont dessinés d'après ceux des deux personnages placés au premier plan dè la miniature reproduite page 89.

Les personnages, deux chanoines de l'abbaye de Saint-Martin de Tours, sont tonsurés, c'est-à-dire qu'ils ont le sommet du crâne rasé et seulement une couronne de cheveux. Ils sont vêtus d'un grand manteau rouge, à bordure d'or, sans manches, avec un petit capuchon rejeté derrière la tête ; ce manteau s'appelait la chape. Par-dessous, on aperçoit une tunique blanche à bandes et à broderies rouges, pareille à l'aube ; elle recouvre une longue robe bleue qui correspond à la soutane actuelle. Les abbés tiennent à la main une bande d'étoffe, le manipule. On retrouve, dans ces costumes, les pièces essentielles du costume ecclésiastique actuel.

Les évêques, les prêtres qui les entouraient et les curés vivaient parmi les fidèles. On les appelait les **séculiers**, c'est-à-dire ceux qui vivent dans le monde, le *siècle* dans la langue de l'Église.

LES RÉGULIERS A côté du clergé séculier existait un autre clergé dont les membres vivaient en commun, comme les soldats vivent à la caserne, soumis à une règle qui déterminait les conditions de leur existence, l'emploi de leur temps, le détail même de leur vie quotidienne. C'étaient les **réguliers,** ou les *moines*. On appelait *monastères* ou *couvents*, c'est-à-dire *réunion*, les maisons où ils habitaient ; on les appelait encore *abbayes*, du nom de l'*abbé*, chef élu des moines. L'ensemble des couvents où l'on obéissait à la même règle constituait un *ordre*. Il y avait ainsi l'ordre des Bénédictins, celui de Cluny, celui de Cîteaux, celui de Clairvaux, celui des Chartreux, etc.

LES BÉNÉDICTINS L'ordre des **Bénédictins** était le plus ancien ; il devait son nom à son fondateur *saint Benoît (Benedictus)*, un Italien contemporain des fils de Clovis. La règle de saint Benoît servit de modèle à tous les fondateurs d'ordres : ils se bornèrent à la modifier sur des points de détail. Elle comportait comme obligations essentielles l'*obéissance absolue* au chef de l'ordre, la *pauvreté* et le *travail*. « L'oisiveté est l'ennemie de l'âme », disait saint Benoît. Aussi, les Bénédictins étaient-ils astreints à sept heures de travail manuel par jour. Ils devaient, en outre, consacrer deux heures au travail intellectuel, à la lecture, à l'écriture. « Chaque lettre qu'on écrit, disait saint Benoît, est un coup qui traverse le diable. »

IMPORTANCE DU ROLE DES RÉGULIERS Le clergé régulier joua un rôle d'une exceptionnelle importance. En général, les réguliers étaient moralement supérieurs aux séculiers. Trop souvent les séculiers, en particulier les évêques, voyaient surtout dans les fonctions ecclésiastiques le moyen de disposer d'importantes ressources, de s'enrichir eux et leur famille. Au contraire, les hommes qui entraient dans les couvents le faisaient avant tout par foi sincère, sans l'espoir de profits terrestres. Aussi, dans l'Église même, les moines, en particulier ceux de Cluny, furent-ils, on l'a vu, les promoteurs de la réforme des mœurs au temps du pape Grégoire VII.

Dans la société, au milieu de l'universelle ignorance, ils ont représenté le savoir. Le nom de *clerc*, qui servait à désigner toute personne touchant à l'Église, était en même temps synonyme de *savant*. Les plus grands clercs et les plus nombreux se trouvèrent dans les couvents. Ce qui nous a été conservé des

Un cloitre. Vue extérieure. — Cloitre roman de Notre-Dame du Puy.
Photographie Bourgeois frères.

Le cloitre est une galerie entourant une cour dans un monastère. Cette galerie rappelle le péristyle des maisons romaines. Elle servait de promenoir. La galerie s'ouvre ici par des arcades en demi-cercle, dites en plein-cintre, caractéristiques de l'art roman. Les arcades sont supportées par des groupes de petites colonnes. Elles sont toutes de pierres de couleurs différentes, blanches, noires et rouges, régulièrement alternées. Cela forme une sorte de mosaïque gaie à l'œil et caractéristique des églises romanes du centre de la France; d'où le nom de roman auvergnat. Le cloitre est ici adossé aux murs de l'église Notre-Dame, l'une des plus remarquables œuvres de l'architecture romane, construite entre 1050 et 1150. Au milieu du jardin l'on aperçoit la margelle d'un puits.

chefs-d'œuvre de la littérature latine l'a été surtout par les manuscrits copiés de la main des moines. Ce que nous savons de l'histoire du Moyen Age, nous le devons pour une bonne part aux *chroniques* rédigées dans les monastères.

Les réguliers furent aussi d'actifs défricheurs de terre, et par là des créateurs de villes. Fuyant le monde, ils recherchaient pour s'établir les solitudes des forêts ou des montagnes. L'endroit de leur retraite une fois choisi, ils y construisaient le monastère. D'abord la chapelle; puis les bâtiments d'habitation généralement disposés en carré et renfermant un dortoir, un réfectoire, des ateliers, une bibliothèque, etc. La cour centrale

UN CLOITRE. VUE INTÉRIEURE.
CLOITRE OGIVAL DE L'ABBAYE DU MONT SAINT-MICHEL.
Photographie Neurdein.

On aperçoit ici les quatre côtés de la galerie; elle est supportée par des arcs brisés, dits en ogive, ayant la forme d'une pointe de lance, caractéristique de l'art français ou art gothique. Ces arcs retombent sur deux rangées de 120 colonnes de la plus grande légèreté, en granit rose et d'un seul morceau. Chaque côté a 25 mètres de long sur 4 de large. Le cloître fut édifié pendant l'enfance de saint Louis, de 1225 à 1228. Il appartient à un ensemble de constructions justement appelé la Merveille. L'abbaye des Bénédictins du Mont Saint-Michel, fondée en 769 au temps de Charlemagne, mais dont les principales parties datent des douzième et treizième siècles, est en même temps une citadelle construite sur un îlot rocheux au fond d'un golfe formé par la rencontre de la presqu'île du Cotentin et de la presqu'île de Bretagne. Les fortifications enveloppent complètement l'île. C'est un des chefs-d'œuvre de l'art français, un monument unique au monde.

servait de cimetière; elle était le plus souvent entourée d'une galerie couverte qui servait de promenoir aux religieux et qu'on appelait le *cloître*. En dehors du monastère proprement dit s'élevait la maison destinée à recevoir les voyageurs, l'*hospice*, c'est-à-dire la maison des hôtes.

Pour vivre, les moines devaient mettre en culture les terres voisines du couvent. Le respect que l'Église inspirait et savait imposer à tous les mettait à l'abri des violences, et créait autour d'eux une sorte de zone de sécurité où les paysans venaient volontiers chercher asile. Le couvent devenait comme une ferme modèle qu'un village entourait bientôt. On ne compte pas moins d'une centaine de villes en France qui se sont ainsi formées autour d'un monastère.

On comprendra mieux combien dut être grande l'influence des ordres monastiques, quand on saura que l'ordre de Cluny finit par posséder deux mille monastères, Clairvaux dix-huit cents, Cîteaux plus de trois mille.

L'ÉGLISE ET L'ÉTAT CIVIL — Le clergé ne se bornait pas à enseigner la religion, à diriger les consciences, à célébrer les offices, à conférer les sacrements. Il intervenait dans toutes les circonstances essentielles de l'existence : *naissance, mariage, mort.* Aujourd'hui l'on fait constater et enregistrer ces événements à la mairie. Les actes qui les relatent forment ce que l'on appelle *l'état civil.* Sans ces actes, il n'y a pas de société régulière possible. Au moyen âge, il n'y avait pas d'état civil. Pour en tenir lieu l'on avait les actes rédigés par le clergé quand il donnait à la naissance le *baptême*; quand, au *mariage*, il bénissait les époux; quand, au *décès*, il célébrait l'office des morts.

LES TRIBUNAUX D'ÉGLISE — Depuis l'Empire romain les évêques avaient, on l'a vu[1], le droit de juger les membres du clergé et les procès qui pouvaient s'élever entre eux. Leurs tribunaux s'appelaient les *officialités* ou *cours de chrétienté.* La justice y était rendue avec plus de douceur que dans les tribunaux des rois ou des seigneurs. En outre, les justiciables n'y étaient pas exposés à ce que le hasard d'un duel judiciaire décidât de leur innocence ou de leur culpabilité, de leur acquittement ou de leur condamnation. L'Église, en effet, n'admettait ni les *ordalies*, ni le *jugement de Dieu.* Les juges ecclésiastiques ne se prononçaient qu'après enquête, après avoir entendu des témoins et la défense de l'accusé. Aussi, les laïcs s'efforçaient-ils de devenir, comme les clercs, justiciables des tribunaux d'Église. Comme on était tenu pour clerc si seulement on était tonsuré, beaucoup se faisaient faire la tonsure.

1. Page 27.

L'exemple des juges d'Église réprouvant le duel judiciaire fut suivi en France par saint Louis, qui proscrivit cet usage barbare dans toute l'étendue du domaine royal.

L'ÉGLISE ET LES ÉCOLES — Le clergé donnait seul l'enseignement. Il n'y avait d'autres écoles que celles tenues par les prêtres dans les paroisses, par les moines dans les couvents. L'enseignement était donné en latin.

Il était défendu de parler français. L'on étudiait d'abord la grammaire, la rhétorique, la dialectique, la théologie, plus tard on passait à l'arithmétique, la géométrie, l'astronomie et la musique. Les écoles étaient ouvertes à tous, gratuitement. Bien des enfants du peuple y passèrent. Beaucoup durent à l'instruction qu'ils avaient reçue dans ces écoles de devenir des personnages importants dans l'Église et dans la société. Plusieurs eurent d'illustres destinées. Tel un petit berger des environs d'Aurillac, Gerbert. Élevé par les Bénédictins, il acquit la réputation de l'homme le plus savant de son siècle, devint le précepteur d'un roi de Germanie, puis du roi de France Robert, fut archevêque de Reims et mourut pape (1003) sous le nom de *Sylvestre II*; il fut le premier pape français. Tel encore ce fils de serf, **Suger.** Élevé à l'abbaye de Saint-Denis, il y fut le camarade d'école du futur Louis VI, devint son ami, gouverna le royaume sous son fils Louis le Jeune, et mérita pour sa sage administration le glorieux surnom de *Père de la Patrie.* On a vu précédemment l'histoire d'Hildebrand devenu le pape Grégoire VII.

Des écoles sortirent au treizième siècle les *Universités*. Elles se formèrent dans quelques grandes villes, par la réunion des maîtres et des élèves de toutes les écoles. L'Université de Paris fut ainsi constituée au temps de Philippe Auguste.

L'ÉGLISE ET L'ASSISTANCE PUBLIQUE — Enfin l'Église, disposant de richesses considérables, assura pendant tout le Moyen Age ce que nous appelons le service de l'*Assistance publique.* C'est elle qui venait en aide aux pauvres, qui secourait les orphelins, les veuves, les infirmes, qui soignait les malades indigents Au douzième et au treizième siècle, il fut fondé des centaines d'hôpitaux ou *maisons Dieu* : il y en avait jusque dans les villages. Le couvent de Cluny en une seule année distribua des secours à 17 000 indigents.

L'ÉGLISE ET LES INSTITUTIONS DE PAIX — L'occupation favorite des seigneurs féodaux était la guerre de seigneurs à seigneurs, la *guerre privée*. La guerre retombait toute sur le paysan et le petit peuple, et leur valait des souffrances et des misères infinies. L'Église essaya de refréner les instincts violents et la brutalité des seigneurs, de limiter les maux des guerres privées et même d'en restreindre l'usage. Ses efforts furent particulièrement énergiques au onzième siècle. On a dit qu'il n'y eut pas à cette époque « une réunion ecclésiastique qui ne fût aussi une assemblée de paix ». De là sortirent la *Paix de Dieu* et plus tard la *Trêve de Dieu* ou *Trêve Dieu*.

LA PAIX DE DIEU — La *paix de Dieu* fut une tentative pour réglementer les conditions de la guerre, comme les gouvernements européens l'ont fait de nos jours en 1864 par la convention de Genève. La paix de Dieu déterminait quelles personnes devaient être à l'abri des violences, quels actes devaient être interdits aux belligérants. Voici les engagements qu'un évêque de Beauvais proposait de faire jurer aux membres d'une *assemblée de paix*, nous dirions une *conférence pour la paix*, tenue en 1023. Ces engagements feront en même temps connaître la brutalité des mœurs d'alors :

« Je n'envahirai en aucune manière les églises. Je n'assaillerai pas les clercs et les moines. Je n'enlèverai ni bœuf, ni vache, ni aucune autre bête de somme. Je n'arrêterai ni le paysan, ni la paysanne, ni les marchands ; je ne leur prendrai pas leur argent et ne les obligerai pas à se racheter. Je ne leur ferai pas perdre leur bien à cause de la guerre de leur seigneur et je ne les fouetterai pas pour leur enlever leur subsistance. Je ne détruirai ni n'incendierai les maisons, je ne déracinerai ni ne vendangerai les vignes sous prétexte de guerre. »

LA TRÊVE DIEU — Dans la suite l'Église voulut faire mieux encore. Elle essaya d'interdire la guerre elle-même, au moins à certains jours. Elle l'interdit d'abord le dimanche. Puis l'interdiction fut étendue du mercredi soir au lundi matin, en souvenir de la Passion, de la mort et de la résurrection du Christ. Ce fut ce que l'on appela la *Trêve Dieu*. Tous les conciles du onzième siècle en renouvelèrent l'obligation.

Ces efforts pacifiques ne donnèrent pas tous les résultats

qu'en attendait le clergé. Pour abolir l'usage des guerres privées, il fallut la force des plus puissants des Capétiens, saint Louis et Philippe le Bel. Du moins l'intervention de l'Église soulagea-t-elle quelques misères et, comme on l'a dit, « la police de l'Église permit d'attendre la police du Roi ».

COMMU-NICATION   **Pour** imposer aux puissants, rois et seigneurs, le respect de ses décisions, pour empêcher les empiétements sur ses biens et les atteintes à ses privilèges, le clergé ne disposait guère que de moyens moraux, ce que l'on a appelé des *armes spirituelles*. La plus puissante de ces armes était l'*excommunication*.

L'excommunié était *retranché de la communauté des fidèles*. Les sacrements lui étaient refusés ; les chrétiens ne devaient avoir aucun rapport avec lui. Ils ne devaient ni boire ni manger à côté de lui. Il était considéré comme un pestiféré. La cérémonie de l'excommunication était faite pour frapper l'imagination des spectateurs. Dans l'église tendue de noir, aux sons des cloches, l'évêque entouré de son clergé, torches en mains, lisait à haute voix la sentence devant le peuple assemblé. Puis il prononçait la formule d'*anathème* : « Qu'il soit maudit dans la ville, maudit dans les champs ; maudits soient son grenier, ses récoltes et ses enfants. Et de même que s'éteignent aujourd'hui ces torches par nos mains, que la lumière de sa vie soit éteinte pour l'éternité, à moins qu'il ne se repente. » L'évêque et les prêtres renversaient alors leurs torches contre terre et les éteignaient sous leurs pieds.

Les papes, à maintes reprises, lancèrent l'excommunication contre des rois. En France, Robert le Pieux fut excommunié pour avoir épousé sa cousine, l'Église interdisant les mariages entre parents très rapprochés. Philippe Iᵉʳ fut excommunié pour avoir enlevé la femme d'un de ses vassaux ; Philippe Auguste pour avoir sans raisons répudié la sienne. Les papes se faisaient ainsi les défenseurs des bonnes mœurs. « Dieu, écrivait Innocent III à Philippe Auguste, nous a imposé le devoir de faire rentrer dans le vrai chemin tout chrétien qui commet un péché mortel. Un roi ne peut être au-dessus des devoirs d'un chrétien. »

Bien souvent aussi ils prononcèrent l'excommunication pour des causes politiques : on l'a vu, en particulier, dans leurs luttes contre les Empereurs. Mais alors *l'arme spirituelle* s'émoussa parce qu'elle était employée à défendre des intérêts temporels, à servir des ambitions égoïstes.

L'INTERDIT Quand l'excommunication ne suffisait pas à déterminer au repentir le coupable, roi ou seigneur, l'Église jetait l'*interdit* sur le royaume ou la seigneurie. Toutes les cérémonies du culte y étaient suspendues ; le clergé n'administrait plus les sacrements qu'aux mourants ; les églises étaient closes. En sorte que l'interdit atteignait non pas seulement le roi ou le seigneur, mais le peuple tout entier.

Il est facile de comprendre quel trouble pareille mesure apportait dans les consciences et jusque dans la vie journalière. Le plus souvent, le mécontentement du peuple devenait tel que l'excommunié, pour ne point courir le risque d'un soulèvement, était obligé de se soumettre. C'est ce qui arriva pour Philippe Auguste en 1200, quand Innocent III eut jeté l'interdit sur le royaume.

LES PÉNITENCES Quiconque avait commis une faute grave, de celles que nous appelons aujourd'hui *délits* ou *crimes*, un vol ou un meurtre par exemple, était écarté de l'Église et ne pouvait y reprendre sa place qu'après avoir avoué et expié sa faute. L'aveu ou *confession*, l'expiation ou *pénitence* étaient primitivement publics. Des rois se soumirent à cette obligation. Ce fut le cas, pour Louis le Débonnaire en 832 à Soissons[1]. En 1174, en Angleterre, le puissant Henri II Plantagenet, pour expier le meurtre de l'évêque Thomas Becket, se rendit à son tombeau pieds nus, vêtu de la robe de laine des pèlerins. Il se prosterna, demeura en prières tout un jour et toute une nuit sans rien prendre ; puis il se fit battre de verges par les soixante-dix évêques ou moines qui étaient présents.

La durée de la pénitence variait de sept à douze ans. Les pénitents les plus sévèrement frappés devaient aller pieds nus et la tête rasée. Ils étaient condamnés au jeûne, c'est-à-dire à ne faire qu'un repas par jour sans viande ; on les séparait de leur famille et, s'ils étaient mariés, de leur femme et de leurs enfants. Il est bien entendu que ces pénitences n'étaient infligées que pour des fautes intéressant la société, celles qui motivent aujourd'hui l'intervention des gendarmes et que répriment la police

1. Voir page 92.

correctionnelle ou la cour d'assises. Elles remplaçaient, pour les personnes que leur qualité ou leur puissance aurait fait échapper au châtiment, la prison et les travaux forcés.

LES PÈLERINAGES L'Église imposait encore comme pénitence un voyage lointain à quelque lieu réputé par sa sainteté : c'est ce que l'on appelait le *pèlerinage*. En raison de l'insécurité et de la rareté des routes, le pèlerinage était souvent périlleux, toujours difficile, en général fort long : en sorte qu'il équivalait pour le pénitent à un bannissement temporaire. La sentence du reste comportait souvent l'obligation de rester un certain temps, jusqu'à trois ans, dans le lieu du pèlerinage et d'y servir les pauvres tout ce temps. On allait par exemple à *Rome*, au tombeau de saint Pierre ; ou bien en Espagne au tombeau de l'apôtre *saint Jacques* à *Compostelle*; en France, à celui de *saint Martin* à *Tours*.

Le pèlerinage par excellence était le pèlerinage aux *Lieux saints*, c'est-à-dire au tombeau du Christ, le *Saint Sépulcre* à Jérusalem. Un comte d'Anjou, Foulques le Noir (987-1040), pour expier d'innombrables crimes, entre autres l'assassinat de sa femme, fit trois pèlerinages à Jérusalem. Au troisième, il ordonna qu'on le traînât sur une claie dans les rues de Jérusalem, nu, la corde au cou, tandis que deux valets le frappaient à grands coups de fouets.

Les pèlerins portaient une ample robe de laine brune, un long bâton ou *bourdon* et un sac dit *escarcelle*, attaché à la ceinture. Certains devaient porter des chaînes de fer et marcher nu-pieds pendant tout le voyage.

Plus nombreux que les pèlerins pénitents étaient les pèlerins volontaires. Ceux-là entreprenaient le voyage par piété. Au onzième siècle les pèlerinages à Jérusalem furent particulièrement fréquents et les Arabes, maîtres de la Palestine, ne firent rien pour les entraver. Au dire d'un chroniqueur du temps, « petit peuple, gens de moyenne condition, rois, comtes, prélats, nobles dames mêlées aux femmes pauvres se rendaient alors en foule » au Saint Sépulcre. Ces pèlerinages eurent historiquement une importance capitale. Ils étaient tout à fait passés en usage chez les chrétiens d'Occident : le jour où le fanatisme de nouveaux conquérants musulmans, les *Turcs*, les rendit impossibles, les chrétiens troublés dans leurs habitudes s'émurent et s'armèrent, et ce furent les **Croisades**.

LES RELIQUES　　Enfin la croyance que les restes des saints, leurs *reliques*, ou même les objets qui leur avaient appartenu pouvaient opérer des miracles, déterminait bien des gens à se rendre en pèlerinage aux églises où étaient conservées ces reliques. En les touchant on espérait obtenir la guérison d'une maladie, d'une infirmité, ou bien le succès de quelque entreprise. Les pèlerins affluaient autour des reliques fécondes en miracles; ils faisaient la fortune de l'église et enrichissaient la région d'alentour. Par là les pèlerinages eurent une importance économique : de nos jours le développement de la ville de Lourdes permet de bien comprendre ce phénomène.

On cherchait donc à se procurer des reliques à tout prix, parfois même par le vol. La chasse aux reliques, le commerce des reliques ne sont point parmi les faits les moins curieux de l'histoire religieuse du Moyen Age. Le culte de reliques bizarres et dont la fausseté était souvent évidente — fragment de la crèche de Bethléem, morceau du soulier de la Vierge, parcelle d'encens des rois Mages, etc. — devint en bien des cas, pour la foule ignorante et les esprits grossiers, l'essentiel de la religion. Le Christ en était oublié : les saints faisaient tort à Dieu.

RELIQUAIRE DU TRÉSOR DE LA CATHÉDRALE DE REIMS. — Photographie Thuillot.

Le culte des reliques était très développé au Moyen Age. Par respect pour les saints auxquels elles avaient appartenu, on les conservait dans des meubles précieux, les reliquaires. Ce reliquaire de Reims date du treizième siècle. C'est une œuvre charmante de l'orfèvrerie française du Moyen Age. Il mesure 0m38 de haut et 0m30 de large. Il a la forme d'une petite chapelle dont la toiture, soutenue par quatre groupes de colonnettes, porte quatre tours à créneaux. Le fronton triangulaire est bordé d'une frise de feuillage, du lierre, finement découpée et rehaussée de pierres précieuses. Les reliques étaient enfermées dans le cylindre de cristal placé au-dessus des colonnes et dans le coffret derrière la statuette.

LES HÉRÉTIQUES — L'INQUISITION — LES ORDRES MENDIANTS

LES HÉRÉSIES — On appelle *hérétiques* ceux qui rejettent tout ou partie des doctrines professées par l'Église universelle et ceux qui professent les *hérésies*, c'est-à-dire les doctrines condamnées par l'Église.

Les hérétiques furent nombreux et les hérésies fréquentes au Moyen Age. Les deux hérésies qui eurent le plus d'adeptes se produisirent à la fin du douzième siècle et au commencement du treizième dans le Midi de la France. L'une, l'hérésie des *Vaudois*, était une doctrine de vie sévère. L'autre, celle des *Albigeois*, était une doctrine de vie facile et de bon plaisir.

LES VAUDOIS — Les Vaudois durent leur nom au fondateur de la secte, un riche marchand de Lyon, Pierre de Vaux. Pierre ne savait pas le latin ; pour pouvoir lire les Évangiles, il se les fit traduire en français. Il fut frappé par la réponse du Christ à un jeune homme qui lui demandait quel était le meilleur moyen de gagner le ciel : « Vendez votre bien et donnez tout aux pauvres. » Pierre distribua tout son bien et se mit à prêcher la pauvreté. Il attaqua violemment le clergé à cause de ses richesses. Puis il déclara que les prêtres étaient inutiles et que tout chrétien pouvait à son gré interpréter et prêcher les Évangiles : c'était déjà la doctrine que devaient soutenir les protestants au seizième siècle. Enfin Pierre n'admit plus qu'un sacrement : la Communion.

Ses prédications le firent excommunier, mais convainquirent beaucoup de gens dans la vallée du Rhône, dans les Alpes, en Franche-Comté, en Bourgogne et jusqu'en Lorraine. Les Vaudois ne furent guère inquiétés jusqu'au seizième siècle et au règne de François Ier.

LES ALBIGEOIS — Les Albigeois furent ainsi nommés de la ville d'Albi, principal foyer de l'hérésie. Mais l'hérésie albigeoise s'était répandue d'une part jusqu'à Toulouse, de l'autre dans toute la région qui s'étend entre les Cévennes, les Pyrénées et la Méditerranée et qui s'est appelée le *Languedoc*.

L'hérésie fut probablement apportée des pays de l'Orient avec lesquels les Français du Midi commerçaient par mer, peut-être par des *Bulgares*. Les Albigeois croyaient, comme les Perses, qu'il y avait dans l'Univers deux Dieux : un Dieu du Bien, créateur des âmes, et un Dieu du Mal, qui a enfermé les âmes dans les corps. Le Christ était un ange du Dieu du Bien, chargé de délivrer les âmes prisonnières. Les Albigeois admettaient, comme les Hindous, la *métempsycose*, c'est-à-dire que l'âme d'un homme peut passer dans le corps d'un animal : aussi ne devait-on ni tuer les animaux, ni manger de viande. Ils avaient des sortes de prêtres, les *parfaits*. Les Parfaits devaient s'abstenir de viande et vivre d'une vie pure, dans le célibat et la pauvreté. Quant aux fidèles, les *croyants*, ils pouvaient vivre selon leur bon plaisir et leurs instincts : la rémission de tous leurs péchés leur était assurée par l'intervention des parfaits. Il suffisait que le parfait plaçât ses mains sur la tête du croyant, et tous ses péchés étaient effacés : cela s'appelait la *consolation*. Mais la consolation ne pouvait être donnée qu'une fois. On était damné si, ayant reçu la consolation, l'on retombait dans le péché. Aussi le croyant n'avait-il généralement recours au parfait qu'à l'article de la mort.

www.ingramcontent.com/pod-product-compliance
Ingram Content Group UK Ltd.
Pitfield, Milton Keynes, MK11 3LW, UK
UKHW021904070726
13613UKWH00001B/319